PLURAL E COMUM

sesc

SERVIÇO SOCIAL DO COMÉRCIO
Administração Regional no Estado de São Paulo

Presidente do Conselho Regional
Abram Szajman
Diretor Regional
Danilo Santos de Miranda

Conselho Editorial
Ivan Giannini
Joel Naimayer Padula
Luiz Deoclécio Massaro Galina
Sérgio José Battistelli

Edições Sesc São Paulo
Gerente Marcos Lepiscopo
Gerente adjunta Isabel M. M. Alexandre
Coordenação editorial Cristianne Lameirinha, Clívia Ramiro, Francis Manzoni
Produção editorial Bruno Salerno Rodrigues
Coordenação gráfica Katia Verissimo
Produção gráfica Fabio Pinotti
Coordenação de comunicação Bruna Zarnoviec Daniel

PLURAL E COMUM

SOCIOLOGIA DE UM MUNDO COSMOPOLITA

VINCENZO CICCHELLI

TRADUÇÃO ADRIANA ZAVAGLIA

edições Sesc

Título original: *Pluriel et commun: sociologie d'un monde cosmopolite*
© Vincenzo Cicchelli, 2016
© Presses de la Fondation Nationale des Sciences Politiques (Presses de Sciences Po), 2016
© Edições Sesc São Paulo, 2018
Todos os direitos reservados

Tradução Adriana Zavaglia
Preparação Leandro Rodrigues
Revisão Silvia Almeida, Bruno Salerno Rodrigues
Projeto gráfico e diagramação Luciana Facchini
Capa Luciana Facchini

Dados Internacionais de Catalogação na Publicação (CIP)

C484p

Cicchelli, Vincenzo
Plural e comum: sociologia de um mundo cosmopolita /
Vincenzo Cicchelli; tradução de Adriana Zavaglia.
São Paulo: Edições Sesc São Paulo, 2018.
364 p.

Bibliografia
ISBN 978-85-9493-144-3

1. Sociologia. 2. Sociologia cosmopolita.
I. Título. II. Zavaglia, Adriana.

CDD 309.1

Edições Sesc São Paulo
Rua Cantagalo, 74 – 13º/14º andar
03319-000 – São Paulo SP Brasil
Tel. 55 11 2227-6500
edicoes@edicoes.sescsp.org.br
sescsp.org.br/edicoes
❚❱◉▭ /edicoessescsp

NOTA À EDIÇÃO BRASILEIRA

Este livro apresenta a perspectiva da sociologia cosmopolita, que toma a humanidade como objeto de estudo e analisa em conjunto os fenômenos aparentemente contraditórios que moldam o mundo contemporâneo. Na sociedade planetária, os imaginários e produtos culturais estão associados a acontecimentos transnacionais, com impacto na vida cotidiana de milhares de pessoas, independentemente de sua origem e lugar de moradia.

Vincenzo Cicchelli expõe as relações entre o cosmopolitismo e o crescimento do nacionalismo e da xenofobia, sentimentos que têm permeado a sociedade e a política, provocando incontáveis incidentes de violência e intolerância ao redor do planeta. Em suas palavras, "o estudo das consequências da globalização exige colocar em evidência tanto o que une as comunidades humanas diante dos riscos globais como o que as divide".

Abrir-se a uma consciência cosmopolita, atenta à diversidade nas muitas esferas da vida social, é um dos caminhos propostos pelo autor para o aprendizado da convivência, nos âmbitos da estética, da cultura, da ética e da política. O cosmopolitismo pode desfazer o medo ancestral em relação ao outro, ao reconhecê-lo e apreciá-lo como tal. Trata-se de um princípio compartilhado pelo Sesc São Paulo, motivo pelo qual publicamos esta obra no Brasil.

A A. E A., E A TUDO O QUE SOMENTE ELES ME OFERECEM.

YOU MAY SAY I'M A DREAMER,
BUT I'M NOT THE ONLY ONE.
I HOPE SOME DAY YOU'LL JOIN US
AND THE WORLD WILL BE AS ONE[1].

1 "Você pode dizer que sou um sonhador,/mas eu não sou o único./Espero que um dia você se junte a nós/e o mundo será um só." John Lennon, *Imagine*, 1971.

SUMÁRIO

PRÓLOGO
14 Venturas e desventuras do cosmopolitismo

INTRODUÇÃO
30 A imaginação cosmopolita
Compreender um mundo plural e comum

66 1 AS CARACTERÍSTICAS DISTINTIVAS DO MUNDO COSMOPOLITA

70 CAPÍTULO 1 **INTERDEPENDÊNCIA E ESCALAS**
72 Um espaço transnacional escalar
76 O Estado-nação no mundo cosmopolita

92 CAPÍTULO 2 **AS MATRIZES DA SINGULARIDADE**
94 O mundo como totalidade e os riscos globais
98 Entender os fatos culturais no mundo cosmopolita
103 Repertórios cosmopolitas

118 CAPÍTULO 3 **O LUGAR DA PLURALIDADE**
120 Experiências contraditórias
122 Sob a ameaça da globalização
129 Uma valorização das identidades culturais
138 Hibridações
151 Um universal emanando da pluralidade

CONCLUSÃO DA PRIMEIRA PARTE
156 **O UNIVERSAL E O PARTICULAR À PROVA DE GLOBALIZAÇÃO**

160 2 A SOCIALIZAÇÃO COSMOPOLITA

166 CAPÍTULO 4 **PENSAR A SOCIALIZAÇÃO COSMOPOLITA**
168 Em busca da socialização cosmopolita
180 Dois eixos da socialização
205 Marcos para uma hermenêutica da alteridade

222 CAPÍTULO 5 **O QUE É SER COSMOPOLITA?**
224 Controvérsias
234 Uma alternativa

260 CAPÍTULO 6 **AS FORMAS ELEMENTARES DO ESPÍRITO COSMOPOLITA**
261 Um processo reflexivo
270 O espírito cosmopolita na vida cotidiana
284 Viver como cosmopolita: áreas

CONCLUSÃO DA SEGUNDA PARTE
330 **SOCIALIZAÇÃO COSMOPOLITA E TIPOS HUMANOS IDEAIS**

CONCLUSÃO
336 **A SOCIOLOGIA COSMOPOLITA COMO PROJETO**

343 REFERÊNCIAS BIBLIOGRÁFICAS
363 SOBRE O AUTOR

PRŌLOGO

VENTURAS E DESVENTURAS DO COSMOPOLITISMO

Ser moderno es ser contemporáneo, ser actual:
todos fatalmente lo somos.
Jorge Luis Borges[1]

Três experiências deram origem a este livro, todas relacionadas à formação que os sociólogos da minha geração receberam, bem como à tomada de consciência, com o passar dos anos, de que os conceitos criados pela disciplina se inscrevem num horizonte histórico.

A SOCIOLOGIA E A EXPERIÊNCIA BIOGRÁFICA DO MUNDO CONTEMPORÂNEO

A primeira dessas experiências é comum àqueles de nós que um dia, ao percorrer com o olhar sua própria estante de livros, sentiram-se distantes do conteúdo de certas obras que antes lhes eram familiares. Quando penso nos livros didáticos de história, literatura, filosofia, que marcaram meus anos de ensino médio na Itália, sinto algum desconforto: os textos com os quais me formei, em sua maioria de grande valor, já não permitiriam a um adolescente de hoje, onde quer que esteja, entender o mundo. A intensificação e a aceleração das interdependências entre as sociedades; a multiplicação dos riscos e ameaças globais, como as epidemias, o terrorismo, as catástrofes nucleares e ambientais, as consequências do

---

[1] "Ser moderno é ser contemporâneo, ser atual: todos nós o somos inevitavelmente." "Prólogo", *Luna de enfrente*, 1925.

aquecimento global, do tráfico humano e das drogas; a transformação do capitalismo, com a dominação do liberalismo econômico, a desregulamentação sem precedentes dos mercados e o aumento do comércio internacional; a recorrente recessão econômica desde o fim dos Trinta Anos Gloriosos[2]; o declínio do movimento trabalhista e, em geral, a relativa desindustrialização das sociedades ocidentais; a forte incursão das novas tecnologias e o surgimento da sociedade do conhecimento; o aumento da mobilidade e dos fluxos migratórios; as profundas mudanças geopolíticas após a queda do Muro de Berlim, o fim do bipolarismo, o crescimento da potência de países não ocidentais e o declínio relativo do mundo ocidental; o questionamento do modelo social-democrata e a crise da Europa, cuja integração política continua em grande parte inacabada e onde nascem novos antagonismos entre países: todos esses fenômenos modificam substancialmente nossa compreensão do curso da história.

De que nos serviriam esses livros didáticos escritos no contexto da Guerra Fria, concebidos para pensar um mundo bipolar do ponto de vista europeu e ocidental – fosse esse ponto de vista liberal ou comunista? Esses livros apareceram em um contexto geopolítico marcado por divisões e conflitos (Leste-Oeste e Norte-Sul) que moldavam as relações internacionais desde o fim da Segunda Guerra Mundial; seus autores se formaram nos anos de descolonização e luta pelos direitos civis. Era-lhes impossível compreender as forças que levaram ao advento da "sociedade global", que se tornou, independentemente de qualquer julgamento de valor, o quadro factual de referência em que vivemos hoje.

A segunda experiência está relacionada aos meus anos de faculdade nas ciências sociais. Como estudante de sociologia na França durante a primeira metade da década de 1990, iniciei-me em uma disciplina então voltada para o estudo das dinâmicas sociais dentro do que se considerava ser o *locus naturalis*[3] de sua manifestação: o Estado-nação. As obras

---

2 Trinta Anos Gloriosos: os trinta anos que sucederam a Segunda Guerra Mundial. [N.E.]
3 *Locus naturalis*: lugar natural. [N.E.]

sociológicas que estudei não eram muito comparativas, não eram muito abertas a outras tradições sociológicas nacionais – com exceção, é claro, da Alemanha e, em parte, dos Estados Unidos. Hoje, inversamente, há uma tendência crescente, especialmente entre os jovens sociólogos, de entrar no "mercado global" da sociologia pela importação e discussão crítica de outros paradigmas, por uma participação ativa nos debates, graças ao uso do inglês como língua franca. De fato, desde a década de 1990 vemos uma internacionalização das ciências sociais[4]. Esse desejo de mudar de escala ao afiliar seus trabalhos a correntes internacionais implica riscos: o de pauperizar as produções locais e o de reproduzir cegamente as práticas de pesquisa dominantes (em suma, uma "norte--americanização" da sociologia). O isolamento identitário e, consequentemente, a marginalização de algumas tradições acadêmicas nacionais (em nome da defesa louvável da diversidade cultural) seriam, assim, uma consequência lamentável da globalização da pesquisa.

Sinto-me inclinado a pensar que, na era da globalização, a demanda por reconhecimento identitário e a aspiração universalista devem ser entendidas em um mesmo movimento[5]. A sociologia não é exceção: o desejo de valorizar habilitações acadêmicas locais se realiza conjuntamente com o anseio de pertencer a uma comunidade científica transnacional. Se quisermos permanecer conscientes desse paradoxo e preservar-nos de qualquer adesão ingênua e incondicional à globalização da sociologia, também devemos ter em mente que essa dinâmica envolve a reflexão sobre a reformulação das relações entre os antigos e os novos "centros" de produção do conhecimento e as "periferias".

Uma terceira experiência, desta vez comum aos professores de sociologia, é a contradição entre a necessidade de renovar os conceitos da

---

4 Sébastien Mosbah-Natanson e Yves Gingras, "The Globalization of Social Sciences?", *Current Sociology*, 2014, v. 62, n. 5, pp. 626-46.
5 Vincenzo Cicchelli, "Comparaison et regard cosmopolite", entrevista realizada por Chantal De Linares, *Agora débats/jeunesse*, 2009, v. 52, n. 2, pp. 21-34.

disciplina em face da aceleração das mudanças sociais e de continuar a fazer parte de um *corpus* de conhecimento estabelecido[6]. Muitas vezes, digo a meus alunos quanto me espanto com a obsolescência do nosso conhecimento. Será que é possível, na França ou em outros lugares da Europa, continuar a fazer sociologia da mesma forma diante do surgimento de paradigmas criados em novos países produtores de conhecimento, muito críticos em relação a nossas análises etnocêntricas da modernidade[7]? Pensemos nas ideias vindas da Índia (os *subalternal studies* e os *post-colonial studies*)[8] e nas teorias da dependência formuladas há um pouco mais de tempo pelos pensadores latino-americanos; nos recentes esforços de um Zhao Tingyang[9] para conceber as relações internacionais a partir de uma perspectiva mais global (que ele chama de *worldness*), baseada na teoria chinesa do *Tian-Xia* (literalmente: "tudo sob o céu"). Vozes aparecem para incitar os sociólogos ocidentais a entrar em contato com a produção científica dos países do Sul[10], esforço esse que levaria à produção de uma sociologia mais "vital, pertinente e verdadeira"[11].

Eu também digo a meus alunos que o que estamos observando hoje faz parte de fenômenos de longa duração, que pedem uma perspectiva histórica que saiba distinguir entre efêmero e durável[12]. Immanuel

---

[6] Robert Nisbet, *La Tradition sociologique*, Paris: PUF, 1984 (1966).
[7] Laurence Roulleau-Berger, *Désoccidentaliser la sociologie*, La Tour d'Aigues: Éditions de l'Aube, 2011.
[8] Também é digno de nota o 40º Congresso do Instituto Internacional de Sociologia, realizado em Nova Deli em fevereiro de 2012, *After Western Hegemony: Social Science and its Publics*.
[9] Zhao Tingyang, "A Political World Philosophy in Terms of All-under-heaven (Tian--Xia)", *Diogenes*, 2009, v. 56, n. 5, pp. 5-18.
[10] Michael Kuhn e Shujiro Yazawa (org.), *Theories About and Strategies against Hegemonic Social Sciences*, Stuttgart: Ibidem Press, 2015.
[11] Michael Burawoy, "The Global Turn", *Work and Occupations*, 2009, v. 36, n. 2, p. 95.
[12] Catherine Cicchelli-Pugeault e Vincenzo Cicchelli, *Les Théories sociologiques de la famille*, Paris: La Découverte, 1998.

Wallerstein destacou a dosagem de transformação e de inércia inerente aos sistemas sociais:

> Os sistemas históricos em que vivemos são certamente sistêmicos, mas também históricos. Eles permanecem os mesmos ao longo do tempo e, no entanto, nunca são os mesmos de um minuto a outro. É um paradoxo, mas não uma contradição. Saber como estudar esse paradoxo inevitável é a tarefa principal das ciências sociais históricas. Não é um enigma, é um desafio[13].

Esse desafio não é fácil de superar, ainda mais porque, nas ciências sociais, é bastante frequente inventar novos termos para designar antigos conceitos em vez de se perguntar quais seriam as boas garrafas que "ainda contêm um bom vinho"[14].

VIRADA GLOBAL, VIRADA COSMOPOLITA

Não seria possível ignorar as mudanças observadas no campo científico ao longo dos últimos trinta anos: seja em sociologia, seja em antropologia, ciência política, história ou geografia, emergiu um conjunto composto de trabalhos, que podemos subsumir sob a expressão "virada global"[15]. Uma proliferação de expressões atende a essa efervescência acadêmica: fala-se tanto de *global studies* quanto de abordagens transnacionais, de *world history*, de *connected history*, de abordagens civilizacionais, abordagens das modernidades múltiplas, de cosmopolitismo etc. Muito diferentes uns dos outros, realizados por autores às

---

13 Immanuel Wallerstein, *Comprendre le monde*, Paris: La Découverte, 2006 (2004), p. 41.
14 Alberto Martinelli, *Global Modernization*, Londres: Sage, 2005, p. 3.
15 Alain Caille e Stéphane Dufoix, *Le Tournant global des sciences sociales*, Paris: La Découverte, 2013.

vezes profundamente antagônicos tanto no plano conceitual quanto no metodológico, todos esses trabalhos compartilham um mesmo objetivo: encontrar uma perspectiva que dê conta do modo pelo qual as sociedades nacionais são confrontadas com fenômenos que atravessam suas fronteiras geográficas e que às vezes ultrapassam a capacidade de intervenção dos Estados. Todos consideram necessário questionar o esgotamento relativo do paradigma do Estado-nação – mesmo que este, como as culturas e identidades que são sua expressão, esteja longe de desaparecer[16]. O elemento social ainda pode estar contido na área territorial do Estado-nação? Eis a questão fundamental subjacente a essas pesquisas[17].

Consequentemente, os trabalhos que integram a tendência dos *global studies* insistem em um ponto metodológico que não pode ser evitado: "O mundo global, mesmo que seus contornos sejam imprecisos, tornou-se o âmbito no qual devem ser inseridos os fenômenos sociais, políticos e culturais de nosso tempo, pelo menos se quisermos entender sua natureza mais íntima"[18]. Como um verdadeiro Jano Bifronte[19], a globalização é uma máquina formidável de produção de interdependências, acentuando integração e fragmentação, inclusão e exclusão[20]. Ela oferece oportunidades de abertura cultural e empoderamento a indivíduos mais móveis, ao passo que engendra novas desigualdades entre países e entre classes

---

16 John W. Meyer *et al.*, "World Society and the Nation-State", *American Journal of Sociology*, 1997, v. 103, n. 1, pp. 144-81; Olivier Galland e Yannick Lemel, *Valeurs et cultures en Europe*, Paris: La Découverte, 2007.
17 Saskia Sassen, *La Globalisation*, Paris: Gallimard, 2009 (2007).
18 Vittorio Contesta, *Images du monde et société globale*, Québec: Presses de l'Université Laval, 2006, p. 1.
19 Jano Bifronte: na mitologia romana, deus de dupla face. [N.E.]
20 Martin Albrow, *The Global Age*, Cambridge: Polity Press, 1996; Joseph E. Stiglitz, *La Grande disillusion*, Paris: Fayard, 2002; Immanuel Wallerstein, *Comprendre le monde*, Paris: La Découverte, 2006 (2004); Laurent Carroue, *Géographie de la mondialisation*, Paris: Armand Colin, 2007; François Bourguignon, *La Mondialisation des inégalités*, Paris: Seuil, 2012.

sociais dentro de uma determinada sociedade, assim como frustrações, desencantos e desarraigamentos[21]. Como um fenômeno multidimensional, ela não é redutível apenas ao aspecto econômico[22].

Certas da ideia de que "a definição econômica da globalização não pode explicar por que um eletricista de New Haven se preocupa com a floresta equatorial brasileira, nem como nasceu a consciência global desse problema"[23], as análises aqui propostas emprestam algumas ferramentas dos *global studies* para tentar entender a questão: a) o fato de que o destino de cada um dos habitantes do planeta esteja vinculado ao dos outros, independentemente de seu país de nascimento e local de residência ; b) a natureza dupla do mundo global – que chamo de mundo cosmopolita – consubstancialmente plural e comum[24]. Mesmo participando dessa profunda renovação da disciplina representada pelos *global studies*, a sociologia cosmopolita não poderia ser reduzida a uma simples variante desses estudos. Levando adiante o objetivo de apresentar, ou mesmo criar, ferramentas próprias para uma nova perspectiva, pode-se dizer que este livro está mais alinhado com o que alguns chamaram de "virada cosmopolita"[25], cujos fundamentos analisaremos.

---

21 Craig Calhoun, "The Class Consciousness of Frequent Travellers", *South Atlantic quarterly*, 2002, v. 101, n. 4, pp. 869-97; Anne-Catherine Wagner, *Les Classes sociales dans la mondialisation,* Paris: La Découverte, 2007.
22 Roland Robertson, *Globalization*, Londres: Sage, 1992; Vittorio Cotesta, *Images du monde et société globale*, Québec: Presses de l'Université Laval, 2006; Roland Robertson e Kathleen E. White, "What Is Globalization?", em: George Ritzer (org.), *The Blackwell Companion to Globalization*, Oxford: Wiley-Blackwell, 2007; Marco Caselli, *Trying to Measure Globalization*, Dordrecht: Springer, 2012.
23 Nayan Chanda, *Au commencement était la mondialisation*, Paris: Éditions du CNRS, 2010 (2008), p. 9.
24 Parafraseando o título de um livro de Bruno Latour: *Un monde pluriel mais commun.* La Tour d'Aigues: Éditions de l'Aube, 2003.
25 Ulrich Beck e Edgar Grande, "Varieties of Second Modernity", *The British Journal of Sociology*, 2010, v. 61, n. 3, pp. 409-43.

QUEM TEM MEDO DO COSMOPOLITISMO?

Partidários e críticos do cosmopolitismo confrontam-se recorrentemente. Esses debates são importantes para evocar tanto temores difusos e atuantes quanto o destino que um mundo cosmopolita reservaria às identidades e às soberanias nacionais. A palavra "cosmopolitismo" é ao mesmo tempo vaga e cheia de significados. Essa dupla caracterização é o resultado de uma longa sedimentação histórica. Sem remontar a suas origens, que estão perdidas na história do pensamento ocidental, lembremos que a palavra *kosmopolítēs*[26] foi cunhada pelo filósofo Diógenes de Sínope. Nas sociedades modernas, bem como na globalização, o cosmopolitismo é tão louvado quanto vilipendiado[27].

Ele muitas vezes comporta uma conotação pejorativa, quando associado a uma recusa de submissão à autoridade local ou nacional ou a um "desejo de endossar múltiplas afiliações"[28]. Essa visão de indivíduo sem fronteiras, ou mesmo de traidor da pátria, foi um dos fundamentos do antissemitismo alemão. Como bem lembrou Enzo Traverso, desde a fundação do Reich bismarckiano houve uma oposição entre judeus e alemães:

> o judeu encarnava a mobilidade do dinheiro e das finanças, o cosmopolitismo e o universalismo abstrato, o direito internacional e a cultura "urbana mestiça"; o alemão, em contrapartida, estava enraizado em uma terra, criava sua riqueza pelo trabalho e não através de operações financeiras, possuía uma cultura que

---

26 *Kosmopolítēs*: cidadão do cosmos. [N.E.]
27 David Held e Anthony McGrew, "Globalization at Risk?", em: David Held e Anthony McGrew (org.), *Globalization Theory*, Cambridge: Polity Press, 2007, pp. 1-11.
28 Ross Posnock, "The Dream of Deracination", *American Literary History*, 2000, v. 12, n. 4, p. 802.

expressava um gênio nacional, não concebia as fronteiras de seu Estado como construções jurídicas abstratas, mas como marcas de um "espaço vital"[29].

Na tradição internacionalista e marxista, o cosmopolitismo remete antes a uma forma de dominação. Seria a expressão ideológica dos interesses de classe da burguesia capitalista nascente, imortalizada por estas palavras no *Manifesto do Partido Comunista*: "Ao explorar o mercado mundial, a burguesia dá um caráter cosmopolita à produção e ao consumo de todos os países"[30].

Seja glorificado, seja censurado, o cosmopolitismo está presente nos discursos públicos através de quatro usos. O primeiro está associado a algumas grandes marcas, as *global brands*. Por intermédio das indústrias culturais internacionais, promove-se um estilo de vida, particularmente entre as classes média e alta, para incentivar o consumo de produtos desculturalizados (que incorporam características locais que não são muito explícitas ou são esquecidas ao longo do tempo) ou com forte ancoragem cultural local (o que se torna depois um sinal distintivo de reconhecimento em escala global).

O segundo é o apanágio dos meios abertos e internacionais, das grandes mentes, dos intelectuais, cientistas, poliglotas e outros viajantes que "bateram perna" pelas estradas do mundo. Esse uso pode ser uma maneira positiva de indicar a experiência, às vezes sentida como dolorosa, relacionada ao exílio[31]. Mas, na maioria dos casos, ele emana de letrados que louvam uma visão do mundo em que o pertencimento cosmopolita é colocado acima de uma pátria em particular. "O filósofo

---

29 Enzo Traverso, "Cosmopolitisme et transferts culturels", *Revue de synthèse*, 2002, v. 123, n. 1, p. 74.
30 Karl Marx e Friedrich Engels, *Manifeste du Parti communiste* [Manifesto do Partido Comunista], Paris: Flammarion, 1999 (1848), p. 9.
31 Nicole Lapierre, *Pensons ailleurs*, Paris: Gallimard, 2006.

não é nem francês, nem inglês, nem florentino: ele é de todos os países", dizia Voltaire[32]. Hoje, esse uso às vezes é inspirado pelo espírito de tolerância que teria reinado em certas cidades, como Alexandria, Damasco ou Istambul[33], em certos impérios, tais como o Otomano e o Austro-Húngaro, ou em certas áreas geográfico-culturais como a *Mitteleuropa*[34]. Inúmeros são os romances que reavivam uma imagem multicultural desses mundos, tingida de exotismo e orientalismo: *Aziyadé* (1879), de Pierre Loti; *Morte em Veneza* (1913), de Thomas Mann; *A estrangeira* (1934), de Sándor Márai; *O mundo que eu vi* (1942), de Stefan Zweig; *Leon, o africano* (1986), de Amin Maalouf; *Danúbio* (1986), de Claudio Magris – para citar apenas alguns exemplos que me parecem significativos. Essas obras estão cheias da nostalgia de um passado remoto, às vezes mitificado, durante o qual floresceram culturas diversificadas e um sentimento de tolerância.

Juntamente com essas duas conotações positivas – e até laudatórias, no segundo caso –, o terceiro uso reserva uma crítica aguda ao cosmopolitismo, expressa pela voz da extrema-direita. Associado ao princípio da indiferenciação universal, acusam-no de ameaçar a própria existência da civilização europeia. Segundo Pierre Milloz[35], o cosmopolitismo "estaria na origem do colapso do que deveria ser vital em cada país, principalmente na França: afirmar e defender a especificidade e a identidade francesas no mundo". Outro texto de Milloz apresenta um subtítulo sugestivo: "A ideologia cosmopolita, eis o inimigo"[36]. Citemos também Félix Martel, que afirma que "nossas instituições régias, como

---

32 *Dicionário filosófico*, verbete "cartesianismo".
33 Robert Ilbert e Ilios Yannakakis, *Alexandrie, 1860-1960*, Paris: Autrement, 1992; Paul Balta, "Alexandrie", *Confluences Méditerranée*, 1994, n. 10, pp. 41-50.
34 *Mitteleuropa*: termo alemão de conotações políticas, geográficas e culturais que se refere à Europa Central. [N.E.]
35 Pierre Milloz, "Préface", em: Arnaud Raffar de Brienne, *La Désinformation autour de l'immigration*, La Chaussée-d'Ivry: Éditions atelier Fol'fer, 2012.
36 *Idem, Le Cosmopolitisme ou la France*, Paris: Éditions Godefroy de Bouillon, 2011.

a Justiça e a Educação Nacional, estão contaminadas e escravizadas pelos ideais do cosmopolitismo social"[37].

No entanto, o medo da dissolução da nação está ausente no outro extremo do espectro político: os discursos críticos de extrema-esquerda sobre o cosmopolitismo atacam o domínio das elites globalizadas. Estas assegurariam uma governança mundial que assumiria as lógicas imperialistas de outrora, adaptadas à sociedade global contemporânea. Então não é surpreendente que seja denunciada, em espaços da extrema-direita, uma convergência ideológica entre a extrema-esquerda e o que é designado como "superclasse mundial"[38], isto é, a elite do *global business*. Para quem está do lado do interesse superior de sua pátria, os liberais e progressistas são vistos como os coveiros da nação francesa.

Essas quatro visões têm como ponto comum a ideia de que os indivíduos se transformam com a globalização, entendida como um contato com a diferença cultural e como uma máquina para abrir, deslocar ou destruir fronteiras nacionais. No primeiro caso, a globalização é vista como uma ótima oportunidade para a criação de um mercado global de bilhões de consumidores de produtos culturalizados ou desculturalizados. No segundo, permite que os indivíduos, especialmente os urbanos, criem uma relação de tipo universalista com a alteridade, incluindo a coexistência em espaços culturalmente heterogêneos. No terceiro, ela é um Leviatã, um monstro assustador que engoliria todas as culturas locais, fazendo delas uma mistura indistinta e sem forma, induzida por processos transnacionais, em particular a imigração. A alteridade é, pois, considerada ameaçadora e é dever dos patriotas lutar contra o flagelo da globalização para defender a soberania e a

---

37 Artigo disponível em <http://francaisdefrance.wordpress.com/2011/09/07/quand-larmee-seveillera-par-felix-martel>. Acesso em: 20 ago. 2018.
38 Artigo disponível em <http://www.polemia.com/lideologie-de-la-superclasse-mondiale>. Acesso em: 20 ago. 2018.

identidade nacionais. No quarto caso, o desaparecimento das fronteiras não é negativo em si, mas parece estar associado à desregulamentação dos mercados e à produção de novas formas de desigualdade e dominação, ofuscadas por um foco excessivo nas questões relativas à diversidade cultural. Finalmente, a luta a favor ou contra o cosmopolitismo assume a forma de uma oposição linear: sentindo-se limitados nos círculos sociais mais imediatos, seus entusiastas colocam de bom grado a aversão de seus oponentes na conta de uma espécie de vertigem diante de um mundo grande demais, ao passo que estes reprovam aos cosmopolitas a falta de lealdade e fidelidade às comunidades em que vivem. Os cosmopolitas sofreriam de claustrofobia; seus inimigos, de agorafobia.

UMA ALTERNATIVA

Este livro não adota nenhuma das posições que acabam de ser expostas. Veremos que a atitude cosmopolita consiste, em primeiro lugar, em acreditar que é possível atravessar fronteiras sem perder suas raízes, que é possível considerar-se cosmopolita mesmo estando ancorado em uma cultura particular[39]. Como um ideal de transcendência dos pertencimentos locais, o horizonte do cosmopolita se define antes de tudo como o "*universum terrestre*"[40]. No entanto, essa tensão em direção ao círculo último da socialidade, que é a própria humanidade, não conduz à negação de costumes, culturas e identidades particulares. Nas palavras de Pascal Bruckner, que está a meio caminho entre aqueles que se entrincheiram em um nacionalismo identitário e aqueles que apenas aspiram a uma maior vastidão, "pensar o enraizamento e o universal

---

39 Anthony Kwame Appiah, *Pour un nouveau cosmopolitisme*, Paris: Odile Jacob, 2006 (2005).
40 Peter Coulmas, *Citoyens du monde*, Paris: Albin Michel, 1995 (1990).

juntos, um fecundando o outro", torna-se uma forma urgente de engajamento intelectual[41].

Não vou seguir nem a ideia de Thomas Friedman[42], que celebra uma "terra plana" em que as divisões geográficas e históricas se tornariam cada vez menos pertinentes, nem a de Régis Debray[43], para quem um espectro, que convém afastar, assombra o mundo contemporâneo: o desaparecimento das fronteiras. Aliás, segundo esse polemista francês, o elogio das fronteiras acaba se desviando da apologia das identidades, ao passo que para a estrela do jornalismo norte-americano, Friedman, o aumento das oportunidades de troca e de sucesso decorre justamente da atenuação das divisões internas do mundo contemporâneo. Partirei, em compensação, da constatação central de que as fronteiras que unem e separam os grupos humanos estão, ao mesmo tempo, mais porosas e mais rígidas, e que elas se reformulam e se deslocam.

O estudo do mundo cosmopolita levanta muitas questões. Aderir à constatação de uma conectividade nunca antes vista seria trivial[44]. Uma vez que todos os tipos de relação de interdependência são tecidos em escala global, a sociologia cosmopolita tem como objetivo primeiro compreender as consequências dessa condição – que se manifesta pela multiplicação e pela coexistência dos referentes culturais e identitários – e interpretar suas implicações nas diferentes esferas da existência social e humana[45].

❖ ❖ ❖

---

41 Pascal Bruckner, *Le Vertige de Babel*, Paris: Arléa, 2000, p. 68.
42 Thomas Friedman, *La Terre est plate*, Paris: Perrin, 2010 (2005).
43 Régis Debray, *Éloge des frontiers*, Paris: Gallimard, 2010.
44 John Tomlinson, *Globalization and Culture*, Chicago: University of Chicago Press, 1999.
45 Anthony Giddens, *Runaway World*, Londres: Profile, 1999; Paul Kennedy, *Local Lives and Global Transformation*, New York: Palgrave Macmillan, 2010; Arjun Appadurai, *Condition de l'homme global*. Paris: Payot, 2013; Vincenzo Cicchelli, "Living in a Global Society, Handling Otherness", *Quaderni di Teoria Sociale*, 2014a, n. 14, pp. 217-42.

Este livro nunca teria tomado forma sem as reuniões que tive com tantos colegas, amigos e alunos, com quem discuti regularmente temas e conteúdos que desenvolvi nos últimos anos durante minhas viagens a Haifa, Montevidéu, Montreal, Nova Délhi, Nova York, Paris, Raanana, Roma, Salerno, São Paulo, Toronto e Yokohama. Refiro-me especialmente a Jean-Loup Amselle, Vittorio Cotesta, Stéphane Dufoix, Robert Fine, Tally Katz-Gerro, Danilo Martuccelli, Sylvie Octobre, Jean-Bernard Ouédraogo e Viviane Riegel, cujas críticas generosas, conselhos prudentes e observações esclarecedoras foram por vezes decisivos. Mas também me refiro às conversas, longas ou ocasionais, e nem por isso menos valiosas, que tive com Alma Cicchelli, Jean-Pascal Daloz, Dominique Desjeux, Speranta Dumitru, Diane Farmer, Verónica Filardo, Olivier Giraud, Maria Litsardaki, Patrick Le Galès, Gianluca Manzo, Massimo Pendenza, Catherine Pugeault, Emilien Schultz, Étienne Tassin, Madalina Vartejanu-Joubert, Shujiro Yazawa e Ian Woodward. E o que dizer do apoio incondicional e do incentivo de meus ex-alunos Michele Altomonte, Valentina Battista, Vulca Fidolini, Justyna Kocur, Mathilde Morineaux, Caterina Rizzo e Nadia Tarhouni?

Deixo aqui a todas e todos meus calorosos agradecimentos.

INTRODUÇÃO

A IMAGINAÇÃO COSMOPOLITA[1]: COMPREENDER UM MUNDO PLURAL E COMUM

Todo corpo tem sua sombra; toda alma, seu ceticismo.
Oscar Wilde[2]

A globalização permitiu ao pensamento cosmopolita, incomparavelmente mais antigo que a sociologia, encontrar condições sociais e históricas *a priori* favoráveis ao seu desenvolvimento. Mas o cosmopolitismo fornece, de fato, novos *insights* para a compreensão das sociedades contemporâneas? Tudo depende, parece-nos, da capacidade de seus defensores de traduzir sociologicamente as matrizes constitutivas do pensamento cosmopolita, tirando partido da tensão fundadora entre o universalismo e o particularismo[3] e criando conceitos capazes de interpretar as dinâmicas complexas do mundo cosmopolita.

Embora o cosmopolitismo tenha alçado voo nos últimos vinte anos, o custo desse sucesso encontra-se nas pesquisas em curso: é grande o risco de não dar conta da descontinuidade entre suas ideias filosóficas e sua tradução sociológica, de se perder na selva de uma terminologia exuberante[4] ou, ainda, de banalizar as análises aí inspiradas[5], confun-

---

1 Título tomado de empréstimo de Gerard Delanty, *The Cosmopolitan Imagination*, Cambridge: Cambridge University Press, 2009.
2 *La Critique créatrice* [A crítica criativa], Paris: Éditions Complexes, 1989, p. 70.
3 Robert Fine, *Cosmopolitanism*, Londres: Routledge, 2007.
4 Zlatko Skrbis e Ian Woodward, *Cosmopolitanism*, Londres: Sage, 2013.
5 Daniel Chernilo, "Cosmopolitanism and the Question of Universalism", em: Gerard Delanty (org.), *Routledge Handbook of Cosmopolitanism Studies*, Londres: Routledge, 2012, pp. 38-46.

dindo-as com o conjunto mais amplo de estudos sobre os fenômenos transnacionais. Como as sociologias do cosmopolitismo são, em grande parte, variantes implícitas da grande narrativa da globalização, convém munir esta última de temas mais cosmopolitas.

Duas possibilidades se abrem para o pesquisador. A primeira consiste em fazer tábula rasa do passado, relegando ao ostracismo os conceitos da sociologia clássica. Essa posição é defendida principalmente por Ulrich Beck[6], cujas obras pretendem ser verdadeiros manifestos em favor de um novo paradigma. No entanto, a visão de que a adoção da perspectiva da "cosmopolização do mundo" deve necessariamente implicar o abandono de qualquer referência à sociologia clássica tem sido muito debatida. Alguns autores argumentam que os quadros conceituais elaborados pelos fundadores da disciplina não poderiam ser todos confundidos com a análise das sociedades nacionais[7]. Em contrapartida, a segunda possibilidade, que este livro subscreve, consiste na introdução de novas ferramentas em abordagens já comprovadas[8]. Toda a dificuldade desse exercício vem do fato de que a disciplina deve mostrar inventividade, imaginação conceitual e metodológica[9], sem necessariamente renegar a si mesma.

---

6 *Qu'est-ce que le cosmopolitisme?* Paris: Aubier, 2006a (2004).

7 Gérôme Truc, "Simmel, sociologue du cosmopolitisme", *Tumultes*, 2005, v. 24, pp. 49-77; Daniel Chernilo, "Social Theory's Methodological Nationalism", *European Journal of Social Theory*, 2006, v. 9, n. 1, pp. 5-22; Massimo Pendenza (org.), *Classical Sociology Beyond Methodological Nationalism*, Leyde: Brill, 2014.

8 Robert Fine e Daniel Chernilo, "Between Past and Future", em: Austin Sarat e Patricia Ewick (org.), *Studies in Law, Politics, and Society*, Amsterdam: Elsevier, 2004, pp. 25-44; Gavin Kendall, Ian Woodward e Zlatko Skrbis, *The Sociology of Cosmopolitanism*, New York: Palgrave Macmillan, 2009.

9 Gerard Delanty, *The Cosmopolitan Imagination*. Cambridge: Cambridge University Press, 2009.

AS MATRIZES DO COSMOPOLITISMO

Sem que tracemos toda a genealogia do cosmopolitismo, é útil, no entanto, apresentar suas grandes matrizes para a compreensão da realidade contemporânea. Correndo o risco de tentar encontrar a qualquer custo traços de cosmopolitismo onde eles são mais do que incertos, alguns autores privilegiaram uma abordagem de longa duração, que mostra os avatares sucessivos da ideia cosmopolita e sua capacidade de se adaptar às diversas condições históricas, incluindo aquelas mais desfavoráveis ao seu desenvolvimento[10].

UM OXIMORO

Observou-se, com razão, que a palavra "cosmopolita" se constitui pela associação "aparentemente abusiva"[11] dos termos *polítēs* (o cidadão) e *kósmos* (o mundo, o universo). Este oximoro apresenta um valor heurístico, uma vez que nos obriga a pensar rapidamente na tensão entre a ancoragem imediata da citadinidade e a abertura da experiência humana a horizontes de sentido distantes. Em sua significação mais radical, a expressão "cidadão do mundo" incita a um ato de emancipação individual em relação a laços de proximidade e a relações atribuídas pelo nascimento, levando à libertação de um contexto proximal de existência. Lê-se aí uma concepção crítica e libertária segundo a qual o indivíduo deve se livrar do jugo dos preconceitos etnocêntricos e nacionalistas que distorcem seu julgamento, dos grilhões patrióticos e das cercas culturais que limitam seu horizonte. A afirmação de si não poderia, todavia, rimar com uma concepção solipsista do indivíduo. O contrário é verdadeiro. O que o cosmopolitismo reivindica é uma forte aspiração à inserção na maior comunidade que existe: a da humanidade inteira.

---

10 Peter Coulmas, 1995 (1990), *op. cit.*
11 Louis Lourme, Qu'est-ce que le cosmopolitisme? Paris: Vrin, 2012, p. 9.

A longa história dessa concepção do indivíduo e de suas relações com o mundo pode ser traçada através de três matrizes. A primeira reside na ideia de uma unidade humana profunda, de uma comunidade suprema que reúne todos os homens e todos os deuses: a cosmópolis estoica, na qual qualquer indivíduo pode pleitear o direito à cidadania em qualquer lugar do planeta e toda forma de fechamento e exclusão é considerada ilegítima, porque "o horizonte do cosmopolita é definido, em primeiro lugar, como o *universum* terrestre, o mundo inteiro"[12]. A cosmópolis era essencialmente entendida como unidade política, transcendendo todas as fronteiras entre etnias, culturas, religiões e classes, no espírito de igualdade de princípios[13]. A segunda matriz pode ser descrita como um conjunto de obrigações morais em relação ao outro: a aspiração a maior tolerância com os costumes e crenças dos outros povos, a busca de paz universal e a aplicação do dever de hospitalidade frente aos estrangeiros fazem do cosmopolitismo um princípio de responsabilidade e de solidariedade[14]. A terceira matriz é diretamente derivada das precedentes e as completa; é usada para designar o interesse pelos seres, costumes e países estrangeiros. Capaz de se sentir à vontade fora de sua terra natal, o cosmopolita estabelece um diálogo com os outros, que ele considera como seus iguais em termos de dignidade humana.

Portanto, uma orientação cosmopolita pressupõe no indivíduo: a) a capacidade de transcender a própria cultura, de superar sentimentos de lealdade e de pertencimento local; b) o senso de responsabilidade com os outros, baseado exclusivamente em sua humanidade, independente de qualquer referência a sua etnicidade, cultura, religião,

---

[12] Peter Coulmas, 1995 (1990), *op. cit*, p. 12.
[13] Ulrich Beck, "Rooted Cosmopolitanism", em: Ulrich Beck, Natan Sznaider e Rainer Winter (org.), *Global America?* Liverpool: Liverpool University Press, 2003a, pp. 15-29.
[14] Gillian Brock e Harry Brighouse (org.), "Introduction", em: *The Political Philosophy of Cosmopolitanism*, Cambridge: Cambridge University Press, 2005, pp. 1-9.

afiliação política ou cidadania nacional; c) a abertura, o interesse e o respeito em relação a outras culturas e à diversidade dos modos de vida. Essas três matrizes se unem no que é característico do cosmopolitismo: um ideal de inserção do indivíduo na humanidade comum.

UM ECÚMENO GLOBAL[15]

Em sua história, que já data de vinte e cinco séculos, o cosmopolitismo experimentou ciclos de afirmação, declínio e renovação[16] e, obviamente, sofreu profundas transformações conceituais. O cosmopolitismo contemporâneo, que é preferível chamar de neocosmopolitismo[17], não é o herdeiro direto de formas mais antigas. Três grandes etapas pontuam sua história milenar. No mundo antigo, o cosmopolitismo coloca em tensão o indivíduo e sua inserção em sua cidade natal, acentuando o movimento de emancipação que o conduz a uma afiliação universal; esta, no entanto, continua a ser uma abstração porque, para os filósofos gregos, o mundo é antes de tudo uma projeção do particular, a pólis, no mundo conhecido da época. No século do Iluminismo, comumente aceito como a idade de ouro do cosmopolitismo, os filósofos o tomam como uma arma para combater o obscurantismo religioso e para responder ao desejo de paz. Esse ideal pacifista baseia-se em um universalismo da razão, em um mundo ainda interpretado como exótico graças às viagens de exploração e – o que pode parecer contraditório – à colonização europeia com sua missão civilizadora. O surgimento do nacionalismo no século XIX acarretou o declínio do anseio cosmopolita. O retorno mais vigoroso desse ideal remonta apenas às últimas três

---

15 Expressão tomada de empréstimo de Ulf Hannerz, "Notes on the Global Ecumene", em: Roland Robertson e Kathleen E. White (org.), *Critical Concepts in Sociology*, Londres: Routledge, 2003 (1989).
16 Robert Fine e Robin Cohen, "Four cosmopolitan moments", em: Robin Cohen e Steven Vertovec (org.), *Conceiving Cosmopolitanism*, Oxford: Oxford University Press, 2002, pp. 137-64.
17 Robert Fine, 2007, *op. cit.*

décadas, com o advento da sociedade global, geralmente considerada condição de nascimento do cosmopolitismo contemporâneo, seu contexto factual e seu horizonte de sentido. A globalização faz do mundo inteiro uma entidade imediata, densa e vívida. Assim, as matrizes anteriormente descritas conservam todo o seu sentido – e até ganham relevância – no contexto contemporâneo.

Certamente, o mundo como unidade cosmopolita "é um dos grandes sonhos da humanidade"[18]. Desde o início da história, houve pensamentos universalistas no Oriente Próximo e no mundo mediterrâneo[19]. Se essas civilizações enfatizaram as três formas de unidade, as do mito, do pensamento e do poder – que remetem respectivamente ao universal da criação, do conhecimento e do império –, o contexto histórico que as viu florescer, por outro lado, não era seguramente global, como acabamos de ver a propósito da pólis grega.

> Pensamentos sobre o universal puderam se desenvolver, ao passo que a universalidade era mais do que irrealizável: era impensável, e por aqueles mesmos que usavam esses termos. Foi em parte um problema de escala: a ideia de universalidade foi captada por Estados, Igrejas e grupos diversos – quase por contumácia, dentro de mundos separados do mundo. A globalização é também a história da convocação da ideia de mundo pela experiência do mundo[20].

Foi necessário que o mundo alcançasse o grau de interconexão sem precedentes permitido pela globalização para que o cosmopolitismo se tornasse uma experiência possível. Se o mundo do cosmopolita é

---

18 Peter Coulmas, 1995 (1990), *op. cit*, p. 13.
19 Peter Coulmas, 1995 (1990), *op. cit.*; Vittorio Cotesta, 2006, *op. cit.*; Michael Sommer, "OIKOYMENH". Disponível em: <https://www.academia.edu/1097469>. Acesso em: 28 mar. 2018.
20 Jacques Lévy, "Un événement géographique", em: ___ (org.), *L'Invention du monde*, Paris: Presses de Sciences Po, 2008, p. 13.

concebido como um campo de experimentação que ele "atravessa, explora, estuda, percorre, observa"[21], também foi necessário, por outro lado, que a circulação transnacional dos seres humanos, dos bens e das ideias se intensificasse para que os indivíduos sentissem que estavam multiplicando contatos (reais ou virtuais, duradouros ou efêmeros) com a diversidade cultural. Mesmo que ninguém possa argumentar que as sociedades tradicionais tenham sido imóveis ou isoladas[22], o mundo contemporâneo se caracteriza por um grau de mobilidade nunca antes alcançado, que facilita a disseminação de modos de vida transnacionais. Hoje, o *universum* dos pensadores cosmopolitas é a Terra inteira, o cosmos estendido ao globo terrestre.

AS PALAVRAS PARA DIZÊ-LO

Se subscrevemos a ideia de que o quadro de referência para a observação dos fenômenos sociais contemporâneos é a sociedade global, então é necessário estudar a maneira pela qual os imaginários e os indivíduos nela se inscrevem, conscientemente ou não, e entender de que forma são tanto produtos dessa sociedade como seus agentes de produção[23]. Antes de entrar no âmago do assunto e de propor ferramentas para traduzir sociologicamente essa *big idea*, o cosmopolitismo[24], é preciso fazer uma digressão semântica para distinguir a sociologia cosmopolita das muitas correntes teóricas da disciplina que propõem uma abordagem transnacional.

---

21 Peter Coulmas, 1995 (1990), *op. cit*, p. 12.
22 Daniel Roche, *Humeurs vagabondes*, Paris: Fayard, 2003.
23 Vittorio Cotesta, Vincenzo Cicchelli e Mariella Nocenzi, *Global Society, Cosmopolitanism and Human Rights*, Newcastle upon Tyne: Cambridge Scholars Publishing, 2013.
24 Zlatko Skrbis e Ian Woodward, 2013, *op. cit*.

APREENDER A COSMOPOLITIZAÇÃO

Para que a sociologia cosmopolita se torne uma abordagem do mundo global plenamente distinta, ela deve criar seus próprios conceitos, apreendendo os processos de transformação do mundo contemporâneo por uma ótica específica.

Ulrich Beck[25] utilizou o termo "cosmopolitização" para distinguir sua abordagem da ideia filosófica de cosmopolitismo. A condição do indivíduo contemporâneo (das elites aos atores sociais comuns) e a dinâmica dos imaginários (as grandes narrativas e as iconografias) se baseariam hoje em um novo princípio, o da interconexão dos fatos humanos. Com o advento da segunda modernidade, as antigas distinções entre "dentro" e "fora", "nacional" e "internacional", "eles" e "nós" teriam perdido sua validade e legitimidade.

Mesmo aderindo às teses de Beck, alguns autores criticaram o uso da palavra "cosmopolitização", argumentando que era difícil ver aí uma alternativa à palavra "globalização", já que os dois termos remetiam às mesmas realidades. Na verdade, ambas têm três acepções diferentes, que Beck nem sempre distingue. Elas indicam um processo observável, um objetivo a ser alcançado e um discurso sobre as realidades sociais contemporâneas[26]. Ao recorrer a indicadores relativos a fenômenos transnacionais para demonstrar a cosmopolitização do mundo, Beck se permite correlacionar os dois fenômenos[27] e usar os dois termos de forma intercambiável, sugerindo às vezes que, no plano da consciência, o surgimento de orientações e práticas cosmopolitas seria consequência de fatos estruturais. No entanto, isso está longe de ser empiricamente

---

25 Ulrich Beck, 2006a (2004), *op. cit.*
26 Jan Nederveen Pieterse, *Globalization and Culture*, New York: Rowan & Littlefield Publisher, 2009.
27 Victor Roudometof, "Transnationalism, Cosmopolitanism and Glocalization". *Current Sociology*, 2005, v. 53, n. 1, pp. 113-35.

atestado[28], já que viver em um mundo global não implica necessariamente tornar-se cosmopolita. Além disso, assimilar os processos de cosmopolitização aos processos de transnacionalização equivaleria a fazer um amálgama entre uso analítico e uso prescritivo da perspectiva. Beck confundiria o cosmopolitismo como *processo* e o cosmopolitismo como *fim*. Servindo-se do primeiro para se referir aos mecanismos de abertura física e metafórica das fronteiras do Estado-nação e designando a sociedade, que é o produto dessa transformação, também como cosmopolita, Beck transforma o *explanandum* – a sociedade cosmopolita como resultado de mudanças históricas – em *explanans*[29]: seria a cosmopolitização que explicaria as mudanças na vida social na pós-modernidade[30].

Essas críticas foram formuladas com o objetivo de tornar a abordagem cosmopolita mais operacional, separando principalmente a tensão ética, que impulsiona o cosmopolitismo – e que se traduz, nas obras de alguns sociólogos, por uma forte tentação normativa –, de uma postura mais descritiva. Porém, de acordo com Alexis de Tocqueville[31], isso acontece tanto com o cosmopolitismo quanto com a democracia. No plano conceitual, Tocqueville considera a democracia norte-americana tanto um fato – um regime político resultante de poderosas transformações históricas de longa duração – quanto um objetivo – um horizonte político a ser alcançado, renovado e acabado pela ação conjunta dos homens, dos costumes e da opinião pública sobre as instituições. Esse autor vê a democracia como o motor da história, uma força irreversível, um

---

28 Paul Kennedy, 2010, *op. cit.*
29 *Explanandum*: frase ou termo que descreve um fenômeno a ser explicado; *explanans*: frase ou termo apresentado para explicar o fenômeno. Na hipótese de Beck, a sociedade cosmopolita deixa de ser um fenômeno explicado pelas mudanças históricas e passa a ser aquilo que as explica, que as produz. [N.E.]
30 Victor Roudometof, 2005, *op. cit.*
31 *De la démocratie en Amérique*, Paris: Flammarion, 1981 (1835 e 1840). Nessa mesma linha de pensamento, poderíamos nos referir à análise de autonomia de Paul Ricœur ("Autonomie et vulnérabilité", em: *Le Juste 2*, Paris: Éditions Esprit, 2001a, pp. 85-106).

projeto de sociedade, uma conquista humana[32]. No plano metodológico, ele analisa a democracia norte-americana tanto como um tipo empírico (com suas características observáveis) quanto como um tipo ideal (cujas características são reconstruídas pelo observador). Isso lhe permite demonstrar, por comparação, que a sociedade norte-americana, de longe a mais próxima de um ideal democrático na época em que ele escreve, é, no entanto, aperfeiçoável.

Do mesmo modo, o cosmopolitismo pode ser entendido como objetivo a atingir e realidade já em parte constituída, um fenômeno social com características bem marcadas e um tipo ideal construído pelo pesquisador. Seria possível alegar que insistir na natureza histórica do cosmopolitismo – à qual se prendem tanto Beck quanto seus críticos – equivale a adotar uma concepção teleológica do fenômeno. Segundo Peter Coulmas, certamente a fé no progresso da história "é a própria condição de uma apreensão cosmopolita do mundo"[33]. Entretanto, já vimos que a história do cosmopolitismo não tinha nada de linear. Em vez disso, ela é feita de ciclos de afirmação, declínio e ressurgimento ao longo dos quais seu conteúdo mudou. Por outro lado – e pensando apenas nos últimos dois séculos da história do Ocidente –, seria ingênuo e simplesmente falso afirmar que passamos de um mundo fechado para um mundo aberto, de um universal exclusivo para um universal inclusivo, da rejeição do outro à sua aceitação. Nesse ponto, convém divergir de alguns autores, como Martha C. E. Van Der Bly[34], que, partindo da ideia de que a capacidade antropológica dos seres humanos de atravessar fronteiras é, de longe, mais importante que seu desejo de viver em um mundo fechado, interpretam a longa duração da história global como um processo de convergência das sociedades. À semelhança da

---

32 Pierre Manent, *Tocqueville et la nature de la démocratie*, Paris: Gallimard, 1982.
33 Peter Coulmas, 1995 (1990), *op. cit.*, p. 11.
34 "Pananthropoi", *Global Studies Journal*, 2013, n. 37. Disponível em: <https://gsj.stonybrook.edu/article/pananthropoi-towards-a-society-of-all-humanity/>. Acesso em: 10 jan. 2018.

globalização[35], o cosmopolitismo não tem nada de inelutável[36]. Portanto, importa entendê-lo como um processo que permite ao observador confrontar a realidade factual com um ideal teoricamente construído[37].

Antes de considerar a sociologia cosmopolita como uma análise do mundo cosmopolita, como propõe este livro, uma última advertência se faz necessária. Tal abordagem não tem, de forma alguma, a pretensão de compreender o conjunto dos fenômenos incluídos na grande categoria dos *global studies*. Seu objetivo consiste principalmente em entender como os indivíduos e os grupos humanos lidam com a realidade global em que estão imersos, examinando as dimensões culturais, subjetivas e experienciais da sociedade global, elementos por vezes negligenciados pelos *global studies*[38]. Para tanto, convém ter consciência de que o vínculo entre globalização e cosmopolitismo não é do tipo causa e efeito. Viver em um mundo global não significa nem aderir às aspirações éticas buscadas pelo cosmopolitismo nem se conformar com um estilo de vida suscetível de encarná-lo.

SOCIOLOGIA DO COSMOPOLITISMO E SOCIOLOGIA COSMOPOLITA

O cosmopolitismo é mais uma atitude cultural geral do que uma doutrina rigorosa, de modo que a linha de demarcação entre conceitos análogos – como interculturalidade, multiculturalismo, internacionalismo e globalização – nem sempre é fácil de traçar; seus contornos mal definidos se traduzem por uma dispersão das práticas de linguagem[39].

---

35 Marco Caselli, *Trying to Measure Globalization*, Dordrecht: Springer, 2012.
36 David Held, *Cosmopolitanism*, Cambridge: Polity Press, 2010.
37 Zlatko Skrbis e Ian Woodward, 2013, *op. cit.*
38 Malcom Waters, *Globalization*. Londres: Routledge, 2001; Jan Nederveen Pieterse, 2009, *op. cit.*
39 Yvan Gastaut, "Le Cosmopolitisme, un univers de situations". *Cahiers de l'Urmis*, 2002. Disponível em <http://journals.openedition.org/urmis/21?lang=fr>. Acesso em 9 jan. 2018.

Como lembra Ulf Hannerz[40], as palavras não se tornam necessariamente palavras-chave em razão de sua precisão ou coerência de uso, mas sim porque fazem eco à nossa imaginação. É o caso de "cosmopolita", "cosmópolis" e "cosmopolitismo".

Portanto, é necessário fazer uma distinção terminológica. Propomos chamar de mundo cosmopolita o mundo construído pelos processos transnacionais, a fim de restituir a especificidade da sociedade global do ponto de vista dos processos culturais de separação e unificação: o mundo cosmopolita é ao mesmo tempo plural e comum, sendo essa dualidade irredutível o resultado instável de um longo processo histórico. Nessa ótica, pode-se qualificar de sociologia do cosmopolitismo o estudo de certos fenômenos maiores do mundo contemporâneo, ao passo que a sociologia cosmopolita deve ser entendida como o recurso a um conjunto de conceitos que permitam uma análise específica desse objeto. A primeira permitiria considerar o estudo dos fenômenos transnacionais independentemente de qualquer referência a conceitos próprios ao cosmopolitismo, enquanto a segunda, que nos interessa aqui, seria uma tentativa de tornar operacionais os conhecimentos adquiridos do pensamento cosmopolita – e de adaptá-los ao mundo contemporâneo –, rejeitando alguns de seus aspectos indeterminados, utópicos e obsoletos.

A sociologia cosmopolita tornou-se relativamente independente dos *global studies*, como evidencia o aumento excessivo de termos da área a que temos assistido nos últimos vinte anos. Autores têm desfiado o rosário de expressões criadas pelos sociólogos em torno da palavra "cosmopolita"[41]. Tais expressões seriam um sinal de efervescência ou, ao

---

40 "Notes on the Global Ecumene", em: Roland Robertson; Kathleen White (org.), *Critical Concepts in Sociology*, Londres: Routledge, 2003 (1989), pp. 223-32.
41 Samuel Scheffler, *Boundaries and Allegiances*, Oxford: Oxford University Press, 2001; Steven Vertovec e Robin Cohen, "Introduction", em: ____ (org.). *Conceiving Cosmopolitanism*, Oxford: Oxford University Press, 2002, pp. 1-22; Pauline Kleingeld e Eric Brown, "Cosmopolitanism", em: Edward Zalta, *Stanford Encyclopedia of Philoso-*

contrário, a evidência de uma frágil consolidação do campo científico? Sem entrar nos detalhes dos termos, tentemos propor uma classificação dos usos dessa palavra. Gerard Delanty[42] distinguiu quatro. O primeiro remete à elaboração de um quadro político baseado no direito e na justiça, elementos necessários para instaurar uma governança global. O segundo refere-se a uma forma de multiculturalismo de tipo liberal, que enfatiza o pluralismo e a diferença cultural na criação de comunidades políticas pós-nacionais. O terceiro serve para indicar a forte transnacionalização do mundo operada pela circulação e pelos fluxos internacionais, bem como o surgimento induzido de novos estilos de vida e práticas de consumo cultural. O quarto é o dos pesquisadores, que estão tentando desenvolver métodos para compreender a globalização internamente.

É possível simplificar essa classificação eliminando o terceiro uso, que confunde, mais uma vez, cosmopolitismo e processos transnacionais, para reter apenas três abordagens distintas às quais remete o adjetivo "cosmopolita": a primeira é mobilizada quando se pensa em um conjunto de pressupostos relativos à natureza das mudanças que permitiram a afirmação do cosmopolitismo contemporâneo; a segunda qualifica as instituições e os organismos de governança internacional; a terceira designa um conjunto de valores, atitudes e comportamentos dos indivíduos contemporâneos[43].

---

phy, 2006. Disponível em: <http://plato.stanford.edu>. Acesso em: 9 jan. 2018. Zlatko Skrbis e Ian Woodward, 2013, *op. cit.*
42 Gerard Delanty, 2009, *op. cit.*
43 Ian Woodward, Zlatko Skrbis e Clive Bean, "Attitudes Toward Globalization and Cosmopolitanism", *The British Journal of Sociology*, 2008, v. 59, n. 1, pp. 207-26; Vincenzo Cicchelli e Gérôme Truc, *De la mondialisation au cosmopolitisme*, Paris: La Documentation française, 2011.

ÉTICA UNIVERSALISTA E ESPÍRITO DO COSMOPOLITISMO

A história do cosmopolitismo mostra que, desde o seu início, essa ideia tem sido usada para considerar, em um mesmo movimento, a diferença e a unidade[44]. Em sua forma atualizada[45], o cosmopolitismo é uma fonte de inspiração para as ciências sociais[46]. Ele permite uma visão clara das dinâmicas de nossas sociedades, uma vez que tendências históricas de longa duração levaram a uma certa unificação do mundo, permitindo e incentivando a expressão de sua diversidade interna[47]. Essa coexistência de princípios de unidade e pluralidade foi elaborada ao longo de uma história milenar, muito antes do advento da sociedade global tal como a conhecemos.

Se uma das tarefas mais urgentes da sociologia cosmopolita consiste em compreender como a coexistência das comunidades humanas se organiza na sociedade global, então é necessário entender as dinâmicas das culturas e das identidades contemporâneas com o auxílio dos mecanismos de inclusão e exclusão mobilizados pelos indivíduos e pelos grupos humanos. De quais ferramentas dispõe essa abordagem para tratar essas problemáticas?

A TENSÃO ENTRE O UNIVERSAL E O PARTICULAR

O projeto de uma sociologia cosmopolita não pode se dar sem um confronto dos argumentos, pressupostos e limites do universalismo, que é um forte legado do pensamento cosmopolita[48]. Tal abordagem visa tanto contribuir para a crítica de certas concepções essencialistas, chauvinistas

---

44 Peter Coulmas, 1995 (1990), *op. cit.*
45 Robert Fine e Robin Cohen, 2002, *op. cit.*; Vivienne Boon e Gerard Delanty, "Cosmopolitanism and Europe", em: Chris Rumford (org.), *Cosmopolitanism and Europe*, Liverpool: Liverpool University Press, 2007, pp. 19-38.
46 Ulrich Beck, 2006a (2004), *op. cit.*
47 Robert Fine, 2007, *op. cit.*
48 Daniel Chernilo, "Cosmopolitanism and the Question of Universalism", em: Gerard Delanty (org.), *Routledge Handbook of Cosmopolitanism Studies*, Londres: Routledge, 2012, pp. 38-46.

e etnocêntricas que atravessaram a história das ciências sociais quanto confrontá-las com a questão do universalismo[49]. Mais precisamente, a sociologia cosmopolita é construída em torno da tensão entre duas posturas: de um lado, o respeito e o reconhecimento da pluralidade, das particularidades dos fatos humanos; de outro, o desejo de compreendê-los em um contexto humano mais amplo que o outro[50].

> A teoria social cosmopolita compreende as relações sociais a partir de uma concepção universalista da humanidade, e por meio de ferramentas analíticas e procedimentos metodológicos universalistas. Sua ambição, simples, mas de forma alguma trivial, é que, apesar de todas as nossas diferenças, a humanidade é na realidade uma, e deve ser entendida como uma[51].

No entanto, a centralidade das orientações universalistas no cosmopolitismo suscita muita controvérsia. Samuel Scheffler[52] sublinhou que um uso radical do universalismo levaria a posições insustentáveis em termos de pertencimentos culturais. Outros autores apontaram para a incoerência de um pensamento que se pretende universalista, mas cujos fundamentos continuam a ser culturalmente situados. Embora tenha sido amplamente demonstrado que a globalização não tem o mundo ocidental como único lar, o cosmopolitismo, como teoria específica dos processos globais, ainda precisa abandonar seu "ocidentalocentrismo" e tornar-se, ele próprio, plural[53].

---

49 *Ibidem.*
50 Robert Fine, 2007, *op. cit.*
51 *Ibidem*, p. XVII.
52 Samuel Scheffler, *Boundaries and Allegiances*, Oxford: Oxford University Press, 2001.
53 Jan Nederveen Pieterse, "Emancipatory Cosmopolitanism", *Development and Change*, 2006, v. 37, n. 6, pp. 1247-57.

Essas observações devem ser entendidas como uma espécie de salvaguarda. Ao passo que assume o universalismo como horizonte último de compreensão dos fenômenos sociais, o cosmopolitismo tenta lutar contra alguns de seus aspectos obscuros[54]; ele se levanta contra novas forças de exclusão, incluindo aquelas que reaparecem sub-repticiamente sob a égide do respeito às diferenças[55]. Longe do universal antropológico, que raciocina em termos de constantes transculturais, o universalismo cosmopolita não se pretende desencarnado; ele coloca em relevo tanto a humanidade comum quanto as particularidades culturais[56]. Sendo o principal pressuposto de uma orientação cosmopolita a afirmação de que "a espécie humana só pode ser compreendida se for tratada como um sujeito, dentro do qual todas as diferenças são reconhecidas e respeitadas, mas conceituadas como internas à unidade substantiva de todos os seres humanos"[57], a articulação do universal e do particular é, sem dúvida, a principal tarefa dessa abordagem[58].

Propor o cosmopolitismo como perspectiva sociológica supõe insistir no reconhecimento do outro e em que ele não se dissolva no universal[59]. Kwame Anthony Appiah[60] utiliza uma expressão eficaz para definir a compreensão cosmopolita: seria uma "universalidade acrescentada à diferença", a soma de nossa humanidade compartilhada com os hábitos, tradições, costumes, criações dos povos em contextos históricos

---

54 Robert Fine, "The Two Faces of Universality", em: Anastasia Marinopoulou (org.), *On Cosmopolitan Modernity*, Frankfurt: Peter Lang, 2015.
55 Robert Fine, "Taking the 'Ism' Out of Cosmopolitanism". 2003, pp. 451-70. Disponível em: <http://journals.sagepub.com/doi/pdf/10.1177/13684310030064005>. Acesso em: 8 jan. 2018.
56 Christophe Antweiler, *Inclusive Humanism*, Göttingen, V&R Unipress, 2012.
57 Robert Fine, 2007, *op. cit.*, p. 10.
58 Vittorio Cotesta, *Global Society and Human Rights*, Leiden: Brill, 2012.
59 Ulrich Beck, "The Cosmopolitan Condition", *Theory, Culture & Society*, 2007, v. 24, n. 7-8, pp. 286-90.
60 Kwame Anthony Appiah, *Pour un nouveau cosmopolitisme*, Paris: Odile Jacob, 2006 (2005).

específicos. A humanidade comum e a pluralidade devem ser pensadas em conjunto, como dois lados da mesma moeda. O que torna a abordagem cosmopolita pertinente para o estudo dos paradoxos do mundo contemporâneo não é tanto seu posicionamento em favor de uma comunidade universal – acima dos pertencimentos e culturas locais –, mas sua tentativa de reconciliar a ideia de uma solidariedade estendida a toda a humanidade com a de uma solidariedade particular. Por essa razão, o cosmopolitismo contemporâneo pode ser considerado como um pós-universalismo[61].

IMBRICAÇÕES

Não seria possível reduzir o universalismo à lembrança da existência de uma humanidade comum, nem o particularismo ao apelo para o respeito às diferenças culturais, por mais que possam ser louváveis essas intenções. Como bem mostraram as análises de Jean-Loup Amselle sobre a imbricação das vocações universalizantes das culturas e sobre suas inserções particularistas, a expressão de uma cultura e de uma identidade particulares somente pode se dar por meio do uso de um código compartilhado, da inserção em uma cultura de vocação universal. Paradoxalmente, "a escolha de um padrão comum como a Coca-Cola ou antigamente a Bíblia ou o Alcorão representa o preço que as diferentes culturas têm de pagar para entrar no mercado mundial das identidades"[62]. Isso significa que, para poder se expressar e refletir sobre si mesmas, as culturas precisam de um referente comum, já que a identidade é sempre levada a se definir em um contexto mais amplo. Em outras palavras, uma expressão cultural idiossincrática é possível desde que os esquemas englobantes sejam transmutados em signos próprios ou que signos particulares sejam traduzidos em signos universais. Assim, pode-se conceber que "o universalismo, longe de

---

61 Robert Fine, 2007, *op. cit.*
62 Jean-Loup Amselle, *Branchements*, Paris: Flammarion, 2001, pp. 24-5.

contrariar a manifestação das diferenças, é o meio privilegiado de sua expressão" e que, tanto hoje como antigamente, as diferentes identidades se constituem por "derivações ou ramificações efetuadas a partir de significantes planetários"[63]. Adequadamente entendido, o universalismo desempenha, assim, o papel de um recurso intelectual que, longe de se opor à identificação de especificidades e particularidades, "cria o quadro teórico mais apto a tornar esse reconhecimento aceitável e possível"[64].

RELAÇÕES COM A ALTERIDADE

É importante verificar até que ponto a articulação do universal e do particular permite compreender mais precisamente duas ideias comumente aceitas: a de uma espécie humana constituída de grupos não isolados culturalmente, interdependentes, e a de uma dinâmica de troca, transferência e empréstimo[65] que se tornou ainda mais significativa na era contemporânea. Como "o outro global está no âmago de nós mesmos"[66], é consequentemente crucial que a abordagem cosmopolita se debruce sobre a maneira pela qual a alteridade e a pluralidade são entendidas e gerenciadas pelos indivíduos e pelos grupos humanos. Se a condição cosmopolita é caracterizada pela inclusão da alteridade na definição de si mesma[67] e se é possível referir-se a uma abordagem cosmopolita quando "novas relações entre o *eu*, o outro e o mundo se desenvolvem em situações de abertura"[68], então é necessário iniciar uma sociologia

---

63 *Ibidem*, p. 49.
64 Daniel Chernilo, "Cosmopolitanism and the Question of Universalism", em: Gerard Delanty (org.), *Routledge Handbook of Cosmopolitanism Studies*. Londres: Routledge, 2012, p. 57.
65 Kwame Anthony Appiah, 2006 (2005), *op. cit.*; Jean-Loup Amselle, "Au nom des peuples", *Critique*, 2012, v. 776-7, n. 1, pp. 165-77.
66 Ulrich Beck e Edgar Grande, "Varieties of Second Modernity". *The British Journal of Sociology*, 2010, v. 61, n. 3, p. 417.
67 "A época cosmopolita reside numa *imaginação dialógica do Outro internalizado*" (Beck, 2006a [2004], *op. cit.*, p. 156, grifo do autor).
68 Gerard Delanty, *The Cosmopolitan Imagination*, Cambridge: Cambridge University Press, 2009, pp. 52-3.

de como o eu (seja um indivíduo, seja um grupo humano) encontra, conhece, julga e define o outro, instaura relações pacíficas ou antagônicas com ele, coopera com ele ou se declara seu rival, cria um pertencimento comum ou o rejeita para fora de seu círculo de parentes, amigos, aliados.

O olhar universalista muitas vezes é censurado por negar qualquer diferença, pois ele arbitrariamente estende às sociedades observadas a influência e o poder de uma cultura dominante. "Sob o olhar universalista, todas as formas da vida humana estão situadas no interior de uma ordem singular de civilização, resultando que as diferenças culturais sejam ou transcendidas ou excluídas"[69]. Inversamente, o olhar particularista pode tornar impossível a busca por um pertencimento comum, pelo fato de postular a alteridade radical do que é observado[70].

No entanto, nem o universalismo nem o particularismo se reduzem a essas duas formas[71]. De fato, um indivíduo pode considerar o outro como seu semelhante, como um prolongamento de si, como uma variante de sua perfeição, negando suas diferenças. Isso pode conduzi-lo a rejeitar os valores específicos do outro, a negar-lhe suas aspirações autônomas, impondo-lhe seus próprios modelos culturais por um etnocentrismo que postula sua universalidade e sua transferibilidade. Em alguns casos, essa atitude leva a uma política assimilacionista[72]. Por outro lado, um indivíduo pode, com razão, considerar que o fato de postular uma igualdade em espécie é o melhor meio de compartilhar com o outro uma humanidade comum, para além de todas as diferenças

---

69 Ulrich Beck e Edgar Grande, *Cosmopolitan Europe*, Cambridge: Polity Press, 2007a, p. 62.
70 Dominique Schnapper, *La Relation à l'autre*, Paris: Gallimard, 1998.
71 Ulrich Beck, "La Vérité des autres", *Cosmopolitiques*, 2004a, v. 8, pp. 157-84; Vincenzo Cicchelli, "Des identités meurtrières aux identités plurielles", em: Marc Breviglieri e Vincenzo Cicchelli (org.), *Adolescences méditerranéennes*, Paris: L'Harmattan; Injep, 2007, pp. 409-45.
72 Dominique Schnapper, 1998, *op. cit.*

acidentais. Como diz Robert Fine[73], o universalismo mostrou suas duas faces ao mundo: uma que abraça uma concepção universal da humanidade e segue uma lógica de inclusão radical; outra que universaliza o eu, mas particulariza o outro.

Considerar o outro como diferente de si pode dar origem a outras duas atitudes, igualmente opostas. Em primeiro lugar, o eu pode acentuar a alteridade do outro, a ponto de rejeitá-lo em um universo de sentidos radicalmente distinto do seu. Essa atribuição da diferença pode se tornar ontológica e proibir, por causa da suposta incomensurabilidade do eu e do outro, qualquer pertencimento comum. A exaltação do caráter autóctone da identidade pode conduzir o indivíduo a validar uma concepção isolada das culturas, separada de qualquer referência global, e servir para legitimar o estabelecimento de uma hierarquia entre elas[74]. Essa postura é vista mais nitidamente em povos que consideram sua cultura suscetível de se tornar universal, como um presente oferecido ao mundo inteiro[75]. O postulado de especificidade pode justificar a ignorância e o desinteresse por uma área civilizacional ou, ao contrário, conduzir a uma multiplicação de trabalhos científicos. Esse é o caso exemplar do Oriente[76], que proporcionou ao Ocidente um poderoso repertório da alteridade radical. Ao longo dos séculos, o orientalismo tornou-se uma representação produzida por aqueles que têm o poder de nomear, classificar e estudar, pois o conhecimento do outro está intimamente ligado ao poder exercido sobre

---

73 Robert Fine, 2015, *op. cit.*
74 Dominique Schnapper, 1998, *op. cit.*
75 "Basicamente, os americanos não podem esperar que as significações e as formas culturais que eles inventam sejam apenas para si mesmos; talvez porque tenham visto em seu país, ao longo do tempo, que praticamente qualquer um pode se tornar um americano. O francês vê sua cultura como um presente para o mundo. É uma missão civilizadora" (Ulf Hannerz, 2003 [1989], "Notes on the Global Ecumene", em: Roland Robertson; Kathleen E. White [org.], *Critical Concepts in Sociology*, Londres: Routledge, 2003 [1989], p. 224).
76 Edward Saïd, *L'Orientalisme*, Paris: Seuil, 1997 (1978).

ele. Consequentemente, o orientalismo não é apenas uma especialidade universitária pura, mas um conjunto de concepções que o Ocidente elaborou a respeito do Oriente. O Oriente tornou-se menos uma verdade do que um objeto de conhecimento produzido por essa relação assimétrica. Esse eurocentrismo erudito serviu para transformar elementos de diferença entre Oriente e Ocidente em meios teóricos que justificam a superioridade deste sobre aquele.

O reconhecimento da diferença também pode significar uma aceitação total do direito de ser o que se é, independentemente do que o observador e o observado possam ter em comum. Apesar das recentes críticas que sofreu, a melhor lição do "relativismo cultural" é, provavelmente, a seguinte: entendida adequadamente, é uma relação com o outro que contrasta singularmente com a antiga confiança, limitada e etnocêntrica, segundo a qual "sua própria tribo é um modelo para a espécie humana", e que se opõe à arrogância, ainda amplamente difundida, baseada na superioridade da civilização ocidental[77].

RUMO A UM UNIVERSALISMO SIMÉTRICO E REFLEXIVO

Uma abordagem cosmopolita não poderia ignorar esses fatos, já que eles estiveram no cerne dos laços que a Europa estabeleceu com povos considerados exóticos. Em relação à alteridade, existe uma dimensão axiológica que remete aos mecanismos que impulsionam o eu a apreciar ou rejeitar os valores do outro[78]. A história de todo colonialismo, a partir do arquétipo que a conquista da América representou para a Europa e o Ocidente, mostra quanto o fato de considerar os povos não europeus como ontologicamente diferentes levou à criação de protetorados e tutelas de todos os tipos. De fato, uma missão civilizadora é inimaginável quando os outros são considerados iguais. Ao mesmo tempo,

---

77 David A. Hollinger, *Cosmopolitanism and Solidarity*, Madison: University of Wisconsin Press, 2006, p. 169.
78 Tzvetan Todorov, *La Conquête de l'Amérique*, Paris: Seuil, 1982.

o fato de não reconhecer a cultura e as tradições dos povos colonizados esteve na base da erradicação de tais culturas e da imposição de uma cultura dominante alógena, considerada superior[79]. Essas relações com a alteridade ainda controlam nossas concepções geopolíticas, inclusive em um contexto pós-colonial. Os males do universalismo e do particularismo ainda são atuantes. Um importante livro geopolítico dos últimos anos, *Choque de civilizações*, de Samuel Huntington[80], analisa as relações entre os poderes como sendo inteiramente baseadas em atribuições culturalistas que fazem das civilizações as unidades discretas e pertinentes de um espaço competitivo para a liderança regional. O postulado da diferença irredutível justifica a divisão do mundo contemporâneo em blocos opostos não assimiláveis e concebidos em uma relação estritamente polêmica e conflituosa. Por outro lado, a pretensão à universalidade do mundo ocidental não poderia ser justificada se ela não se abrisse para outras tradições de pensamento. De acordo com os desejos de Mondher Kilani[81], seria oportuno que a reflexão fosse direcionada para a construção de

> um universalismo mais amplo, que não esteja sujeito à hegemonia de uma parte da humanidade sobre outras. Em suma, seria preciso que o universalismo ocidental herdado do Iluminismo e desencaminhado para um universalismo hierárquico não deslegitimasse mais *a priori* todos os discursos vindos de outros lugares, e por vezes até mesmo de dentro do próprio Ocidente, que não tomam exatamente seu próprio caminho e seus próprios termos e que não representam uma simples redundância do mesmo.

---

79 Tzvetan Todorov, *Nous et les autres*, Paris: Seuil, 1989.
80 Samuel Huntington, *Le Choc des civilisations*, Paris: Odile Jacob, 1997 (1996).
81 Mondher Kilani, "Islam et changement social", em: Mondher Kilani (org.), *Islam et changement social*, Paris: Payot, 1998, p. 25.

O preconceito da universalidade é tão forte quanto o da especificidade, e a ilusão da especificidade é tão nociva quanto a da universalidade[82].

É por isso que uma abordagem cosmopolita da coexistência das comunidades humanas deve tirar proveito dessas advertências, rejeitando as tentações imperialistas que o universalismo pode veicular e a tendência, própria da versão radical do particularismo, de isolar as culturas. Em contrapartida, essa abordagem deve ser inspirada em um universalismo inclusivo por princípio, baseado no pluralismo, e em um particularismo que não seja renitente às inserções em horizontes mais amplos. Somente um *universalismo simétrico e reflexivo* permite que a sociologia cosmopolita trate da questão do que é comum e do reconhecimento em uma humanidade comum.

Em um livro sobre os fundamentos jurídicos do Estado cosmopolita, H. Patrick Glenn[83] afirma que, para pensar as instituições contemporâneas de maneira cosmopolita, é necessário dar a esse adjetivo um sentido preciso: "comum", ou seja, compatível com diferentes culturas. A questão que então surge é a de encontrar os elementos das culturas humanas nos quais os seres humanos possam se reconhecer. Nas palavras de Amin Maalouf, "cada um deveria poder se apropriar da modernidade em vez de ter constantemente a impressão de tomá-la emprestada dos outros"[84]. Ainda, segundo esse autor,

> seria preciso fazê-lo de modo que ninguém se sinta excluído da civilização comum que está nascendo; que cada um possa encontrar nela sua língua identitária e alguns símbolos de sua própria cultura; que cada um, ainda, possa se identificar, nem que seja apenas um pouco, com o que vê emergir no mundo que o rodeia, em vez de buscar refúgio em um passado idealizado. Paralelamente, cada um

---

82 Vincenzo Cicchelli, 2007, *op. cit.*
83 H. Patrick Glenn, *The Cosmopolitan State*, Oxford: Oxford University Press, 2013.
84 Amin Maalouf, *Les Identités meurtrières*, Paris: Grasset, 1998, p. 160.

deveria poder incluir, no que considera ser sua identidade, um novo componente, que se tornará cada vez mais importante ao longo do novo século, do novo milênio: o sentimento de pertencer também à aventura humana[85].

Portanto, o objetivo da abordagem cosmopolita é fazer da diversidade a via privilegiada do respeito às arquiteturas plurais sobre as quais são construídas as sociedades contemporâneas – sem que isso colabore para ratificar diferenças preexistentes que podem colocar as culturas umas contra as outras –, ao abrir a porta para uma reflexão sobre o que essas sociedades têm em comum. O "verdadeiro universal" não se "confunde com nenhuma cultura particular, com nenhuma sociedade histórica concreta, na medida em que só pode ser um horizonte, um princípio ou uma ideia reguladora"[86].

A DINÂMICA DAS FRONTEIRAS

Estamos caminhando para sociedades mais abertas ou estamos testemunhando um sólido retorno à questão das identidades, a um isolamento dos grupos humanos e sociais, especialmente em nível local e nacional? Estamos observando uma afirmação, nem que seja apenas em termos de representações e discursos, dos ideais cosmopolitas ou, ao contrário, sua rejeição?

ABERTURA E FECHAMENTO
Os seres humanos são tão contraditoriamente tentados a se abrir aos outros e a se proteger contra as violações do mundo exterior que essas questões podem parecer ingênuas[87]. No entanto, o confronto perma-

---

85 *Ibidem*, p. 189.
86 Dominique Schnapper, 1998, *op. cit.*, p. 37.
87 Claude Lévi-Strauss, *Le Regard éloigné*, Paris: Plon, 1983.

nente com a diferença cultural, fenômeno próprio da sociedade global, desafia a necessidade de uma certa impermeabilidade de identidade, aquela que Claude Lévi-Strauss colocava na base da permanência das culturas particulares. É por essa exata razão que a sociologia cosmopolita enfrenta de forma resoluta o paradoxo das sociedades contemporâneas, ao mesmo tempo mais abertas e mais fechadas.

O conceito de fronteira lida bem com essa dinâmica. Existem alguns elementos fundamentais sobre isso em um texto já antigo de Fredrik Barth[88]. Desde então, desenvolveu-se uma sociologia diversificada essencialmente centrada nas identidades coletivas, nas comunidades, nos grupos étnicos e nacionais, baseada em uma análise das fronteiras sociais, étnicas e simbólicas[89]. No entanto, apenas recentemente esse conceito pôde ser aplicado, nos *global studies* e na sociologia cosmopolita, ao estudo dos modos de funcionamento das sociedades que lidam com os fenômenos da globalização[90]. Evidenciou-se que, longe de se degradarem, as fronteiras foram rearranjadas pelos processos transnacionais, de modo que seu estudo pode ajudar a compreender o social em um contexto pós-nacional[91]. Aliás, é justamente para contrariar alguns discursos muito difundidos sobre o desaparecimento das fronteiras que essa noção se tornou central nos debates sobre a globalização e o cosmopolitismo[92]. Mas como ir além da constatação compartilhada de que, na sociedade global, é a "propensão social ao fetichismo da

---

88 Fredrik Barth, "L'Identité pathane et sa préservation", *Labyrinthe*, 2000 (1969), pp. 48-65.
89 Michèle Lamont e Virág Molnár, "The Study of Boundaries Across the Social Sciences", *Annual Review of Sociology*, 2002, v. 28, pp. 167-95.
90 Klaus Eder, "Europe's Borders", *European Journal of Social Theory*, 2006, v. 9, n. 2, pp. 255-71.
91 Chris Rumford, "Introduction". *European Journal of Social Theory*, 2006, v. 9, n. 2, pp. 155-69.
92 David Newman, "Borders and Bordering", *European Journal of Social Theory*, 2006, v. 9, n. 2, pp. 171-86.

fronteira"[93] que está em jogo e fazer dessa perspectiva uma ferramenta na análise do mundo contemporâneo?

FRONTEIRA E IDENTIDADE

Para responder a essa pergunta, é necessária uma reflexão sobre as transformações das fronteiras. Embora tradicionalmente as fronteiras cumpram a função principal de delimitar um Estado e de assentar a soberania nacional, elas não parecem mais permanecer no limite externo de seus territórios. Em vez disso, tendem a se dispersar e a se configurar onde o fluxo de informações, os movimentos dos indivíduos e a circulação dos bens são intensos e necessitam de um controle bem feito e seletivo – como no caso das cidades globais[94]. Sua identificação, portanto, requer um olhar mais atento. As fronteiras podem ficar geograficamente distantes do espaço que devem supostamente delimitar e proteger, na medida em que se transformam em mecanismos que servem mais para controlar a mobilidade do que o território. Basta tomar o exemplo das alfândegas britânicas, cujos postos de controle são encontrados em uma estação em pleno centro de Paris, na Gare du Nord, na área de embarque do trem Eurostar.

Essas alterações acarretam uma grande mudança em nossa forma de conceituar as fronteiras e de aplicá-las ao estudo da sociedade global. Menos assimiláveis a linhas claramente traçadas em mapas, elas se tornariam um canal gerenciador – que acelera o trânsito ou bloqueia a passagem conforme necessário, porque o processo não é o mesmo para aqueles que têm o estatuto de viajantes confiáveis e para aqueles cuja circulação desperta desconfiança ou até mesmo medo e rejeição. Assim, a dispersão, a difusão, a polissemia das fronteiras e sua disjunção do território levam Chris Rumford a preferir a análise

---

93 Jan Nederveen Pieterse, *Globalization and Culture*, New York: Rowan & Littlefield Publisher, 2009, p. 4.
94 Étienne Balibar, *Nous, citoyens d'Europe?*, Paris: La Découverte, 2001.

dos processos de delimitação (*bordering*) à de sua função tradicional de perimetragem[95].

O espaço epistemológico da sociologia cosmopolita fica entre a universalidade e o particularismo porque tal abordagem procura descobrir, a partir do que une e do que separa, aquilo que permite o comum, que remete à porosidade das fronteiras geográficas e culturais, que constitui uma barreira intransponível. Ela requer que se considere a maneira pela qual os grupos humanos adotam uma atitude de isolamento de si mesmos ou de criação de pontos comuns. Essa é a contribuição daqueles estudos sobre as fronteiras simbólicas interessados em um cosmopolitismo cotidiano, tendo justamente como mecanismo principal a inclusão e a exclusão do outro[96]. Se as fronteiras são cada vez mais difusas, elas podem desempenhar um papel crucial na vida cotidiana dos indivíduos porque permitem encontros e experiências cosmopolitas[97].

De acordo com Ulrich Beck[98], considerar as fronteiras como elementos móveis permite discernir melhor a erosão das distinções entre o doméstico e o internacional, o endógeno e o exógeno, o interno e o externo próprio à globalização. A partir dessa perspectiva, as fronteiras não separam, de forma alguma, um conjunto de lealdades do outro. Um indivíduo torna-se elemento de um número variado de círculos, e são justamente essas intersecções plurais que o definem[99]. Há espaço para outros mundos no ator social, por mais raízes que ele tenha[100]. Algumas comunidades podem obrigá-lo a lealdades e alianças fortes, mas outras, ao contrário, podem envolvê-lo bem menos, mesmo que elas estejam presentes em determinados momentos de sua existência.

---

95 Chris Rumford, "Bordering and Connectivity", em: Gerard Delanty (org.). *Routledge Handbook of Cosmopolitanism Studies*, Londres: Routledge, 2012, pp. 245-53.
96 Michèle Lamont e Virág Molnár, 2002, *op. cit.*
97 Chris Rumford, 2012, *op. cit.*
98 Ulrich Beck, 2006a (2004), *op. cit.*
99 Ulrich Beck, 2000, *op. cit.*
100 Kwame Anthony Appiah, 2006 (2005), *op. cit*

O cosmopolita navega nas águas heterogêneas das comunidades múltiplas, algumas das quais são mais significativas que outras; por vezes, elas entram em competição, ou até mesmo em conflito, entre si. Ocorre-lhe até mesmo optar por não ter nenhuma afinidade identitária[101].

O fato de a pluralidade dos universos culturais se tornar o próprio fundamento das identidades, em um mundo marcado ao mesmo tempo por mecanismos de extensão das referências comuns, por fortes diferenciações e por uma intensa competição entre pertencimentos estatutários e pertencimentos eletivos, poderia ser explicado pela natureza das fronteiras contemporâneas. Elas podem ser exploradas pelos indivíduos como um "tecido conjuntivo" que lhes permite ficar em contato com diferentes comunidades e até mesmo projetar-se em coletividades a distância. Longe de se situar exclusivamente em espaços bem definidos, as lealdades permitidas pelo funcionamento das fronteiras móveis chamam a atenção para o fato de que os pertencimentos se tornam mais seletivos e "provavelmente até transitórios"[102].

O EU, O OUTRO

Entendida tanto como linha de demarcação quanto como linha de contato[103], a fronteira articula uma visão aberta e fluida das identidades culturais com o fato de que essas identidades se tornam incessantemente mais rígidas sob a influência de todos os tipos de criação e reinvenção das tradições[104], ou ainda de reivindicações identitárias e territoriais[105]. Localizar o fluido sob o qual é cristalizado o "significado flutuante" das produções culturais[106], mesmo quando estas afirmam ser puras e atemporais, favo-

---

101 Chris Rumford, 2012, op. cit.
102 Ibidem, p. 251.
103 Franco Cassano, La Pensée méridienne, Arles: Éditions de l'Aube, 2005 (1996).
104 Eric Hobsbawm e Terence Ranger, L'Invention de la tradition, Paris: Éditions Amsterdam, 2006 (1983).
105 Frederik Barth, 2000 (1969), op. cit.
106 Jean-Loup Amselle, Branchements, Paris: Flammarion, 2001.

rece considerar as mestiçagens, as crioulizações, os sincretismos[107], abre a possibilidade de levar em conta pertencimentos múltiplos.

Esse aspecto remete a outra dimensão importante do projeto de sociologia cosmopolita: o abandono de uma concepção fixa das culturas anda de mãos dadas com a tese de que toda identidade detém uma parte de alteridade que seria prejudicial querer ocultar, já que é precisamente a repressão da diferença que contribui para a manutenção de uma concepção purista, estática e unívoca de pertencimento. Uma das críticas mais virulentas feitas a Samuel Huntington[108] diz respeito a pensar o eu e o outro de acordo com uma abordagem polêmica que relaciona o outro ao inimigo, que duplica a definição positiva de si com uma definição negativa do outro: "Todos aqueles que estão em busca de identidade e de unidade étnica precisam de inimigos. Os conflitos mais perigosos hoje surgem de um lado e de outro das divisões que separam as principais civilizações do mundo"[109]. Para que o indivíduo saia vitorioso desse confronto, para que ele não tenha de escolher entre lealdades conflitantes, Huntington admite apenas um encaixe viável. Então é possível entender sua rejeição categórica do multiculturalismo, qualificado como negação da nação e sinal do declínio do Ocidente, e sua recusa em considerar que variações podem se produzir no interior de uma civilização. As ameaças à civilização ocidental resumem-se no fato de "imigrantes provindos de outras civilizações recusarem a assimilação e persistirem na defesa e propagação dos valores, costumes e cultura de suas sociedades de origem"[110]. O que Huntington ignora é que uma identidade é múltipla não só quando um indivíduo pode reivindicar alianças diversificadas e verticais – indo do nível local até o padrão mais abstrato de pertencimento civilizacional –, mas também

---

107 Jan Nederveen Pieterse, 2009, *op. cit.*
108 Samuel Huntington, 1997 (1996), *op. cit.*
109 *Ibidem*, p. 17.
110 *Ibidem*, p. 458.

por meio de intercâmbios horizontais, que acontecem por meio de encontros com diferentes culturas e podem levar a mestiçagens[111].

Afirmar que qualquer identidade detém uma parte de alteridade poderia ajudar a preservar uma noção de caráter ao mesmo tempo científico (seu sucesso na sociologia contemporânea não poderia ser desmentido) e moral (quando se pensa nos movimentos de libertação e emancipação); e a fazer-lhe justiça (porque nada é mais humanamente imperioso e necessário que um sentimento de identidade), evitando seus usos deletérios (como o endurecimento identitário operado pelos fundamentalismos de todos os tipos).

A sociologia cosmopolita concebe as identidades como porosas, múltiplas e historicamente situadas. Em um mundo onde a interação com a diferença cultural é permanente, uma sociologia da identidade que se limitasse ao estudo do "efeito Pigmaleão" – segundo o qual o olhar do outro se torna determinante na definição de si mesmo, na descoberta de um eu enterrado e escondido – e que não levasse em consideração os conteúdos concretos da relação com a alteridade seria inevitavelmente truncada. Em um mundo plural, o outro não pode mais ser considerado como uma entidade indiferenciada que atua como uma validação funcional do eu. "A hermenêutica da ação social nos obriga a até mesmo travar contato, com urgência, com 'as outras culturas' em um contexto de crescente hibridez e interpenetração cultural"[112].

Como corolário, é necessário introduzir mais reflexividade no estudo da subjetividade. Se uma orientação cosmopolita é fundamentalmente voltada para o outro, tal postura pode levar a considerar este último como um ser passivo. Ao parafrasear as colocações de Anthony

---

111 Amin Maalouf, *Les Identités meurtrières*, Paris: Grasset, 1998; Vincenzo Cicchelli, 2007, *op. cit.*; Amartya Sen, *Identité et violence*, Paris: Odile Jacob, 2010 (2006).
112 Bryan S. Turner, "Classical Sociology and Cosmopolitanism", *British Journal of Sociology*, 2006, v. 57, n. 1, p. 145.

Cohen[113] sobre a antropologia como ciência reflexiva da alteridade, seria possível considerar a abordagem cosmopolita como o estudo não apenas do outro, mas também de si mesmo. Nessa abordagem, "a reflexividade pode ser nossa ferramenta mais poderosa"[114].

DUAS PROVAS DE FOGO

É dentro desse novo contexto pós-nacional que, ao longo das últimas décadas, emergiram três grandes objetos de investigação para a sociologia cosmopolita: novos imaginários compartilhados, novas formas supranacionais de regulação e novos contornos espaciais e temporais da experiência humana. Atrelando-se à tarefa de entender um mundo em que as tendências à unificação e à pluralidade coexistem, onde as fronteiras culturais estão se rearranjando, a sociologia cosmopolita levanta três questões fundamentais. Como o mundo contemporâneo se inscreve na consciência coletiva e histórica? Como é regulado? Como é habitado?

Para responder à primeira e à terceira dessas questões[115], consideraremos aqui dois procedimentos, provas de fogo dessa abordagem.

---

113 Anthony Cohen, "La Tradition britannique et la question de l'autre", em: Martine Segalen (org.), *L'Autre et le semblable*, Paris: CNRS, 1989.
114 *Ibidem*, p. 51.
115 A segunda remete à problemática cosmopolítica da regulamentação do mundo comum, que não será tratada aqui. A literatura sobre essa área de pesquisa é vasta. Podemos citar David Held, "Principles of Cosmopolitan Order", em: Gillian Brock e Harry Brickhouse (org.), *The Political Philosophy of Cosmopolitanism*, Cambridge: Cambridge University Press, 2005, pp. 10-27; Daniele Archibugi, *La Démocratie cosmopolitique*, Paris: Éditions du Cerf, 2009 (2004); Vittorio Cotesta, *Les Droits humains et la société globale*, Paris: L'Harmattan, 2009; Frédéric Ramel, *L'Attraction mondiale*, Paris: Presses de Sciences Po, 2012; e Louis Lourme, *Le Nouvel âge de la citoyenneté mondiale*, Paris: PUF, 2014.

Depois de, nas páginas precedentes, colocar em perspectiva os quadros teóricos necessários para lançar as bases de uma sociologia cosmopolita – quadros resultantes do encontro entre as matrizes do pensamento cosmopolita e as ferramentas fornecidas pelos *global studies* –, este livro pretende: a) identificar, em uma primeira parte, as características distintivas do mundo cosmopolita, analisando as dinâmicas relativas ao advento de um mundo comum e plural e de uma consciência coletiva e histórica de tal dualidade; b) compreender, na segunda parte, como os indivíduos experimentam esse mesmo mundo e se socializam na diferença cultural.

Com base na ideia de que o estudo dos fatos estruturais da globalização não pode ser separado do estudo dos mecanismos de produção de imaginários cosmopolitas (narrações e iconografias), a observação macrossociológica realizada na primeira parte se desenrola em três movimentos. A importância sem precedentes da interação entre escalas locais e globais e a aceleração das interdependências entre sociedades permitem situar melhor as transformações profundas de uma instituição fundamental da modernidade política, o Estado-nação (capítulo 1). A aplicação de um raciocínio escalar forma o prelúdio da análise das dimensões culturais do mundo cosmopolita, em particular sua narrativa e produção de imaginários transnacionais (capítulo 2). Isso contribuiria para o surgimento de uma consciência cosmopolita daquilo que os grupos humanos têm em comum além do Estado-nação? Quais são a gramática e o léxico produzidos pela narrativa do mundo? Finalmente, quais são os mecanismos que contribuem para manter e promover a pluralidade do mundo cosmopolita a partir da aplicação da noção de fronteira (capítulo 3)?

Convém perguntar-se sobre a maneira pela qual os indivíduos vivem em um mundo cosmopolita e como nele agem, e sobre os conteúdos que a relação com o outro adquire nas sociedades contemporâneas caracterizadas tanto por contatos permanentes com formas variadas de alteridade quanto por uma multiplicidade de referências culturais e identitárias. Na segunda parte, este livro aborda, em nível microssociológico, a socialização dos indivíduos na sociedade global, sua experiência vivida do mundo cosmopolita. De acordo com Kwame Anthony Appiah[116], uma abordagem cosmopolita deve inevitavelmente considerar os indivíduos como objetos de seu sentido moral – o que significa que ela também deve considerar seriamente as escolhas que eles fazem, inclusive em relação à difusão global da cultura, a sua hibridação e a sua experiência vivida. Em outras palavras, trata-se de fazer coexistir e dialogar, no seio da mesma perspectiva, os fundamentos imaginários e experienciais do mundo cosmopolita. Esse objetivo é desenvolvido em três etapas. Em primeiro lugar, fazemos um retorno crítico às concepções clássicas da socialização em sociologia, enfatizando as análises presentes nos autores que permitem pensar a socialização em um mundo cosmopolita (capítulo 4). Em seguida, os resultados das pesquisas quantitativas internacionais são convocados para tentar responder à delicada questão da definição de um indivíduo cosmopolita (capítulo 5). Finalmente, são revelados os mecanismos fundamentais de formação do espírito cosmopolita, sua ambivalência e seus componentes elementares (capítulo 6).

A globalização dá aos pesquisadores um objeto de estudo poderoso, que a sociologia cosmopolita torna seu. Se a sociedade global é definida como a extensão, em escala mundial, de um espaço social pertinente[117], os conceitos da sociologia devem poder se aplicar a ela, repensados em escala mais ampla e à luz das contribuições do cosmopolitismo. O desafio não consiste, de forma alguma, em chegar a uma definição abrangente do cosmopolitismo, mas sim em buscar meios para integrar diferentes níveis de análise dentro de um quadro conceitual que torna heurísticos os vínculos entre os dois planos distintos, macro e micro.

---

116 Kwame Anthony Appiah, 2006 (2005), *op. cit.*
117 Jacques Lévy, 2008, *op.cit.*

Alimentado por materiais compósitos, este livro recorre principalmente a trabalhos de sociólogos desconhecidos na França e a dados de pesquisas realizadas nos campos dos *global studies* e do cosmopolitismo, mas também a produções culturais variadas, a documentos literários. Esse tipo de material ainda é raramente utilizado nas publicações sobre os processos aqui estudados. No entanto, é dos mais heurísticos. Nas palavras de John Tomlinson[118], que faz grande uso da literatura em um trabalho sobre a significação cultural da velocidade e sobre suas consequências nas relações sociais e nas experiências biográficas, "o romancista, o poeta, o libretista ou o diretor apreendem frequentemente a fenomenologia de um acontecimento com tal acuidade, clareza e reflexão que fazem os esforços das análises sociais e culturais parecer como muitas vezes são: frustrados"[119]. A essas figuras mais antigas, convém hoje acrescentar os cantores, os roteiristas e os blogueiros.

◆ ◆ ◆

A sociologia cosmopolita tem como objeto a análise das manifestações do espírito do cosmopolitismo – incluindo seus lados mais obscuros – e deve confrontar a questão da ética universalista que a alimenta. Ela requer um aparelho conceitual plural porque a realidade que deseja analisar é difícil de apreender. É o que indica este excerto magistral de David Hollinger[120] ao distinguir o cosmopolitismo do universalismo:

> Para os cosmopolitas, a diversidade da humanidade é tanto um fato como uma oportunidade; para os universalistas, é um desafio. O cosmopolitismo compartilha a desconfiança a respeito do

---

118 John Tomlinson, *The Culture of Speed*, Londres: Sage, 2007a.
119 *Ibidem*, p. 12.
120 David A. Hollinger, *Cosmopolitanism and Solidarity*, Madison: University of Wisconsin Press, 2006, pp. 18-9.

fechamento com o universalismo, mas o cosmopolita entende a necessidade desse fechamento na qualidade de domínios fechados de modo contingente e provisório, nos quais os indivíduos podem estabelecer e manter relações íntimas, criar a diversidade e proteger as comunidades ameaçadas contra forças externas [...]. O cosmopolitismo difere do universalismo na medida em que mostra respeito à inclinação de reservar um tratamento especial àqueles com quem somos mais intimamente ligados e que nos cercam e nos apoiam socialmente. O cosmopolitismo respeita as dificuldades que até mesmo os indivíduos mais humanos e generosos podem encontrar no fato de se sentir solidários com pessoas percebidas como muito diferentes de si mesmos.

1

AS CARACTERÍSTICAS DISTINTIVAS DO MUNDO COSMOPOLITA

Il mondo è come l'impressione che lascia il racconto di una storia.
Yogavāsiṣṭha, 2, 3, 11¹

O mundo contemporâneo não é de modo algum comparável ao que conheceram Diógenes, Cícero, Sêneca, Marco Aurélio, Erasmo ou, mais recentemente, Kant, Humboldt, Goethe e outros pensadores do cosmopolitismo. Também não se assemelha ao dos fundadores da sociologia, que, apesar do tropismo da época para o modelo do Estado-nação, empenharam-se em adotar abordagens universalistas – citemos Émile Durkheim e, sobretudo, Georg Simmel – com êxitos diversos². Se a sociologia cosmopolita cria suas ferramentas no contexto do mundo cosmopolita, então é necessário, como faremos nesta primeira parte, destacar as principais características deste último e, em particular, seus componentes culturais e simbólicos.

Ao contribuir para tornar o mundo contemporâneo cada vez mais comum, os grandes processos transnacionais, paradoxalmente, não erradicaram a sua pluralidade³. A globalização se traduz tanto por uma onipresença da alteridade, com a qual os grupos humanos interagem diariamente, quanto pela necessidade de esses mesmos grupos se definirem em relação a numerosos e diversos referentes culturais. Da mesma forma, as fronteiras que separam e ligam comunidades e grupos

---

1 "O mundo é como a impressão deixada pela narrativa de uma história." *Apud* Roberto Calasso, *Ka*, Milão: Biblioteca Adelphi, 1996.
2 Gérôme Truc, "Simmel, sociologue du cosmopolitisme", *Tumultes*, 2005, v. 24, pp. 49-77; Massimo Pendenza, 2014, *op. cit.*
3 Manuel Castells, *Communication et pouvoir*, Paris: Éditions de la Maison des sciences de l'homme, 2013 (2009).

humanos tornam-se mais abertas, permeáveis, vagas, porosas e, ao mesmo tempo, mais fechadas, rígidas, densas, sólidas. O exemplo de eventos esportivos, como os Jogos Olímpicos e a Copa do Mundo de futebol ou de *rugby*, ilustra a complexidade dessas interações. É certo que são momentos de reunião global, de comunhão festiva e emocional sob a bandeira de valores fraternos e pacíficos do esporte. Entretanto, eles permanecem divididos por exibições de identificação com as equipes nacionais, com a presença muito forte de símbolos nacionais (bandeiras e hinos) e às vezes chegando ao uso de um vocabulário bélico que relaciona o adversário ao inimigo a ser derrotado para afirmar o coletivo etnonacional encarnado pelos atletas.

Quando chegar a explicar esses paradoxos, a sociologia cosmopolita provará a si mesma. O termo "paradoxo" parece-nos preferível a "antinomia" porque – conforme Paul Ricœur[4] – descreve melhor o confronto de duas verdades distintas, no qual uma se torna a pressuposição da outra. Longe de serem considerados como grandes forças históricas contraditórias que operam nas sociedades contemporâneas no momento da globalização, esses fenômenos têm muito a ganhar quando pensados como as duas faces da mesma moeda.

---

4 Paul Ricœur, "Introduction", em: *Le Juste 2*, Paris: Éditions Esprit, 2001b, pp. 7-51.

CAPÍTULO 1
INTERDEPENDÊNCIA E ESCALAS

> *A ciência moderna deve suas maiores vitórias à sua decisão de considerar e tratar a natureza terrestre de um ponto de vista verdadeiramente universal, ou seja, de um ponto de vista digno de Arquimedes, escolhido voluntária e explicitamente fora da Terra.*
>
> Hannah Arendt[1]

Apesar das abundantes discórdias, a globalização – objeto de estudo que permanece entre os mais complexos[2], ambíguos[3] e controversos[4] da história das ciências sociais – tornou-se um termo da moda (Jan Aart Scholte já o qualificava de *buzz word*[5] em 1996), cujo uso extensivo na sociologia internacional acabou por substituir debates que foram de interesse dos sociólogos ao longo das últimas décadas.

Portanto, a globalização pode ser comparada a um prisma no qual se refratam as maiores discussões sociológicas sobre a "condição humana coletiva"[6], tanto em relação ao destino do capitalismo financeiro quanto em relação às desigualdades por ele geradas, tanto no que tange ao lugar do Estado-nação quanto no que se refere às novas competições geopolíticas entre países, tanto em relação à cultura nacional quanto em relação à identidade individual. Em todos os casos, a globalização é considerada a causa primeira da recomposição do horizonte das

---

1 *Condition de l'homme moderne* [A condição humana], Paris: Calmann-Lévy, 1961, p. 46.
2 Ken Cole, "Globalization", *Progress in Development Studies*, 2003, v. 3, n. 4, pp. 323-38.
3 Martha C. E. Van Der Bly, Martha C. E. "Globalization", *Current Sociology*, 2005, v. 53, n. 6, pp. 875-93.
4 David Held e Anthony McGrew, "Globalization at Risk?", em: David Held; Anthony McGrew (org.), *Globalization Theory*, Cambridge: Polity Press, 2007, pp. 1-11.
5 *Buzz word*: termo que se torna bastante popular durante algum tempo [N.E.]
6 Jan Nederveen Pieterse, 2009, *op. cit.*

sociedades contemporâneas. Embora uma quantidade desmedida de pesquisas tenha sido realizada no campo dos *global studies*, serão aqui retomados somente os trabalhos que caracterizam melhor o mundo cosmopolita, em particular a profunda interconexão horizontal de seus componentes e sua articulação vertical.

UM ESPAÇO TRANSNACIONAL ESCALAR

A globalização é considerada um conjunto de forças históricas poderosas e enredadas que estendem sua influência a todo o planeta. Na maior parte de sua história, a humanidade experimentou uma mudança social lenta e gradual. Hoje, em contrapartida, estamos testemunhando uma aceleração vertiginosa e em larga escala das mudanças históricas[7].

UMA INTERCONEXÃO SEM PRECEDENTES

Multidimensional, a globalização "questiona sistemas territoriais complexos decorrentes de fatores espaciais, históricos, culturais, sociais, políticos e geopolíticos"[8]. De acordo com as definições mais comumente aceitas, o fenômeno pode ser visto como o impacto cada vez mais importante, intenso, rápido e crescente da interconectividade em escala global[9]. A "condição empírica" da globalização é uma "conectividade complexa evidente"[10]. O reconhecimento da força e da extensão das interconexões aparece até como um *leitmotiv* na literatura dedicada a esse assunto, especialmente quando se destacam a importância

---

7 John Tomlinson, 2007a, *op. cit.*
8 Laurent Carroué, *Géographie de la mondialisation*, Paris: Armand Colin, 2007, p. 9.
9 David Held *et al.*, *Global Transformations*, Cambridge: Polity Press, 1999.
10 John Tomlinson, *Globalization and Culture*, Chicago: University of Chicago Press, 1999, p. 32.

estrutural dos fluxos de informação e das redes de atividades[11], a expansão sem precedentes do capitalismo financeiro, o vertiginoso aumento das transações econômicas e financeiras[12], a ampla disseminação de ideias e produtos culturais para além das fronteiras nacionais[13] e o nível inédito dos fenômenos de migração e mobilidade[14].

Esses poderosos fenômenos transnacionais (aos quais devem ser adicionados os riscos globais, tais como as atividades criminosas e as ameaças terroristas, as epidemias e os riscos nucleares, os desastres humanitários e os efeitos do aquecimento global) criam novas interdependências entre sociedades, entre instituições nacionais e entre grupos sociais locais. Ao vincular as realidades sociais anteriormente separadas, comprimir o tempo e reduzir as distâncias, esses fluxos integram áreas geográficas locais a grupos regionais e supranacionais maiores. O resultado desses processos é o advento de uma sociedade global, entendida como um sistema de relações de interdependência[15]: todo o planeta se torna o ambiente natural da humanidade[16].

Essa extensão sem precedentes foi possível graças ao surgimento de novas tecnologias, à difusão da comunicação digital e à extensão de um sistema de transporte eficiente em escala planetária. Provavelmente, isto é o que diferencia os processos contemporâneos das formas precedentes de globalização: a amplitude, a rapidez e a complexidade do mundo contemporâneo em forma de rede[17]. A estrutura em redes é

---

11 Manuel Castells, *La Galaxie Internet*, Paris: Fayard, 2002 (2001).
12 Giovanni Arrighi, *The Long Twentieth Century*, Londres: Verso, 1994.
13 Arjun Appadurai, *Après le colonialisme*, Paris: Payot, 2005 (1996).
14 Mathis Stock, "Il mondo è mobile", em: Jacques Lévy (org.), *L'Invention du monde*, Paris: Presses de Sciences Po, 2008, pp. 133-59.
15 Vittorio Cotesta, *Images du monde et société globale*, Québec: Presses de l'Université Laval, 2006.
16 Frédéric Ramel, *L'Attraction mondiale*, Paris: Presses de Sciences Po, 2012.
17 Manuel Castells, 2013 (2009), *op. cit.* Sobre o debate da ancianidade/novidade da globalização e suas fases, veja Kevin H. O'Rourke e Jeffrey G. Williams, *Globalization and History*, Cambridge: MIT Press, 1999; Antony G. Hopkins, *Globalization in World*

consubstancial com a sociedade global. As grandes atividades da vida humana são todas organizadas em redes: os mercados financeiros; a produção transnacional, a gestão e a distribuição de bens e serviços; o trabalho altamente qualificado; a ciência e a tecnologia, o ensino superior; os meios de comunicação e a internet; a cultura, as artes, o entretenimento e o esporte; as instituições reguladoras internacionais; as ONGs e os movimentos sociais transnacionais.

UMA REFORMULAÇÃO DAS DISTINÇÕES ENTRE LOCAL E GLOBAL

O objeto tradicional das ciências sociais – as dinâmicas internas do Estado-nação, as instituições e culturas nacionais – encontra-se profundamente alterado. Na verdade, esse enorme encadeamento horizontal é acompanhado de uma articulação sem precedentes das realidades verticais, com uma reformulação das distinções entre o local e o global, o que supõe uma mudança das escalas de observação.

Repetidamente afirmou-se que eventos que se produzem em determinado lugar podem ter impacto em outro e que algumas dinâmicas, antes meramente locais, podem ter consequências globais significativas[18]. Nesse sentido, os fenômenos locais e globais têm fronteiras cada vez mais tênues[19]. Aliás, cunhou-se um neologismo para designar essa articulação complexa das duas escalas: "glocalização". Os dois patamares da sociedade contemporânea, o local e o global, não seriam antitéticos. Existem níveis intermediários, sendo a globalização caracterizada pelo entrelaçamento do local e do global[20]. O nível local é tanto o

---

History, New York: Norton, 2002; Caroline Douki e Philippe Minard, "Histoire globale, histoires connectées", *Revue d'histoire moderne et contemporaine*, 2007, n. 54, 4 bis, pp. 7-21.
18 Anthony Giddens, *Les Conséquences de la modernité*, Paris: L'Harmattan, 1994 (1990).
19 David Held *et al.*, 1999, *op. cit.*
20 Roland Robertson, *Globalization*, Londres: Sage, 1992.

produto de poderosas forças transnacionais[21] quanto um fator decisivo na construção de níveis superiores[22].

Há quase vinte anos, Jean Coussy[23] já mostrava que, contrariamente às suas expectativas, a mobilidade internacional de capital, bens e, em menor medida, pessoas tendia simultaneamente a criar e manter fronteiras regionais. Desde então, esse efeito da globalização, considerado paradoxal e inesperado pelo autor, foi confirmado várias vezes. Para tomar o exemplo da Europa, a importância adquirida pelo nível infranacional das regiões provavelmente esteja ligada à mais forte integração europeia e ao conjunto dos processos supranacionais concebidos sob o termo de "europeização" que favorecem esse nível em detrimento dos Estados. No entanto, convém também pensar essas entidades infranacionais como uma adaptação da União Europeia à globalização[24].

Muitos geógrafos mostraram a força estruturante do espaço territorial. Ao criticar os panegíricos de um mundo onde o plano local seria erradicado, alguns lembram que as comunidades e as entidades territoriais continuam a ser afetadas pelas desigualdades de poder, renda e *status*. A difusão do capitalismo na superfície do globo e sua financeirização são acompanhadas por processos de integração violentos, que assumem a forma de uma participação hegemônica na dinâmica mundial ou de uma exclusão dos processos de produção, partilha e troca das riquezas criadas[25]. Essas lógicas cumulativas e multifacetadas suscitam uma explosão sem precedentes das desigualdades territoriais.

---

21 "As histórias que permitiram o surgimento dessas zonas locais são, em última análise, dependentes da dinâmica do mundo global" (Arjun Appadurai, *op. cit.*, p. 53).
22 Saskia Sassen, *La Globalisation*, Paris: Gallimard, 2009 (2007).
23 Jean Coussy, "Causes économiques et imaginaires économiques de la régionalisation", *Cultures et Conflits*, 1996, v. 21-2, n. 1, pp. 347-72.
24 Chris Rumford, "Bordering and Connectivity", em: Gerard Delanty (org.), *Routledge Handbook of Cosmopolitanism Studies*, Londres: Routledge, 2012, pp. 245-53.
25 Laurent Carroué, 2007, *op. cit.*

A definição do pertencimento desta ou daquela região ao centro, à semiperiferia ou à periferia reside na capacidade de os territórios e nações controlarem endogenamente seus processos de acumulação interna tanto quanto os seus modos de articulação com o resto do mundo. É possível, portanto, considerar que a desigualdade e o dualismo são consubstanciais para o modo de desenvolvimento e de valorização diferenciada dos territórios pelo capital[26].

As disparidades ligadas ao funcionamento da sociedade global são tão fortes que nenhuma fórmula mágica – como a já evocada "terra plana" de Thomas Friedman – pode ser suficiente para fazê-las desaparecer. Essas diferenças ainda refletem "a onipotência do lugar"[27], com grandes regiões metropolitanas ou costeiras funcionando como interfaces privilegiadas entre escalas mundiais, nacionais e regionais.

Assim, a aceleração das interdependências em escala planetária desenha as novas coordenadas horizontais e verticais da sociedade global, pano de fundo a partir do qual se destacam os objetos de estudo da sociologia cosmopolita.

O ESTADO-NAÇÃO NO MUNDO COSMOPOLITA

Se existe uma área em que as abordagens transnacionais aplicaram a análise das interações entre uma baixa e uma alta escala de observação, é justamente a das relações entre o Estado-nação e a sociedade global[28]. Esse foco no nascimento de reconfigurações trans, supra e pós-nacionais

---

26 Laurent Carroué, 2007, *op. cit.*, pp. 7-8.
27 Harm De Blij, *The Power of Place*, Oxford: Oxford University Press, 2009, p. 4.
28 Jürgen Habermas, *Après l'État-nation*, Paris: Fayard, 2000 (1998); Ulrich Beck, "Toward a New Critical Theory with a Cosmopolitan Intent", *Constellations*, 2003b, v. 10, n. 4, pp. 453-68; Manuel Castells, 2013 (2009), *op. cit.*

provavelmente decorre do lugar simbólico que o Estado-nação ocupou – e em parte ainda ocupa – no modo como as sociedades da primeira modernidade foram estruturadas e representadas[29]. Tanto nas discussões acadêmicas quanto nos debates públicos, a questão central é esta: o que irá substituir o Estado-nação?

O papel que essa instituição desempenhou para a expansão da modernidade é amplamente reconhecido. Para muitos países contemporâneos, uma das legitimidades fundamentais do Estado-nação está no princípio da autodeterminação dos povos. Aliás, esse princípio ainda é atuante, como se vê no caso de entidades territoriais que aspiram a uma soberania nacional, seja pela criação completa de um Estado (exemplo do Estado palestino), seja pela reivindicação de uma independência total (caso do Quebec, do País Basco, da Catalunha, da região belga de Flandres, da Escócia, do Tibete etc.). Desde o fim da colonização e depois da Guerra Fria, novos Estados-nação foram criados, precisamente com base na aspiração de ver florescer identidades culturais mantidas sob o jugo de poderes percebidos como opressores. Grandes conquistas modernas – os direitos políticos, cívicos e sociais – foram alcançadas no âmbito do Estado-nação. Através da criação da seguridade social e de políticas de redistribuição, o Estado contribuiu para a constituição das solidariedades nacionais e permitiu o crescimento da democracia moderna pela inclusão do indivíduo em uma comunidade nacional de cidadãos.

Tanto os debates acadêmicos como os públicos se concentram nas consequências do enfraquecimento relativo do Estado-nação, isso quando não anunciam seu desaparecimento. Justa ou indevidamente, o Estado-nação é considerado uma das instituições modernas mais afetadas pela globalização. As transformações internas e o papel que ele desempenha na sociedade global não são, portanto, entendidos como

---

29 Gerard Delanty e Krishan Kumar (org.), *The Sage Handbook of Nations and Nationalism*, Londres: Sage, 2006.

uma forma anódina de "glocalização". Se considerarmos que a expansão global dos mercados gera novas vulnerabilidades e reforça as desigualdades sociais e que ela se revela incapaz de garantir uma distribuição mais equitativa da riqueza, o sucesso de argumentos como o acesso aos direitos sociais, à solidariedade e à proteção que esse Estado deve fornecer aos que sofrem esses danos não tem nada de surpreendente. Na Europa, alguns programas eleitorais – e, em menor medida, algumas escolhas governamentais – enfatizam com vigor o fortalecimento da proteção que o Estado deveria assegurar diante da globalização. Partidos políticos insistem, muitas vezes com argumentos populistas e com fortes conotações xenófobas, na tripla questão da perda da soberania nacional, do apagamento da identidade nacional e do temor das consequências de uma imigração descontrolada[30] – todos eles fenômenos associados ao declínio do Estado-nação.

UM MOTOR DA MODERNIDADE E DA GLOBALIZAÇÃO

Para entender mais serenamente o papel do Estado-nação em um mundo globalizado, convém recorrer a análises que se interessam pela complexidade dessas dinâmicas. Todos os estudos mobilizados nas próximas páginas apoiam-se no mesmo questionamento: diante dos fenômenos da globalização, o ideal e a realidade do Estado territorial – tal como emergiram após a Reforma, a Paz de Vestfália e o absolutismo monárquico – ainda são estruturas relevantes para garantir a coexistência dos indivíduos no seio de uma comunidade nacional?

A disseminação do capitalismo como sistema único em escala mundial foi favorecida pela implantação de organizações territoriais – os Estados – capazes tanto de regular a vida econômica e social quanto de manter o monopólio dos meios de coerção e da violência

---

30 Isso foi fortemente demonstrado nas eleições europeias de maio de 2014.

legítima[31]. Desse ponto de vista, o Estado-nação certamente foi uma das principais forças históricas do advento da modernidade política.

Em termos de regulação econômica, Immanuel Wallerstein[32] enfatiza a importância da intervenção estatal no sistema capitalista. A exemplo de Karl Marx e Max Weber, ele define o capitalismo como um sistema econômico baseado na acumulação ilimitada de capital. Contrariamente a uma certa ortodoxia, que postula que essa condição se cumpre mais em um mercado perfeitamente livre, ele mostra que esse sistema econômico não poderia ter se desenvolvido ou sobrevivido sem as regulações efetuadas pelos Estados – como as restrições governamentais à importação e à exportação, as subvenções públicas e isenções fiscais, o uso da persuasão e, neste caso, da força – para impedir os mais fracos de instaurar medidas protecionistas etc. As modalidades de intervenção de um Estado no mercado são tão variadas que constituem um fator essencial para determinar os preços das mercadorias e os lucros das empresas.

Os estudos sobre políticas públicas destacam a extensão e as especificidades das intervenções dos Estados de bem-estar social. Para o caso europeu, Esping-Andersen[33] revela até que ponto os processos econômicos que conduzem a uma ordem social pós-industrial não seriam determinados exclusivamente pelas forças autônomas do mercado, mas também pela força estruturante dos Estados, de seus sistemas de proteção. Em torno das tradições específicas dos Estados de bem-estar social, surgiram até mesmo sociedades nacionais distintas – fato fortemente demonstrado por trabalhos referentes às comparações europeias[34].

---

31 Giovanni Arrighi, "Globalization, State Sovereignty, and the 'Endless' Accumulation of Capital", 1997. Disponível em: <http://www.binghamton.edu/fbc/archive/gairvn97.htm>. Acesso em: 19 abr. 2018.
32 Immanuel Wallerstein, *Comprendre le monde*, Paris: La Découverte, 2006 (2004).
33 Gøsta Esping-Andersen, *Les Trois mondes de l'État-providence*, Paris: PUF, 2007.
34 Hugues Lagrange (org.), *L'Épreuve des inégalités*, Paris: PUF, 2006; Olivier Galland e Yannick Lemel, *Valeurs et cultures en Europe*, Paris: La Découverte, 2007.

Muitas características do Estado-nação contemporâneo derivam de modelos internacionais difundidos através de processos globais. Esses modelos e os objetivos que lhes são associados – por exemplo, a igualdade, o progresso social e econômico, o desenvolvimento humano – são poderosamente racionalizados, sendo às vezes objeto de consenso. Eles "definem e legitimam as agendas para a ação local, construindo as estruturas e as políticas dos Estados-nação e de outros agentes locais e nacionais em praticamente todas as áreas da vida social racionalizada – negócios, política, educação, saúde, ciência e até mesmo família e religião"[35]. Essa institucionalização estatal dos modelos sociais permite compreender melhor um paradoxo das sociedades nacionais contemporâneas, a saber: a existência de certo isomorfismo estrutural entre Estados-nação, apesar das grandes diferenças nas tradições políticas e nos recursos disponíveis. Assim, não é surpreendente que as formas políticas do Estado-nação sejam difundidas em escala global, visto que até se multiplicaram após o desmembramento de países como a União Soviética, a Iugoslávia e a Tchecoslováquia. Nas palavras de Craig Calhoun[36], os Estados-nação ainda contam muito na sociedade global.

O ENFRAQUECIMENTO DE UMA INSTITUIÇÃO CENTRAL DA MODERNIDADE POLÍTICA

À persistência das funções do Estado-nação, responde a tese simétrica do enfraquecimento dessa instituição central da modernidade política. Para o economista Charles-Albert Michalet, na "configuração financeira ou global" contemporânea, o papel desempenhado pelo Estado encontra-se inevitavelmente diminuído. Por medidas liberais

---

35 John W. Meyer *et al.* "World Society and the Nation-State", *American Journal of Sociology*, 1997, v. 103, n. 1, p. 145.
36 Craig Calhoun, *Nations Matter*, Londres: Routledge, 2007.

de desregulamentação, "pela abolição ou redução das tarifas e barreiras não tarifárias, por uma regulamentação menos restritiva dos investimentos estrangeiros, pela supressão dos controles sobre divisas e movimento de capitais"[37], as autoridades públicas "abdicaram de seu poder econômico em proveito do setor privado e do mercado"[38]. Simultaneamente, isso implicou maior liberdade para grandes empresas industriais e financeiras: "Elas podem efetivamente implementar uma estratégia multinacional ou global, que tem impacto cada vez mais forte na economia"[39].

Segundo um argumento recorrente em pesquisas sobre o lugar do Estado-nação no mundo global, o funcionamento dos mercados teria alcançado tal grau de autonomia que as forças econômicas teriam se tornado muito mais poderosas que os Estados, aos quais a autoridade política em relação à sociedade e à economia deveria se voltar em última instância[40]. A recente intensificação da globalização financeira acabou por reduzir a margem de manobra dos Estados em seus assuntos internos, apesar do fortalecimento contínuo de aparelhos burocráticos sofisticados.

Também se vê uma deslegitimação do Estado-nação. Ela se manifesta por uma crise do imaginário político associado a essa instituição, em particular pelo questionamento do monopólio estatal da violência legítima[41] resultante da multiplicação, em muitos países, de conflitos e purificações interétnicas ou guerras separatistas. Redes terroristas enfrentam exércitos nacionais em países onde elas estabeleceram campos de treinamento e bases operacionais dotadas da logística necessária para

---

37 Charles-Albert Michalet, *Mondialisation, la grande rupture*, Paris: La Découverte, 2007, p. 13.
38 *Ibidem*.
39 *Ibidem*.
40 Susan Strange, "The Declining Authority of States", em: David Held e Anthony McGrew (org.), *The Global Transformations Reader*, Cambridge: Polity Press, 2000, pp. 148-55.
41 Shmuel Eisenstadt, *Comparative Civilizations and Multiple Modernities*, Leiden-Boston: Brill, 2003.

realizar ações *in loco* e/ou a distância (Afeganistão, Paquistão, Sudão, Iraque, Síria etc.); operando nas costas da Indonésia, da Somália e do golfo da Guiné, bandos de corsários e piratas têm desafiado as autoridades há anos; com receitas comparáveis a orçamentos de multinacionais – provenientes do controle do narcotráfico, do tráfico de armas e da prostituição –, o crime organizado e as máfias prosperam em alguns países (principalmente na Colômbia, no México e na Rússia), e suas ramificações globais lhes permitem reciclar seus lucros em atividades legais.

É possível ir mais ainda longe na análise do enfraquecimento da centralidade ideológica e simbólica do Estado-nação. Sua característica de "lugar carismático" do programa cultural da modernidade e da identidade coletiva[42] é seriamente prejudicada pelo surgimento de novas visões de identidade coletiva promovidas por diferentes tipos de movimentos sociais. Shmuel Eisenstadt[43] distingue dois tipos principais. O primeiro, que se desenvolveu nos países ocidentais desde os protestos estudantis dos anos 1960 e 1970 contra a guerra no Vietnã, pode agora ser ilustrado pelos movimentos feministas e ecológicos; o segundo é representado por grupos fundamentalistas, que surgiram especialmente no seio do Islã, do protestantismo e do judaísmo, e em todos os tipos de movimentos étnicos que se opõem a um certo modelo universalista e secular do Estado-nação. As relações entre esses movimentos e a modernidade são complexas[44]. Embora tenha sido constatado que os grupos mais radicais e aparentemente mais antimodernos fazem amplo uso das novas tecnologias de comunicação e que seus membros mais envolvidos frequentemente têm acesso ao ensino superior, os fundamentalismos criados pela época contemporânea operam uma sutil mistura de tradição e modernidade, tanto em termos de organização quanto de ideologia.

---

42 Shmuel Eisenstadt, 2003, *op. cit.*
43 *Ibidem*.
44 Shmuel Eisenstadt, *Fundamentalism, Sectarianism and Revolutions*, Cambridge: Cambridge University Press, 2000 (1999).

Esses movimentos são sintomáticos de uma tendência mais geral de promover identidades coletivas fora do âmbito do Estado-nação[45]. Muitas identidades, anteriormente invisíveis – até mesmo dominadas ou exploradas –, ocupam agora um lugar de destaque. Elas desafiam os conteúdos dos programas culturais nacionais considerados hegemônicos e reivindicam sua autonomia dentro das instituições centrais, nos currículos escolares, na comunicação e na mídia. Esses pedidos particulares de reconhecimento têm um alcance diferente, dependendo de seu envolvimento em formas de etnicização do vínculo social – que podem ser radicais no caso de reivindicações de matriz religiosa – ou ainda do empoderamento e do acesso dos indivíduos e minorias a mais direitos políticos, cívicos e sociais. No primeiro caso, a força dos movimentos de que emanam pode contribuir para minar a imagem do Estado como pilar do programa cultural da modernidade política.

REPENSAR A SOBERANIA

Para sair de uma oposição linear entre aqueles que continuam a destacar a força estruturante do Estado-nação e aqueles que desejam se livrar de sua incômoda presença, remetendo-o ao passado da sociologia, convém partir da constatação de que a globalização não fez mais que fortalecer os laços entre as sociedades[46]. Apesar da crise multidimensional que atravessam, os Estados-nação não desapareceram; eles foram profundamente transformados para se adaptar melhor ao novo contexto da sociedade global[47].

Na análise das adaptações do Estado à globalização, a soberania nacional foi das mais debatidas. Alguns autores rejeitaram decididamente

---

45 Shmuel Eisenstadt, 2003, *op. cit.*
46 Vincenzo Cicchelli e Gérôme Truc, *De la mondialisation au cosmopolitisme*, Paris: La Documentation française, 2011.
47 Manuel Castells, 2013 (2009), *op. cit.*

a tese de seu desaparecimento[48], explicando esse erro a partir de duas concepções: de um lado, a de uma globalização entendida como substituição de um mundo dominado pelo desafio territorial por outro onde importam apenas as redes e os fluxos; de outro lado, a de uma soberania do Estado manifestando-se essencialmente pelo controle de um território. Insistamos nesse último ponto. A concepção vestfaliana da soberania foi instituída com o século do Iluminismo e reforçada no século seguinte com os ideais românticos[49], até que finalmente se estabeleceu na sociologia política clássica. A autoridade estatal é aí definida: a) pela aplicação de um princípio de segurança; b) pela pacificação interna e resolução de conflitos; c) pela produção de normas jurídicas; d) pela busca do objetivo geral de garantir a justiça e a integração social por meio da redistribuição das riquezas; e) pela responsabilidade das missões de educação e proteção social; f) pelo estabelecimento de legislação regulando as relações de trabalho; g) pelo princípio de defesa da integridade territorial por meio da proteção das fronteiras, sem que isso traga prejuízo à soberania de outros Estados.

Se o funcionamento do Estado depende do contexto histórico em que ele evolui, então a soberania efetiva na era da globalização não pode mais ser unicamente definida como o poder indivisível, incondicional e exclusivo de um Estado sobre uma porção do espaço geográfico delimitada por fronteiras políticas[50]. A guerra liderada pelos Estados Unidos contra o terrorismo islâmico após os ataques de 11 de setembro de 2001 fornece um exemplo notável dessa relativa desterritorialização da autoridade de um Estado. Atesta a imposição de rigorosos procedimentos de controle de passageiros do exterior para garantir a segurança norte-americana longe

---

48 John Agnew, *Globalization and Sovereignty*, Lanham: Rowman & Littlefield, 2009.
49 *Idem*, "The History of States and Their Territories", *Geopolitics*, 2005, v. 10, n. 1, pp. 184-7. Vale lembrar, a este respeito, a contribuição de Fichte e, sobretudo, de Hegel para a concepção do Estado-nação como forma ideal do povo.
50 John Agnew, 2009, *op. cit.*; Manuel Castells, 2013 (2009), *op. cit.*

das fronteiras geográficas. Da mesma forma, recusando reconhecer que a base de Guantánamo estava sob sua jurisdição – portanto, ela não estaria sujeita a recursos jurídicos –, os Estados Unidos puderam convenientemente dispor de um posto avançado além suas fronteiras territoriais.

Muitos são os fenômenos globais que têm impacto no exercício da soberania. As mudanças climáticas e as consequências de atividades humanas poluidoras ocorrem fora de qualquer fronteira geopolítica; as moedas, que formaram por muito tempo o arquétipo da soberania nacional, são cada vez mais desnacionalizadas ou existem independentemente de uma verdadeira união política, como no caso do euro; muitos indivíduos são detentores de várias cidadanias; as redes de pesquisadores que produzem conhecimento e inovação tecnológica possuem modos de funcionamento internacionais; uma multiplicidade de organizações, como as ONGs, intervêm para fornecer bens públicos (ajuda alimentar e sanitária, por exemplo) para além das fronteiras estatais; uma instituição supranacional, como a União Europeia, inevitavelmente entra em concorrência com as soberanias dos Estados que a constituem; os regulamentos jurídicos, inclusive dentro dos Estados, incluem referências a decisões de tribunais supranacionais (é o caso do Tribunal Europeu) ou estrangeiros (em particular, a Suprema Corte dos Estados Unidos)[51].

Pode-se então perguntar se, em um contexto marcado pela força dos fenômenos transnacionais, as novas tecnologias de vigilância instauradas pelos Estados para combater o terrorismo, o tráfico de drogas e o crime organizado cumpriram a profecia de George Orwell (1949) do advento de um grande irmão estatal espiando todos os nossos menores movimentos e gestos. No entanto, os contrapoderes que emanam da sociedade civil individual, bem como as instituições encarregadas de proteger as liberdades individuais e democráticas fundamentais, permitem relativizar esse temor. Com exceção das agências nacionais de segurança,

---

51 John Agnew, 2009, *op. cit.*

como a NSA norte-americana[52] – capazes de acessar os *big data*, cruzar arquivos independentes e utilizá-los –, a coleta perniciosa de nossos dados pessoais é sobretudo consequência das práticas compulsivas de compra em *sites* de venda na internet, da adesão entusiasta às redes sociais, do armazenamento na nuvem e de *downloads* de aplicativos em nossos *tablets* e *smartphones*[53]. São principalmente grupos privados e comerciais – especialmente Apple, Facebook, Twitter, Amazon, LinkedIn e Google – que possuem nossas informações pessoais, incluindo nossos gostos, preferências, afiliações e posições. Estamos, portanto, caminhando menos para um Estado policial e mais para uma sociedade de mercado de controle; menos para um "Big Brother" e mais para as "Little Sisters"[54].

Se a soberania ainda existe, ela se reconfigura em um contexto global[55]. A globalização gerou até mesmo diferentes regimes de soberania efetiva, cada um dos quais se expressa por um conjunto composto de mecanismos regulatórios que podem ser definidos como as capacidades reais dos Estados de exercer sua autoridade dentro e fora de suas fronteiras. O exemplo mais esclarecedor desse ponto de vista é sem dúvida a política de migração. Sabe-se que, diante da globalização, as sociedades modernas experimentam novas formas de isolamento, gestão nacional e territorial das populações[56]. Nessa visão, em vez de ser entendida segundo uma lógica *top-down*, a soberania efetiva em um mundo global tem a ganhar se for concebida como resultado emergente e contingente de uma "miríade de transações e formas de governança, das quais apenas algumas necessitam, em determinado momento, ser exercidas por uma autoridade estatal singular e centralizada"[57].

---

52 National Security Agency, em português Agência de Segurança Nacional. [N.E.]
53 Manuel Castells, *The Power of Identity*, Hoboken: Wiley-Blackwell, 2010.
54 *Ibidem*.
55 John Agnew, 2009, *op. cit.*
56 Bryan S. Turner, "The Enclave Society", *European Journal of Social Theory*, 2007, v. 10, n. 2, p. 287-304.
57 *Ibidem*, pp. 9-10.

Estamos assistindo simultaneamente a uma crise do Estado-nação tal como ele funcionou durante a modernidade e a seu retorno vigoroso sob novas formas de organização, poder e legitimidade, em um mundo em que as sociedades estão cada vez mais estruturadas em redes[58]. Essa instituição política evoluiu gradualmente para uma nova forma de Estado, o Estado em redes[59]. Depois de ter desempenhado o papel de guardião da interação entre redes nacionais, o Estado se tornou, na sociedade global, um nó de redes particulares: a política, a institucional e a militar. Mais especificamente, as mudanças em andamento são mais bem compreendidas pelo padrão de uma concepção escalar da sociedade global, sociedade essa constituída de configurações específicas de redes globais, nacionais e locais, apreendidas em um espaço multidimensional de interações sociais.

O ABANDONO DO "NACIONALISMO METODOLÓGICO"

Provavelmente, foi Ulrich Beck quem fez da necessidade de ir além do âmbito do Estado-nação – considerado no plano factual como relíquia da primeira modernidade e no plano epistemológico como um "conceito zumbi", esvaziado de sentido – um dos *leitmotivs* da sociologia contemporânea. Toda a sua obra é permeada pela tentativa de elaborar novos conceitos que permitam compreender essa instituição à luz do paradigma do cosmopolitismo. Não serão aqui retomados os argumentos desenvolvidos por Beck – assim como muitos pesquisadores que tentaram entender as transformações profundas do Estado no mundo global – a respeito das estratégias que essa instituição implementa para se adaptar à concorrência internacional.

Beck insiste mais do que outros na dimensão epistemológica do trabalho do sociólogo, lembrando que grande parte da literatura sociológica

---

58 Manuel Castells, 2010, *op. cit.*
59 *Idem*, 2013 (2009), *op. cit.*

analisou as sociedades a partir do pressuposto de que elas estavam estruturadas em uma base nacional. De acordo com esse ponto de vista, a análise sociológica é delimitada pelas fronteiras territoriais do Estado-nação, e é dentro desse âmbito que os fatos sociais se manifestam[60]. De fato, a expansão da sociologia coincidiu com o advento do Estado-nação como instituição, do nacionalismo como ideologia de pertencimento e do sistema de relações entre Estados como única forma de regulamentação internacional. Essa convergência permitiu que se afirmasse o axioma do "nacionalismo metodológico", impondo a ideia de que a nação, o Estado e a sociedade eram as formas políticas e sociais naturais da modernidade.

Para Beck, não surpreende que a visão dos sociólogos sobre o Estado-nação seja ela própria manchada pelo preconceito nacionalista, baseada na ideia de que o território nacional continue sendo uma prioridade na análise dos processos sociais, econômicos, políticos e culturais. O nacionalismo metodológico toma o Estado-nação como premissa para a construção das ciências sociais sem questionar sua pertinência, acabando por reificá-lo e por enfeudar as ciências sociais no estudo do que não é mais do que um artefato na segunda modernidade[61]. Incorporando as sociedades aos Estados-nação, Beck os considera, assim como os governos, "a pedra angular da análise científica nas ciências sociais"[62]. Logo, tirando proveito dos fenômenos transnacionais que remodelam os Estados-nação, as ciências sociais devem abandonar o "nacionalismo metodológico" em favor do "cosmopolitismo metodológico". Isso significa que os conceitos fundamentais da primeira modernidade – como o lar, a família, a classe, a dominação, o Estado, a economia, a esfera pública etc. – devem ser repensados à luz desse novo paradigma[63]. Como há cada vez mais fenômenos relevantes que não

---

60 Ulrich Beck, 2006a (2004), *op. cit.*
61 Ulrich Beck, 2007, *op. cit.*
62 Ulrich Beck, 2003b, *op. cit.*, p. 453.
63 Ulrich Beck, 2006a (2004), *op. cit.*

estão somente ligados ao contexto nacional, mas também ao contexto europeu ou global, o cosmopolitismo metodológico oferece um caminho alternativo e heurístico para desenvolver pesquisa em ciências sociais. Além disso, a literatura do cosmopolitismo disporia, a partir de então, de um *corpus* estabelecido que permite ir além do nacionalismo metodológico[64].

❖ ❖ ❖

Vimos neste capítulo que o Estado-nação ilustra as dificuldades metodológicas de uma abordagem de raciocínio escalar do mundo cosmopolita. De acordo com Saskia Sassen[65], para entender melhor as adaptações do mundo às restrições sistêmicas da sociedade global, é necessário reconhecer três formas de interação entre os níveis global e local: a endogenização ou localização das dinâmicas globais dentro do âmbito nacional; a forte imbricação do global em objetos particulares, atores institucionais, culturas; a desnacionalização do que foi historicamente construído como nacional e continua erroneamente a ser interpretado como tal. Essa "desestabilização da hierarquia das escalas baseada no Estado-nação"[66] requer metodologias e teorizações que considerem os níveis infranacionais como componentes essenciais dos processos globais.

Por consequência, as ciências humanas devem realizar uma revolução conceitual: devem aprender a ver a Terra de longe, de maneira abrangente, sem, para tanto, perder de vista o que está acontecendo no isolamento das comunidades mais locais. A perspectiva cosmopolita não consiste tanto em construir uma falsa oposição entre o nacional e o transnacional; trata-se de levar em conta a existência de um processo

---

64 Ulrich Beck e Daniel Lévy, "Cosmopolitanized Nations", *Theory, Culture & Society*, 2013, v. 30, n. 2, pp. 3-31.
65 Saskia Sassen, 2009 (2007), *op. cit.*
66 *Ibidem*, p. 20.

complexo e simultâneo de inclusão e exclusão, de "transnacionalização, desnacionalização e renacionalização"[67]. Para Beck, trata-se de ir além da ideia generalizada de que a nação se opõe ao advento de um mundo cosmopolita. Se considerarmos o transnacional como componente estruturante do fato nacional[68], então torna-se necessário imaginar a comunidade nacional como base da nação cosmopolita[69]. Aqui, o sociólogo dá lugar ao intelectual para mostrar que na realidade o debate sobre o futuro do Estado-nação coloca a questão maior da escolha dos futuros modelos de sociedade. É provavelmente nesse ponto que o trabalho de Ulrich Beck se mostra mais ambicioso e se expõe à crítica que lhe é feita de abandonar a postura analítica em favor de outra, mais normativa, qualificada por alguns autores como "cosmopolitismo engajado"[70].

---

[67] Ulrich Beck, 2006a (2004), *op. cit.*, p. 65.
[68] Ulrich Beck, "The Cosmopolitan Turn", em: Nicholas Gane (org.), *The Future of Social Theory*, Londres: Continuum, 2004b, p. 147.
[69] Ulrich Beck e Daniel Lévy, 2013, *op. cit.*
[70] Paul James, *Globalization and Politics*, 4. "Political Philosophies of the Global", Londres: Sage, 2014.

CAPÍTULO 2

AS MATRIZES DA SINGULARIDADE

> Os habitantes terrestres não conseguem abraçar mais
> do que uma fina camada da superfície do planeta. Mas,
> pela imaginação, eles podem ter a Terra inteira.
> Denis Cosgrove[1]

Começamos, com este capítulo, uma investigação em duas etapas da dimensão simbólica do mundo cosmopolita. Primeiramente, veremos de que modo emerge a visão do planeta como uma singularidade, o que leva à consciência de evoluir em um mundo comum. No capítulo seguinte, como contrapartida, analisaremos os mecanismos que mantêm e reforçam a concepção plural das identidades e pertencimentos – locais ou civilizacionais – e que podem gerar divisões e até mesmo confrontos. Provavelmente, é aqui que o estudo da dinâmica das fronteiras culturais se revela mais fecundo. A escolha por dedicar dois capítulos distintos à investigação da dimensão simbólica do mundo cosmopolita apoia-se na existência de abundante literatura que demonstrou que os fenômenos culturais operando na sociedade global articulam, ao mesmo tempo, elementos globais e locais, universais e particulares[2].

---

1 *Apollo's Eye*, Baltimore: Johns Hopkins University Press, 2001.
2 Frank J. Lechner e John Boli, *World Culture*, Oxford: Blackwell, 2005; Smitha Radhakrishnan, "Limiting Theory", em: Bryan Turner (org.), *The Routledge International Handbook of Globalization Studies*, Londres: Routledge, 2010, pp. 23-41.

O MUNDO COMO TOTALIDADE E OS RISCOS GLOBAIS

A consciência histórica e social de viver em um mundo singular[3], que se caracteriza por certa finitude[4], é o elemento simbólico por excelência do mundo cosmopolita. Ela é claramente uma das consequências da compressão espaçotemporal resultante dos processos de globalização[5].

A globalização tornou imperativas, tangíveis e imediatas a dimensão global da existência social, a emergência do mundo como pano de fundo comum do qual se destacam nossas lembranças mais estruturantes, nossas experiências mais banais e nossas esperanças mais vívidas[6]. A consciência de que "a comunidade local está integrada a uma densa rede de relações que se estende ao redor do mundo"[7] caminha de mãos dadas com um elemento decisivo: as comunidades políticas não podem mais ser consideradas como "'mundos discretos'; elas estão enredadas em estruturas complexas de forças, relações e redes"[8].

A maioria dos desafios políticos contemporâneos tem uma forte dimensão global[9]. Teoricamente, toda a experiência humana está, de uma forma ou de outra, sob a influência dessa irresistível interconexão

---

3 Roland Robertson, *Globalization*, Londres: Sage, 1992.
4 Mike Featherstone, "Genealogies of the Global", *Theory Culture & Society*, 2006, n. 23, pp. 387-92.
5 Roland Robertson e Kathleen E. White, "What Is Globalization?", em: George Ritzer (org.), *The Blackwell Companion to Globalization*, Oxford: Wiley-Blackwell, 2007.
6 Sonia Dayan-Herzbrun, Sonia e Étienne Tassin (org.), "Citoyennetés cosmopolites", *Tumultes*, 2005, v. 24; Vittorio Cotesta, *Les Droits humains et la société globale*, Paris: L'Harmattan, 2009.
7 Roland Robertson, 1992, *op. cit.*, p. 9.
8 David Held e Anthony McGrew, "Globalization at Risk?", em: David Held e Anthony McGrew (org.), *Globalization Theory*, Cambridge: Polity Press, 2007, p. 4.
9 Jan Aart Scholte, *Building Global Democracy?*, Cambridge: Cambridge University Press, 2011.

planetária. Estamos todos expostos a riscos de natureza global[10] que conduzem a uma era global em que são as necessidades da humanidade que se tornam o quadro fundamental de referência para cada indivíduo[11].

O cosmopolitismo não pode se tornar uma abordagem heurística da globalização por simples dedução ou transposição de princípios filosóficos arbitrariamente postulados como universais. Ele deve levar em consideração os elementos da realidade que constituem o contexto de sua expressão[12]. É por isso que a abordagem cosmopolita só se torna empiricamente fundamentada quando inscreve suas análises na sociedade global do risco. Certamente, ninguém pode dizer com segurança que vivemos em um mundo mais perigoso que no passado. No entanto, as sociedades modernas – especialmente as do mundo ocidental – são indiscutivelmente moldadas pela constante antecipação dos riscos globais que elas geram por seu próprio funcionamento[13]. A velocidade das respostas sociais a esses desafios, conjugada com a aceleração das inovações tecnológicas, cria apenas novas formas de incerteza, desenhando uma paisagem global do risco fundamentalmente diferente das configurações históricas precedentes[14].

Os riscos globais não podem mais ser delimitados espacialmente (por definição, não poderiam ser geridos dentro das fronteiras reconfortantes do Estado-nação), temporalmente (basta evocar, por exemplo, os rejeitos nucleares cuja nocividade a um prazo bem longo é desconhecida) nem socialmente (como antecipar os impactos transversais difusos das crises financeiras internacionais nas sociedades e nos

---

10 Ulrich Beck, "Living in the World Risk Society", *Economy and Society*, 2006b, v. 35, n. 3, pp. 329-45.
11 Ulrich Beck, "Cosmopolitanism as Imagined Communities of Global Risk", *American Behavioral Scientist*, 2011a, v. 55, n. 10, pp. 1346-61.
12 Ulrich Beck, 2006a (2004), *op. cit.*
13 Ulrich Beck, 2011a, *op. cit.*
14 Ulrich Beck, *World Risk Society*, Cambridge: Polity Press, 1999.

grupos sociais?). Esses riscos são, portanto, fortemente: a) deslocalizados, devido à sua onipresença; b) incalculáveis, uma vez que suas consequências estão, em princípio, fora das capacidades de antecipação; c) não compensatórios, porque, se a mudança climática se tornar irreversível, se as transformações genéticas ficarem fora de controle e se os grupos terroristas se equiparem com armas de destruição em massa, qualquer possibilidade de recuar desaparecerá e o sonho securitário da primeira modernidade não passará de uma ilusão. A tentativa de domar os riscos induzidos por um uso descontrolado das novas tecnologias é dificultada por nossa ignorância dos efeitos de sua aplicação[15].

Um novo saber é necessário para apreender as macromudanças das sociedades contemporâneas. Ironicamente, a experiência do passado encoraja a antecipação do risco de forma equivocada a partir de conhecimentos já estabelecidos, ou a atenção sobre problemas cuja resolução já se conhece. Porém, os desastres surgem precisamente do que não se consegue prever. Existe uma ampla gama de riscos globais que não pôde ser prevista[16]: a epidemia da vaca louca, na década de 1990, que teve forte impacto no consumo de carne bovina na época; os atentados de 11 de setembro de 2001, que marcaram um ponto de viragem na história das relações geopolíticas entre os Estados Unidos e o resto do planeta; a crise bancária e financeira de 2008 e suas consequências econômicas e sociais, provavelmente tão graves quanto os efeitos da quebra da bolsa de Nova York de 1929; a propagação do vírus da gripe A, em 2009, que manteve em alerta durante meses os serviços sanitários do mundo todo; o fechamento do espaço aéreo de grande parte da Europa e dos dois lados do Atlântico Norte em 2010 devido à precipitação de cinzas do vulcão islandês Eyjafjallajökull, o que mostrou a fragilidade

---

15 Ulrich Beck, "Living and Coping With World Risk Society", *Globernance*, 2011b. Disponível em: <http://globernance.org/u-beck-living-and-coping-with-world-risk-society/?lang=en>. Acesso em: 8 jan. 2018.
16 *Ibidem*.

dos sistemas de transporte; a criação, em 2014, de um califado em territórios anteriormente sírios e iraquianos, o que passou a representar novas ameaças terroristas em nível global etc.

Certamente, por vezes o conhecimento baseado na antecipação do risco ajuda a transformar riscos imprevisíveis em riscos calculados, mas, ao fazê-lo, "esse conhecimento gera novas imprevisibilidades, o que nos obriga a refletir sobre os próprios riscos"[17]. Em outras palavras, a sociedade do risco em escala global é de natureza reflexiva e gera uma "reflexividade de incerteza"[18] que nos obriga a levar em consideração as consequências de nossas ações a médio e longo prazos. Essa constatação não deve conduzir a um cosmopolitismo normativo desejoso de um mundo sem fronteiras, mas sim nos encorajar a assumir novas responsabilidades. Doravante, o "princípio da responsabilidade"[19] que orienta as ações humanas na era moderna deve incluir um horizonte temporal mais amplo e ter como finalidade a proteção das gerações futuras[20]; deve promover a conscientização do destino comum que agora liga indivíduos, grupos humanos e instituições em todos os cantos do mundo, compartilhando os mesmos riscos. Como disse David Held, com uma bela expressão, compartilhamos a mesma "comunidade de destino"[21]. Por seu grau de desenvolvimento e seu potencial de autodestruição, nossa civilização obriga todos os países, religiões, grupos étnicos e classes sociais a se considerar como uma comunidade universal no interesse de sua sobrevivência[22].

---

17 Ulrich Beck, "Critical Theory of World Risk Society", *Constellations*, 2009, v. 16, n. 1, p. 15.
18 Ulrich Beck, 2000, *op. cit.*
19 Hans Jonas, *Le Principe responsabilité*, Paris: Flammarion, 1998 (1979).
20 Dieter Birnbacher, *Responsabilité envers les générations futures*, Paris: PUF, 1994 (1988).
21 David Held *et al.*, 1999, *op. cit.*
22 Ulrich Beck, 2011a, *op. cit.*

ENTENDER OS FATOS CULTURAIS NO MUNDO COSMOPOLITA

A consciência histórica e social do planeta como unidade não surge apenas em razão da exposição das sociedades contemporâneas a riscos globais. Ela não poderia ser considerada como o fruto exclusivo do imperativo da responsabilidade com as gerações futuras ou com temores apocalípticos. Ela está fortemente ligada – e hoje ainda mais – à existência de iconografias, de memórias, de imaginários transnacionais, dentre os quais alguns tornaram-se comuns. Embora tenha uma longa história, a ideia da finitude do planeta[23] se deve provavelmente às fotografias da Terra tiradas do espaço por satélites e ônibus espaciais na década de 1960[24]. Longe de se reduzir a um reflexo das poderosas estruturas econômicas do capitalismo global, a consciência histórica e social do planeta como unidade é tanto um fato social em si como um componente-chave da ação coletiva e da estruturação das comunidades, principalmente diaspóricas[25].

O AXIOMA DE MALCOM WATERS

Qualquer análise dos fatos de cultura em um mundo cosmopolita deve partir do axioma que Malcom Waters[26] desenvolve para os *global studies* e que pode ser vantajosamente retomado: contrariamente às trocas materiais, que localizam, ou aos intercâmbios políticos, que internacionalizam, a esfera simbólica e cultural é provavelmente a primeira a tornar-se global. Difícil de ser aplicado empiricamente[27], esse axioma lembra, no entanto, a força das dimensões não materiais nas dinâmicas

---

23 Vittorio Cotesta, 2006, *op. cit.*
24 Mike Featherstone, 2006, *op. cit.*
25 Arjun Appadurai, 2005 (1996), *op. cit.*
26 Malcom Waters, *Globalization*, Londres: Routledge, 2001 (1995), p. 156.
27 Jan Nederveen Pieterse, 2009, *op. cit.*

da globalização e abre caminho para reflexões sobre seu papel na concepção do mundo como unidade e pluralidade. Versões ainda mais radicais dessa abordagem postulam que todos os elementos que contribuem para unificar o mundo, inclusive em sua infraestrutura, têm uma natureza profundamente cultural[28]. Mesmo que possa parecer um tanto paradoxal, a expansão mundial do capitalismo deu maior importância às questões culturais[29]. Os defensores dessa posição estimam que o seu ponto de partida é a complexidade da economia global e a sua disjunção com a esfera cultural e política[30]. Assim, a nova economia cultural global deve ser vista "como uma ordem complexa, ao mesmo tempo disjuntiva e com pontos de sobreposição, que não pode mais ser entendida nos termos dos modelos centro-periferia existentes"[31].

Para tentar teorizar essas disjunções, convém recorrer a Arjun Appadurai[32]. Graças a seus estudos sobre o desenvolvimento do imaginário e sua apropriação, sobre a manifestação de novas formas de criatividade, sobre a análise dos fluxos (ou *scapes*), esse autor foi um dos primeiros a atribuir à cultura um papel fundamental na globalização. Ele distingue os *mediascapes* (fluxos de informação através da mídia, da televisão e da internet), os *financescapes* (fluxos de capital através do sistema financeiro global), os *technoscapes* (fluxos tornados mais eficazes pela tecnologia), os *ethnoscapes* (fluxos de indivíduos por meio de imigração, turismo e outras formas de mobilidade) e os *ideoscapes* (fluxos de ideias veiculadas pelo consumo, pelo mercado, pela democracia ou pelos direitos humanos). Em consonância com seu trabalho, pode-se designar por *cosmoscape* a dimensão simbólica própria do mundo cosmopolita[33]. A circulação de objetos através

---

28 Frank J. Lechner e John Boli, *World Culture*, Oxford: Blackwell, 2005.
29 Roland Robertson e Kathleen E. White, 2007, *op. cit.*
30 Arjun Appadurai, 2005 (1996), *op. cit.*
31 *Ibidem*.
32 *Ibidem*.
33 Gavin Kendall, Ian Woodward e Zlatko Skrbis, 2009, *op. cit.*

das redes globais cria o conjunto dos espaços, das imagens e práticas que contribuem para o advento de uma consciência cosmopolita e, eventualmente, para a construção de uma relação cosmopolita com o mundo, tal como veremos na segunda parte deste livro.

O MUNDO NARRADO PELA MÍDIA GLOBAL

Esses *scapes* são uma tentativa de compreender os contornos e as dinâmicas das comunidades imaginadas, que, contrariamente às análises de Benedict Anderson[34], não podem mais ser confundidas com coletivos etnonacionais. A consciência, nos cidadãos, de acompanhar simultaneamente os acontecimentos a distância e, eventualmente, ser afetados por eles há muito estabeleceu as bases do pertencimento nacional. A cultura parece ter desempenhado um papel essencial para levar os indivíduos a se considerar membros de grandes coletivos nacionais. Na vanguarda desse processo, os impressos, os jornais, o rádio e a televisão forneceram aos cidadãos acesso a conteúdos culturais compartilhados fora de qualquer encontro físico.

É possível se perguntar qual é o papel desempenhado hoje pela mídia na construção da consciência do mundo e no eventual pertencimento a conjuntos maiores que os Estados-nação. A onipresença do ambiente midiático na vida cotidiana contemporânea mudou profundamente o jogo. Se a modernidade fosse caracterizada pela velocidade mecânica, a época contemporânea seria mais bem definida pelo imediatismo[35], no sentido duplo da palavra: proximidade e instantaneidade. Esse imediatismo de informações, produtos culturais e imaginários suscita no indivíduo um sentimento eufórico de estar conectado ao mundo inteiro e uma necessidade permanente de acesso ao fluxo da comunicação. Acontecimentos muito distantes são transmitidos em

---

34 Benedict Anderson, *L'Imaginaire national*, Paris: La Découverte, 1996 (1983).
35 John Tomlinson, 2007a, *op. cit.*

tempo real e continuamente pela mídia global televisiva (CNN, Fox, Euronews, Al Jazeera, BBC World)[36], permitindo experiências "a distância" e "midiatizadas" do mundo global. Um número sempre crescente de seres humanos acompanha as mesmas informações e as discute na internet, local onde proliferam *sites* de troca e intercâmbio. Após o ato fundador que foi o julgamento de Nuremberg (1945-8), ao qual se poderia adicionar o pouso na Lua da missão americana Apollo 11 em 20 de julho de 1969, os eventos coletivos mundiais podem ser considerados essenciais para a formação de uma consciência cosmopolita[37].

Os protagonistas dos grandes acontecimentos internacionais e os jornalistas que os relatam seguem frequentemente uma retórica da globalidade. Nos primeiros anos do fim do *apartheid*, Nelson Mandela frequentemente se referia ao "povo da África do Sul e do mundo" para designar todos os que assistiam em suas telas de televisão ao processo de democratização do país e à abolição da discriminação racial[38]. O sujeito "nós", muitas vezes presente nos discursos de Mandela, evocava tanto os seus concidadãos quanto aqueles cuja proximidade midiática eliminava a distância geográfica, dando-lhes a sensação de participar dos acontecimentos. Ao declarar "somos um só povo", Mandela partia da comunhão nacional para abraçar toda a comunidade humana, que testemunhava o renascimento de seu país. Projetado em um plano ecumênico, esse acontecimento podia suscitar muitas esperanças em outros lugares. De forma mais geral, desde a queda do Muro de Berlim, em 1989, a mídia não deixou de se referir a um "nós", que transcendia as barreiras nacionais, ou de usar expressões como "o mundo inteiro está nos observando". Pensemos nos ataques terroristas de 11 de setembro

---

36 John Urry, *Sociologie des mobilités*, Paris: Armand Colin, 2006 (2000); Manuel Castells, *La Galaxie Internet*, Paris: Fayard, 2002 (2001).
37 Bronislaw Szerszynski e John Urry, "Visuality, Mobility, and the Cosmopolitan", *British Journal of Sociology*, 2006, v. 57, n. 1, pp. 133-51.
38 *Ibidem*.

de 2001, no *tsunami* na Ásia em dezembro de 2004, na destruição de Nova Orleans pelo furacão Katrina em agosto de 2005, ou ainda no funeral de Lady Diana Spencer em 1997, intenso momento de santificação da "princesa dos corações", do qual teriam "participado" 2,5 bilhões de pessoas[39].

Quanto aos eventos cíclicos, abundantemente cobertos pela imprensa mundial, eles mantêm momentos de partilha pela sua ritualidade, pela espera e pelas emoções que os acompanham, bem como pelas possíveis surpresas que provocam. Entre os exemplos que podem ser dados, dos jogos da Liga dos Campeões até as Copas do Mundo de futebol ou de *rugby*, ou ainda ou o lançamento de novos produtos da Apple, vamos nos deter nas Olimpíadas. Se no mundo antigo esses eventos permitiam que os gregos se identificassem com uma unidade maior que a pólis – a Hélade inteira[40] –, o que dizer da comunhão festiva de bilhões de telespectadores que ocorre nos jogos contemporâneos? Estão aí representados 205 países, enquanto a ONU reconhece apenas 197 e tem apenas 192 membros. De quatro em quatro anos, durante algumas semanas, os Jogos Olímpicos inegavelmente mantêm uma consciência cosmopolita[41]. Ou seja, os eventos cosmopolitas devem transcender as fronteiras nacionais e sociais e suscitar a conscientização de que aqueles que vivem longe de nós acompanham os mesmos acontecimentos que nós e compartilham os mesmos medos e esperanças. De certa forma, "os estrangeiros se tornam nossos vizinhos!"[42].

---

39 *Ibidem*, p. 120.
40 Essas ocasiões permitiam que os gregos encenassem sua comunidade profunda, para além de tudo que os separava, graças à sua unidade de língua, religião e produção artística.
41 Frank J. Lechner e John Boli, 2005, *op. cit.*
42 Ulrich Beck, 2011a, *op. cit.*, p. 1350.

REPERTÓRIOS COSMOPOLITAS

Se a peculiaridade da consciência cosmopolita consiste idealmente em abraçar com o olhar toda a humanidade, em transcender os laços de parentesco, de vizinhança, de pertencimento ao país natal, essa faculdade só pode ser desenvolvida pela mediação do imaginário. Os trabalhos de Pheng Cheah[43] e Nikos Papastergiadis[44] podem servir de guia. "Uma vez que ninguém pode *ver* o universo, o mundo ou a humanidade, a ótica cosmopolita só poderia ser uma experiência da imaginação, e não uma experiência perceptiva."[45] Pheng Cheah dedica-se às imagens veiculadas pela literatura mundial, "uma espécie de atividade criativa do mundo que nos permite imaginar o mundo"[46], mas seus ensinamentos podem ser estendidos a outras áreas do simbólico e da produção cultural. De acordo com Nikos Papastergiadis[47], a arte cria um conhecimento específico do mundo, permitindo que os indivíduos aprendam novas formas de estar presentes nele. A arte contemporânea, em particular, produz situações em que os artistas e o público se envolvem em novas formas de ação cosmopolita. Para Papastergiadis, é a convergência entre uma atitude crítica em relação às forças obscuras da globalização e uma afiliação a múltiplos pertencimentos – ambas tornadas possíveis pelo engajamento na criatividade artística – que leva ao surgimento de uma imaginação cosmopolita.

---

43 Pheng Cheah, "What is a World?", em: Gerard Delanty (org.), *Routledge Handbook of Cosmopolitan Studies,* Londres: Routledge, 2012, pp. 138-49.
44 Nikos Papastergiadis, *Cosmopolitanism and Culture,* Cambridge: Polity Press, 2012.
45 Pheng Cheah, 2012, *op. cit.*, p. 138, grifos do autor.
46 *Ibidem*, p. 138.
47 Nikos Papastergiadis, 2012, *op. cit.*

OS CENTROS DA PRODUÇÃO CULTURAL: ALÉM DA AMERICANIZAÇÃO

Produtos culturais sempre se impuseram como referentes fora de suas origens. Todos os grandes centros culturais – Atenas durante a época de Péricles, Bagdá sob o califado abássida Florença e Roma durante o Renascimento, Paris no século XIX, Viena na virada do século XIX para o século XX ou Londres e Nova York nas décadas de 1960 e 1970 – produziram em seu apogeu obras consideradas como um *corpus* canônico. Obras artísticas consagradas, especialmente em literatura, arquitetura, música e pintura, se espalharam na forma de cópias e imitações e foram objeto de tentativas de superá-las[48].

DIFUSÕES ANTIGAS E MODERNAS

Tomemos o caso edificante do estilo barroco em arquitetura e música. A partir de alguns grandes centros da Itália (Nápoles, Roma, Turim) e Espanha (Toledo, Salamanca), ele espalhou-se pela Europa até São Petersburgo, passando por Alemanha, Áustria, Boêmia e Polônia. Seja por meio da emulação ou pela competição entre mecenas, empresários, artistas, a difusão de obras barrocas contribuiu para criar – mesmo longe de seu local de origem e não apenas entre as elites – gostos estéticos, estilos artísticos e referências intelectuais comuns. A música barroca foi introduzida por músicos jesuítas – sendo o mais conhecido, provavelmente, Domenico Zipoli, um dos alunos de Alessandro Scarlatti – em países latino-americanos povoados por índios guaranis. As obras, os instrumentos e os cantores vindos da América obtiveram, em troca, uma grande reputação na Europa[49]. Da mesma forma, a partir do século XIX, existiam laços estreitos entre a Europa e a América Latina no

---

48 Schorske (1983 [1980]), Baxandall (1985 [1972]).
49 Registros recentes mostraram a alta qualidade dessas composições. Veja a notável discografia do conjunto Elyma, "Os caminhos do Barroco", dirigida por Gabriel Garrido.

campo da ópera: salas se abriam no Novo Mundo, cantores italianos apresentavam-se por lá, obras de compositores latino-americanos eram interpretadas no Scala – fenômeno que pode ser considerado como uma prefiguração da globalização cultural observada hoje[50].

Karl Marx e Friedrich Engels perceberam o início da difusão mundial da produção cultural. Em meados do século XIX, eles já escreviam: "As obras intelectuais de uma nação tornam-se a propriedade comum de todas. A estreiteza e o exclusivismo nacionais tornam-se cada dia mais impossíveis; e da multiplicidade das literaturas nacionais e locais nasce uma literatura universal"[51].

A difusão mundial das imagens tornou muitos monumentos profundamente familiares. A lista é longa: desde Stonehenge até as pirâmides do Egito, do Partenon ao Coliseu, da Hagia Sophia ao Taj Mahal, de Machu Picchu à Muralha da China, da Torre Eiffel ao Empire State Building. Quem não sabe cantarolar a música "Yesterday", dos Beatles? Quem não reconhece os Rolling Stones e o Pink Floyd na boca com a língua vermelha e na parede de tijolos que respectivamente decoram as capas de seus discos[52]? Quanto às obras de literatura romanesca, de *Harry Potter* ao *Código Da Vinci*, de *Millenium* a *Cinquenta tons de cinza*, para citar alguns sucessos internacionais relâmpago, um leitor contemporâneo pode obtê-los em qualquer lugar: quiosques de aeroporto e de estação de trem, a livrarias de bairro ou *sites* de compra *on-line*.

Desde o final da Segunda Guerra Mundial, vimos a multiplicação das *global brands*, marcas internacionais que produzem itens de consumo em massa em escala global nos mais variados campos: cultura e entretenimento (cinema, séries de televisão, histórias em quadrinhos, novelas), tecnologia (*smartphones*, *tablets*, computadores, iPods etc.),

---

50 Serge Gruzinski, "Les Pirates chinois de l'Amazone", *Le Débat*, 2009, v. 154, n. 2, pp. 171-9.
51 Karl Marx e Friedrich Engels, 1999 (1848), *op. cit.*, pp. 9-10.
52 Trata-se de *Sticky Fingers* (1971) e *The Wall* (1979).

culinária (em que reinam incontestes pratos como lasanha, *kebab*, pizza, *sushi*, rolinho primavera, arroz frito, *falafel*, salada *caesar*, *cheesecake*, hambúrguer, sorvete e bebidas como chá, café, vinho, cerveja e alguns aperitivos). É possível enumerar os nomes das marcas que subiram no *ranking* de referências mundiais e que vendem produtos agora desprovidos de qualquer ancoragem e imaginário local: McDonald's, Coca-Cola, Gap, Starbucks, Apple, Samsung, Bacardi, Marlboro etc. Fazendo um apelo à linguística, poderíamos chamar esses produtos de "desmotivados"[53].

A TESE DA MCDONALDIZAÇÃO

Como a maioria das marcas internacionais nasceu nos Estados Unidos, elas foram vistas como manifestação da hegemonia norte-americana. A americanização das culturas nacionais, iniciada no século passado com o advento da sociedade de consumo, dos meios de comunicação de massa e da difusão dos produtos das grandes indústrias culturais norte-americanas, teria sido imposta em todo o planeta. Essa ideia já estava muito em voga nos anos 1950, com o axioma subjacente de um desenvolvimento inevitável da civilização moderna, de um movimento de convergência afetando a maioria das sociedades contemporâneas para além das variantes locais. Após um apagamento relativo, essa ideia ressurgiu com a ascensão dos *global studies*. O vasto processo de disseminação da cultura norte-americana é lido como manifestação explosiva da americanização. O aumento concomitante do capitalismo global e a hegemonia econômica dos Estados Unidos geraram uma sociedade mundial construída com base no consumismo. O consumo compulsivo em massa, a busca do conforto material e o culto do indivíduo teriam se tornado as peças-chave de um novo sistema universal de valores que se

---

53 Na linguística, a desmotivação aplica-se a palavras ou expressões cujo sentido primeiro não é mais percebido. Aqui, seria a conotação local que teria se perdido. Para um uso em sociologia, veja Héran (1987).

impõe em detrimento dos sistemas locais[54]. Esse fenômeno, sem precedentes na história das sociedades, reside na seguinte equação: a cultura global é a cultura do capitalismo.

Entre os trabalhos que vão nessa direção, os de George Ritzer[55] devem ser os mais estimulantes. Com base nas teses de Max Weber, o autor qualifica de "mcdonaldização" o processo ideal típico de racionalização última do mundo, de controle da incerteza, que se manifesta muito mais em nível de consumo que em nível de produção. Nascida nos Estados Unidos e propagada graças à grande atratividade do *american way of life*[56], a mcdonaldização baseia-se em quatro princípios de organização desenvolvidos pela famosa cadeia de *fast-food*: a) a eficiência, ou método otimizado para satisfazer e manter o desejo de consumo dos clientes; b) a calculabilidade, ou quantificação das porções, ingredientes e custos para que o consumidor estabeleça uma equivalência estrita entre o preço pago, o lucro esperado e o serviço obtido; c) a previsibilidade, ou a padronização do serviço, a uniformização dos gostos e a manutenção dos preços, a fim de manter a confiança do consumidor; d) o controle dos funcionários e dos consumidores, com o auxílio de tecnologias sofisticadas. Embora provavelmente o McDonald's represente a expressão mais bem realizada e consumada desse sistema de produção e consumo, outras grandes marcas norte-americanas aplicam os mesmos princípios nos setores de *fast-food*, moda, esportes, lazer e muitos outros (Nike, Starbucks, Gap, Kentucky Fried Chicken [KFC] etc.). De acordo com alguns autores, a necessidade de adaptar às realidades locais o objetivo de transnacionalizar o consumo de produtos não derrubou a tese de Ritzer,

---

54 Christine Monnier, "Globalization and Values", em: Ritzer, George (org.), *Blackwell Encyclopedia of Sociology*, Oxford: Blackwell Publishing, 2007.
55 George Ritzer, *The McDonaldization of Society*, Londres: Sage, 2004.
56 Entretanto, esse processo já começa a se tornar parcialmente independente de seu local de origem. Ver Ritzer e Stillman (2003).

uma vez que a heterogeneidade resultante dessas adaptações obedece a lógicas similares decididas independentemente do contexto local – o melhor exemplo disso vem da Índia, onde os restaurantes McDonald's não servem carne bovina[57].

NOVOS CENTROS

Contrariando a tese da hegemonia norte-americana, Arjun Appadurai, há quase vinte anos, constatou que os Estados Unidos "não dominam mais a cena de um sistema mundial de imagens, mas se tornaram uma simples pincelada em uma complexa construção transnacional de paisagens imaginárias"[58]. Hoje, isso não é ainda mais verdadeiro? No campo do cinema e das séries de televisão, a Índia e a Nigéria (Bollywood e Nollywood), o Egito e a Turquia representam sérios concorrentes para a grande indústria hollywoodiana. Na categoria dos quadrinhos e desenhos animados, os produtos japoneses também alcançaram renome internacional e recordes de vendas – graças a estúdios como Ghibli, Bandai, Toei Animation e a artistas como Osamu Tezuka, Leiji Matsumoto ou Hayao Miyazaki –, competindo com os protagonistas da Disney e com os super-heróis norte-americanos da Marvel ou da DC e de grandes cartunistas como Stan Lee. Se finalmente tomarmos o exemplo da penetração das produções cinematográficas asiáticas em pleno coração da Amazônia, só poderemos subscrever a afirmação de Serge Gruzinski: "A globalização dos circuitos cinematográficos e a das técnicas de reprodução fazem uma *avant-première* para as populações mais desfavorecidas do Brasil, o que Paris vai ver talvez neste outono ou no próximo ano"[59].

---

57 Roland Robertson e Kathleen E. White, 2007, *op. cit.*
58 Arjun Appadurai, 2005 (1996), *op. cit.*, p. 68.
59 Serge Gruzinski, 2009, *op. cit.*, p. 178.

Esses produtos criam vastas conexões porque nunca estão completamente separados de outros eventos midiáticos do resto do mundo[60]. Alguns autores receberam apoio internacional quando sua liberdade de expressão foi ameaçada ou sua vida foi posta em perigo, como Roberto Saviano (2007), autor de *Gomorra*, romance investigativo sobre a Camorra (a máfia napolitana), ou ainda os autores de caricaturas de Maomé publicadas em setembro de 2005 no jornal dinamarquês *Jyllands-Posten*. No entanto, os exemplos mais emblemáticos das conexões criadas a distância em torno de uma obra cultural provavelmente sejam aqueles suscitados pela fátua lançada contra Salman Rushdie após a publicação de *Os versos satânicos* (1989)[61] e pelo atentado contra o jornal satírico *Charlie Hebdo* em janeiro de 2015.

Em suma, os repertórios cosmopolitas estão se multiplicando graças à mídia global, às grandes indústrias do entretenimento, às técnicas de reprodução das obras culturais, à internacionalização dos empreendedores culturais e ao turismo internacional. Essa proliferação de símbolos e imaginários comuns leva a uma forma de "globalismo banal"[62].

ECUMENISMOS

Investigaremos aqui dois repertórios fundamentais da sensibilidade "ecumênica". Começaremos com as imagens da Terra antes de considerar as narrativas do mundo. Se esse conteúdo faz parte de uma história de longa duração, também é importante mostrar suas novidades, bem como suas diferenças específicas em relação às narrativas antigas. Essa sensibilidade pode ser vista como a manifestação de mudanças na consciência

---

60 Arjun Appadurai, 2005 (1996), *op. cit.*
61 Fátua é o pronunciamento oficial do Islã sobre determinado assunto. Esta que citamos provocou o assassinato do tradutor japonês de Salman Rushdie, bem como as tentativas de assassinato de seu tradutor italiano e de seu editor norueguês.
62 Bronislaw Szerszynski e John Urry, 2006, *op. cit.*

de viver em um planeta comum, como a expressão de maior importância tomada por formas ecumênicas de percepção e expressão[63].

ICONOGRAFIAS

Os repertórios de construção da Terra na qualidade de ecúmeno global resultaram em uma visão do globo terrestre como lugar singular e distinto. Os grandes descobrimentos permitiram a elaboração de cartografias mais fiéis à realidade. Muito mais tarde, o transporte aéreo contribuiu para a percepção do mundo como um lugar único, partilhada por engenheiros, pilotos, tripulações e usuários frequentes. Não só o desenvolvimento desse meio de transporte exigiu um conhecimento técnico universal, normas comumente aceitas e enorme confiança no empreendimento altamente racionalizado de deslocar pelos ares milhões de pessoas em todo o mundo[64], mas a proliferação de voos comerciais banalizou a experiência da Terra vista do céu. "Flutuar regularmente a 30 mil pés produz uma visão distinta do mundo"[65]. Mais um passo foi dado com a exploração do espaço por satélites, sondas e os primeiros voos espaciais tripulados.

A iconografia da Terra molda a maneira pela qual concebemos o mundo. Sua imagem vista do espaço é um elemento consubstancial para a consciência cosmopolita[66]. Em uma ambiciosa genealogia da representação cartográfica da Terra, o geógrafo Denis Cosgrove[67] mostra até que ponto as imagens da esfera terrestre inspiraram a imaginação ocidental com ideias relacionadas à globalidade. Se a experiência tangível de ver a

---

[63] David Inglis e Roland Robertson, "The Ecumenical Analytic", *European Journal of Social Theory*, 2005, v. 8, n. 2, pp. 99-122; e "From Cosmos to Globe", em: Maria Rovisco e Magdalena Nowicka (org.), *The Ashgate Research Companion to Cosmopolitanism*, Farnham: Ashgate, 2011, pp. 295-311.
[64] Frank J. Lechner e John Boli, 2005, *op. cit.*
[65] *Ibidem*, p. 7.
[66] Bronislaw Szerszynski e John Urry, 2006, *op. cit.*
[67] Denis Cosgrove, 2001, *op. cit.*

Terra girar a partir de um ponto no espaço só foi possível para uns poucos seres humanos, desde o final do século XX o impacto de tal feito foi transmitido a toda a humanidade, alimentando o imaginário da globalização.

A iconografia desmedida da Terra vista do céu ou do espaço, que prolifera em jornais, revistas, televisão, publicidades e na *web*, torna-se um patrimônio comum. Concebida para ser difundida ao mundo todo, ela valoriza sistematicamente suas paisagens naturais grandiosas, a variedade das culturas humanas, o contraste entre as cores do planeta e a escuridão do cosmos. Como escreveu o poeta norte-americano Archibald MacLeish bem no início da aventura humana no espaço,

> pela primeira vez desde o início dos tempos, os homens não viram [a Terra] na forma de continentes ou oceanos da curta distância de algumas centenas de milhas, mas a viram das profundezas do espaço; vista em seu conjunto, redonda, bela e pequena... Para ver a Terra como ela realmente é, pequena, azul e bela, flutuando no silêncio eterno, devemos nos ver juntos na Terra, irmãos nessa beleza luminosa no frio eterno – irmãos que agora sabem que são realmente irmãos[68].

Para Denis Cosgrove[69], a universalidade da Terra só pode ser proclamada a partir de um lugar que lhe seja exterior. A essa postura corresponde o que ele chama de "o olho apolíneo", expressão que indica uma consideração desinteressada e racionalmente objetiva do planeta.

As produções cinematográficas que tomam o par Terra/humanidade como trama narrativa ou como sujeito pleno são outro vetor poderoso de difusão da consciência da globalidade. Filmes, documentários e "docuficções" descrevem as consequências devastadoras das atividades humanas (poluição, exploração excessiva dos recursos naturais, armas nucleares,

---

68 Este texto, citado por Denis Cosgrove (2001, *op. cit.*), apareceu no *New York Times* no Natal de 1968 e foi reimpresso na edição de maio de 1969 da revista *National Geographic*.
69 Denis Cosgrove, 2001, *op. cit.*

extinção das espécies). Se, em princípio, ninguém discute hoje a necessidade de preservar a floresta amazônica, a neve do Kilimanjaro, os grandes mamíferos da savana, os felinos da Índia, os tubarões, as baleias e outros cetáceos que povoam os mares e os oceanos, e se a questão dos direitos dos animais está ganhando terreno em nossas sociedades, o sucesso da Disney ao longo de décadas, suas representações encantadas da natureza e seus animais antropomórficos provavelmente têm participação nisso. Outras obras tomam a humanidade como um sujeito único, mostrando-a em confronto com ameaças provenientes do espaço – mudanças na atividade do Sol, impactos de asteroides próximos da Terra, invasões alienígenas – ou epidemias mundiais de vírus, bactérias e micróbios letais.

Se não se pode afirmar que existe um conhecimento (entendido como um conjunto de conhecimentos específicos) ou uma cultura (definida como um conjunto de normas, valores, códigos) compartilhada por todos os seres humanos, é inegável que uma sensibilidade global tenha se desenvolvido em torno do reconhecimento da finitude do planeta, da fragilidade e da diversidade dos ecossistemas e das espécies. Trata-se literalmente de uma visão do mundo.

NARRATIVAS

Um segundo repertório fundamental para o surgimento da consciência cosmopolita baseia-se em narrativas veiculadas por textos escritos e/ou filmes. Por exemplo: durante milênios, a área do Mediterrâneo teve uma base antropológica comum às sociedades que lhe fazem fronteira, construída em narrativas em parte profanas, em parte transreligiosas, tais como as epopeias de *Gilgamesh*, a *Ilíada* e a *Odisseia*, os *Sete dormentes de Éfeso*, o ciclo do *Romance de Alexandre*, as *Aventuras de Simbá, o Marinheiro* e os *Contos das mil e uma noites*. A Idade Média europeia também possui imaginários comuns: pensemos nas canções de gesta, nos romances de cavalaria e nas produções de poesia cortesã, nas epopeias e sagas nórdicas e na lenda de Artur. Essas histórias têm equivalentes contemporâneos. Os temas mitológicos, atualizados no início da história do cinema (*Cabíria*, de Giovanni Pastrone, filmado em 1914), depois pelos épicos dos anos 1950 e 1960 (*Ben-Hur, Os dez mandamentos, Spartacus*), voltam hoje com força através do gênero da fantasia. As histórias desses filmes, séries de televisão, *videogames* e quadrinhos reativam um substrato mítico comum à humanidade há milênios. Produzidos e lançados com grandes custos pelos gigantes do entretenimento – Disney, Dream Works, HBO, Warner, George Lucas Movies etc. –, alguns conseguem ter sucesso mundial, como é o caso do *game God of war*, dos filmes *Fúria de titãs, 300, Noé, Êxodo, Hércules*.

Os estudos mitológicos – disciplina nascida há cerca de 150 anos – tentaram explicar a persistência dos mitos no mundo contemporâneo pelo inconsciente coletivo, por uma estrutura biológica e cognitiva comum e por uma necessidade existencial diante da morte. Autores ilustres como Lévi-Strauss, Mircea Elida e Georges Dumézil observaram a presença dos mitos em todas as sociedades e civilizações, quaisquer que sejam seu tamanho e sua complexidade; destacaram a extrema variedade desses mitos e, ao mesmo tempo, a existência de grandes estruturas comuns. No entanto, foi Michael Witzel[70] que estabeleceu o fato de que isso seria um patrimônio cultural comum muito antigo. Longe das teses de Carl Jung, que defende a ideia de um inconsciente coletivo, ou daquelas que veem nessas semelhanças o resultado de um processo de difusão dos mitos por viajantes, comerciantes, soldados e missionários a partir de alguns grandes centros de origem, Witzel parte do fato incontestável de que os primeiros humanos vieram da África Oriental e considera que o início da migração de uma parte dessa população remonta a 60 mil anos antes de Cristo. Esses humanos teriam se deslocado para o leste ao longo da costa sul da Arábia até a Índia, e daí para o Sudeste Asiático, terminando na Austrália há 45 mil, 50 mil anos. Muitas culturas derivadas dessas primeiras migrações teriam características mitológicas comuns,

---

70 Michael Witzel, *The Origins of the World's Mythologies*, Oxford: Oxford University Press, 2013.

de origem africana. Há cerca de 40 mil anos, após o degelo glacial e, desta vez, partindo de um local identificado no sudoeste da Ásia, outro grupo humano teria se deslocado para norte da África, Europa, Sibéria, Ásia Oriental, atingindo, muito mais tarde, a América do Norte e depois a do Sul. Como a primeira onda de migrantes, esses povos detinham seu próprio universo mitológico. A tradição mitológica mais recente inclui um relato da origem do mundo – isto é, uma cosmologia – e a seguir traça uma série de idades durante as quais divindades originais são suplantadas por seus descendentes – como visto, por exemplo, nos mitos gregos, em que os deuses olímpicos acabam por substituir os titãs. Essas histórias relatam que, muito depois, os humanos são punidos por seu orgulho, atingidos por uma grande inundação, e que os sobreviventes recebem das divindades o dom do fogo e da agricultura. Eles continuam com a descrição semi-histórica das primeiras dinastias humanas e seus heróis fundadores, em seguida contam a história do fim do mundo e, muitas vezes, um novo nascimento desse mesmo mundo. Esse segundo conjunto mitológico, chamado "laurasiano" – em oposição ao primeiro, chamado "gonduano" –, não é uma coleção de narrativas dispersas; revela uma história coerente, uma progressão que liga diferentes mitos em uma sequência ordenada desde o início do mundo até o seu fim.

Alguns autores recentes ficaram impressionados com a proximidade do conjunto mitológico "laurasiano" de obras contemporâneas de ficção, acreditando reconhecer aí temas e estruturas narrativas familiares[71]. Antes deles, Joseph Campbell[72], em um trabalho muito famoso, *O herói de mil faces*, descobriu que, ao longo dos milênios, um agenciamento de temas mitológicos recorrentes se estabilizara para chegar até nós. Por que – perguntou-se Campbell –, na diversidade dos costumes, a mitologia é

---

71 Veja a leitura feita a respeito por Stéphane Foucart, "Dans les rêves de Cro-Magnon" [Nos sonhos de Cro-Magnon], *Le Monde*, "Culture et idées" [Cultura e ideias], 13 de março de 2014.
72 Joseph Campbell, *Le Héros aux mille visages*, Toulouse: Oxus, 2010 (1949).

em todos os lugares a mesma? A comparação dentro do enorme *corpus* de histórias que ele reuniu mostra que todas compartilham o arquétipo da viagem do herói. Campbell chama de "monomito" essa estrutura padrão referente aos gestos do herói – Vladimir Propp[73], em seu estudo sobre o conto russo, chegou a conclusões similares. Seja Osíris, seja Prometeu, Buda, Moisés ou Jesus (e ainda seria possível acrescentar Gilgamesh e Ulisses), todos realizam uma jornada em três etapas: partida, iniciação e retorno. Assim, de acordo com Campbell, todos os mitos e narrativas épicas estariam ligados, pois são as manifestações culturais de uma necessidade universal de explicar as realidades sociais, cosmológicas e espirituais[74]. De acordo ou não com seus fundamentos epistemológicos, essa formação canônica de temas míticos considerados como díspares desempenhou um papel crucial na formação de imaginários transnacionais compartilhados. Ela inspirará muitos autores, incluindo George Lucas em sua saga *Star Wars*. No entanto, a obra de Campbell não teria tido essa influência sem o trabalho de divulgação científica de Christopher Vogler[75] e sua intensa atividade como analista de roteiros (*script-doctor*), professor e consultor junto a grandes estúdios hollywoodianos, roteirista e autor.

Tomemos alguns exemplos de obras romanescas e cinematográficas de fantasia que, voluntariamente ou não, bebem no reservatório mitológico trazido à luz por Witzel e Campbell. Se compararmos as sagas de *Harry Potter*, *O senhor dos anéis* e *Star Wars*, encontraremos, com

---

73 Vladimir Propp, *Morphologie du conte*, Paris: Seuil, 1965 (1928).

74 "Mesmo que nós escutemos com certa reserva divertida os encantamentos obscuros de algum feiticeiro congolês com olhos inchados de sangue, ou que leiamos, com o arrebatamento de um erudito, traduções sutis dos sonetos místicos de Lao-Tsé; mesmo que, de vez em quando, aconteça de entrarmos no difícil raciocínio de São Tomás de Aquino, ou que, de repente, percebamos o sentido luminoso de um estranho conto de fadas esquimó – em formas múltiplas, sempre descobriremos a mesma história maravilhosamente constante. Em todos os lugares, a mesma alusão a acompanha com uma persistência provocadora: alusão à experiência que continua viva, mais vasta como nunca saberemos ou nunca diremos" (Joseph Campbell, 2010, op. cit., p. 1).

75 Christopher Vogler, *Le Guide du scénariste*, Paris: Dixit, 2013.

certo espanto, pelo menos três pontos em comum: o protagonista é um jovem herói do sexo masculino cujos pais desapareceram, definitiva ou provisoriamente (Harry Potter, Frodo Bolseiro, Luke Skywalker); ele é acompanhado por seu mentor (Dumbledore, Gandalf, Yoda); seu aliado (Hermione Granger, Sam Gamgi, Han Solo) e ele lutam contra um personagem que incorpora o mal (Voldemort, Sauron, Darth Vader). Além disso, os três vivem inicialmente em um mundo normal e concordam em realizar uma missão que não escolheram, arriscando suas vidas. A salvação de seu mundo, assim como a de todo o universo, depende de sua coragem e abnegação na luta contra o mal. Ao longo de uma trajetória inexorável, eles conhecem a renúncia, a dor, o luto. Se vencerem terríveis provas durante o combate – tanto contra inimigos quanto contra seu próprio lado obscuro –, eles estarão mudados para sempre.

As narrativas dessa formidável máquina de produzir imaginário que é a fantasia[76] se desenrolam mais frequentemente em lugares fictícios, em um passado longínquo, historicamente situado (Pré-História, Antiguidade, Idade Média) ou indeterminado (como em *O senhor dos anéis*), ou em um "passado ainda por vir" ("há muito tempo, em uma galáxia distante", no caso de *Star Wars*). O maravilhoso está presente: ele é aceito como tal ou apenas surpreende certos personagens (Harry Potter). A magia, a feitiçaria e os poderes ocultos permitem que seres – inclusive seres inanimados do mundo real – façam coisas fora do alcance dos mortais comuns. Essas histórias são povoadas por criaturas lendárias com poderes sobrenaturais: anões, dragões, elfos, vampiros, lobisomens e outros animais fantásticos. Finalmente, fazem parte de universos fictícios complexos, formam ciclos completos, com sequências e prólogos, variantes e adaptações mais ou menos importantes, dependendo da mídia (simuladores, quadrinhos, séries de televisão, trilhas sonoras, novelas, adaptações cinematográficas). O exemplo mais ilustrativo disso novamente é o de *Star*

---

76 A essas obras, poderiam ser acrescentadas *O mundo de Nárnia, Eragon, Na encruzilhada dos mundos, Crepúsculo, Game of Thrones, Avatar*.

Wars, transformado *ad libitum* em produtos derivados. A série, expandida e aprofundada por vários meios de comunicação, escapa em parte de seu criador e adquire uma difusão global graças a inúmeros fãs.

Portanto, trata-se de uma convergência entre: a) técnicas de narração sofisticadas desenvolvidas por autores que se basearam no trabalho de Campbell e especialmente nos textos que popularizaram suas teses; b) reservatórios de mitos antigos cujas estruturas principais atravessam séculos e culturas; c) a capacidade de difusão da grande indústria cinematográfica e sua implantação em vários suportes (TV, cinema, *streaming*, DVD) e formatos (filmes e séries, *videogames* e quadrinhos), o que explica o sucesso mundial de certas obras de ficção.

❖ ❖ ❖

Certamente, há uma diferença entre os produtos culturais que querem transmitir mensagens universais – por exemplo, as canções "All you need is love", dos Beatles, e "Imagine", de John Lennon – e aqueles que não buscam o mesmo objetivo, mas que tiveram enorme sucesso – como a canção "Gangnam style", do sul-coreano Psy. Além desses exemplos, o mundo dispõe agora de um conjunto de símbolos que transmitem uma consciência em potencial do globo como lugar único e que convidam a agir de acordo com ela[77]. A distribuição e a difusão dos produtos culturais oferecem aos indivíduos espalhados por todo o mundo repertórios amplos e complexos de imagens e histórias

> em que estão imbricados o mundo das mercadorias e o da informação e da política. Isso significa que muitos públicos em todo o mundo percebem os próprios meios de comunicação como um repertório complexo e interconectado de impressos, celuloides, telas eletrônicas e modos de exibição[78].

---

77 Frank J. Lechner e John Boli, 2005, *op. cit*.
78 Arjun Appadurai, 2005 (1996), *op. cit*., p. 74.

CAPÍTULO 3
O LUGAR DA PLURALIDADE

> *E mesmo que eles [os enclaves da homogeneidade]*
> *tenham perdido um pouco de sua diferença, eles*
> *constantemente inventam novas formas para ela: novos*
> *penteados, uma nova gíria, até, de vez em quando, uma*
> *nova religião. Ninguém pode afirmar seriamente que as*
> *aldeias do mundo são todas idênticas, ou que elas estão*
> *prestes a se tornar assim assim.*
>
> Anthony Kwame Appiah[1]

Os processos transnacionais em andamento na sociedade global conectam indivíduos e grupos humanos além das fronteiras. A circulação em massa de bens, ideias, informações e pessoas inevitavelmente conduz os indivíduos e os grupos a contatos efêmeros e/ou duradouros, com uma grande variedade de estilos de vida e formas de pensar. Em um planeta submetido a uma forte compressão espaçotemporal, onde a alteridade – real, fantasiada, inventada – é onipresente[2], a sensibilidade à diferença torna-se mais aguda. A dimensão subjetiva e simbólica da globalização implica uma comparação entre formas de vida e pontos de vista diferentes, às vezes antagônicos, sobre o mundo[3]. O pluralismo cultural, típico das sociedades contemporâneas, "impõe a todos a confrontação de sua própria identidade com a identidade do outro"[4].

Eliminemos de antemão qualquer risco de mal-entendido: um mundo cosmopolita não é um mundo homogêneo. O estudo das consequências da globalização exige colocar em evidência tanto o que une as comunidades humanas diante dos riscos globais como o que as divide,

---

1 *Pour un nouveau cosmopolitisme* [Por um novo cosmopolitismo], Paris: Odile Jacob, 2006 [2005], p. 157.
2 Roland Robertson, "Global Connectivity and Global Consciousness", *American Behavioral Scientist*, 2011, v. 55, n. 10, pp. 1336-45.
3 Roland Robertson, 1992, *op. cit.*
4 Vittorio Cotesta, 2009, *op. cit.*, p. 69.

além de mostrar o advento de uma consciência histórica e social do mundo como totalidade e singularidade em paralelo com o processo de produção da pluralidade das culturas e das identidades.

Se a globalização merece ser entendida como a criação de redes globais relevantes e dominantes, então lembremos que esse processo se difunde no planeta de forma seletiva[5]. A lógica dual de inclusão e exclusão nas redes globais estrutura a produção, o consumo, a comunicação e o poder. Longe de ser uma etapa provisória com vistas a uma integração definitiva em escala global das antigas formas sociais locais ou nacionais, essa lógica de inclusão seletiva seria, em contrapartida, o principal modo de funcionamento da sociedade global em rede. A volta vigorosa dos localismos, nacionalismos, protecionismos, etnicidades e fundamentalismos não é de modo algum sinal de desglobalização[6]. O desafio da sociologia cosmopolita consiste precisamente em tentar pensar em conjunto os fenômenos aparentemente contraditórios que moldam o mundo contemporâneo.

EXPERIÊNCIAS CONTRADITÓRIAS

Estaríamos testemunhando o inevitável desaparecimento das línguas, hábitos, costumes e identidades culturais, esmagados pela máquina de uniformização da globalização? Ou, ao contrário, a reafirmação dos pertencimentos étnicos, a reinvenção das antigas tradições, a criação de modos e estilos de vida que garantem ao mundo contemporâneo uma grande diversidade? Ou, ainda, estaríamos vendo a pluralidade garantida por processos de hibridação entre elementos antes considerados distintos?

Na vida cotidiana, bem como durante suas viagens, os indivíduos são confrontados com experiências contraditórias que às vezes

---

5 Manuel Castells, 2013 (2009), *op. cit.*
6 David Held e Anthony McGrew, 2007, *op. cit.*

confirmam, às vezes infirmam essas três possibilidades. O consumo das *global brands* pode reforçar a ideia de uma forte padronização de estilos de vida, valores e comportamentos. A morte cultural regularmente anunciada de grupos ou povos inteiros – às vezes chamada de "etnocídio" – e o crescente número de tentativas de mobilizar a diversidade cultural corroboram essa ideia.

Passeando pelas grandes cidades, assistindo às notícias na televisão, folheando revistas ou ainda viajando, também constatamos que o mundo contemporâneo oferece uma grande gama de produtos de conotação altamente culturalizada. Exóticos ou não, eles devem encarnar uma tipicidade local, provir de uma região. Da mesma forma, se línguas desaparecerem todos os anos devido à morte do último de seus falantes, há ao mesmo tempo um grande avivamento de línguas minoritárias e uma abundância de festivais de culturas e folclores locais. Em seu documentário *Mondovino*, Jonathan Nossiter lastimou, não sem razão, uma uniformização do gosto enológico, mas não é menos verdade que uma maior concorrência entre os vinicultores, a abertura de novos mercados e a difusão do consumo em escala mundial permitiram o surgimento de novos países produtores longe dos centros europeus tradicionais (tanto nas Américas como na África, na Austrália e até na China) e o acesso a vinhos produzidos a partir de variedades de uva desconhecidas ou quase extintas[7].

Finalmente, inúmeros exemplos invocam a existência de dinâmicas de hibridação. Se os restaurantes Taco Bell – cadeia norte-americana de inspiração *tex-mex* – se misturam com restaurantes locais na Cidade do México, as novelas mexicanas são amplamente assistidas na televisão norte-americana. Enquanto as classes mais altas de Montevidéu descobrem as autênticas pizzas assadas em forno à lenha nos restaurantes italianos de última moda da capital uruguaia, os outros habitantes da

---

7 Para uma análise da globalização da indústria do vinho, veja Smith, Maillard e Costa (2007), especialmente o capítulo 3.

cidade consomem há muito tempo pratos inspirados na culinária italiana, introduzidos pelas ondas migratórias provenientes daquele país e adaptados ao gosto local. Citemos também o espaguete com almôndegas, que agora é parte integrante do imaginário da culinária ítalo-americana – principalmente graças aos filmes sobre a máfia local, com destaque para *O poderoso chefão*, de Francis Ford Coppola.

Todos esses exemplos vêm de três atitudes fundamentais referentes ao papel da cultura na sociedade global[8]. A primeira atitude enfatiza os processos de convergência entre sistemas culturais; a segunda, o diferencialismo cultural; e a terceira, fenômenos de hibridação. Em relação a todas as três, é interessante considerar o que podem agregar à sociologia cosmopolita.

SOB A AMEAÇA DA GLOBALIZAÇÃO

Abstraindo as discussões acadêmicas entre defensores da convergência e defensores da manutenção da diferença, é acima de tudo a ameaça que a globalização representa para as identidades culturais que ocupa o debate público. Raras são as vozes que defendem a ideia de que os processos transnacionais são uma possibilidade de manutenção – e até de fortalecimento – das culturas, a menos que digam que esses mesmos processos estão na raiz de um endurecimento dos pertencimentos étnicos, ou até mesmo religiosos, e de um isolamento identitário. Quando ela é vista como um conjunto composto de forças anônimas e irresistíveis, e por isso como uma variável independente, a globalização geraria ao mesmo tempo uma perda e uma reação defensiva.

---

8 Jan Nederveen Pieterse, 2009, *op. cit.*

PERDAS E RESISTÊNCIAS

Aqueles que afirmam que o mundo contemporâneo se esvaziaria de sua variedade e perderia sua riqueza baseiam seu raciocínio no seguinte axioma implícito: a identidade cultural de um coletivo etnonacional seria propriedade de um grupo particular, um "tesouro" a preservar que se transmitiria ao longo das gerações em comunidades com traços culturais bem delimitados[9]. Essa ideia de cultura como vítima da globalização está ancorada na visão nostálgica, de matriz nacionalista, de um passado idealizado. Aliás, muitas vezes ela é mobilizada para denunciar o fim das identidades nacionais.

Em um levantamento realizado com cerca de cem professores pachtos, sociólogos paquistaneses insistiram no papel crucial que a globalização desempenhou na crise das identidades, em termos culturais, religiosos e psicológicos, com mudanças nas estruturas sociais comunitárias. Ela teria acarretado uma secularização progressiva, o declínio das solidariedades e o desenvolvimento de relações sociais complexas: em suma, uma ocidentalização das estruturas tradicionais da sociedade paquistanesa, o que, para eles, é lastimável[10].

Esse trabalho reside na adesão incondicional à tese da perda e toma resolutamente partido da preservação da pluralidade das identidades e das culturas locais, ao contrário das pesquisas que exploram com mais nuanças e de modo mais heurístico as dinâmicas de tensão entre globalização e identidade. Na sociedade global, a vida de cada um parece depender de mecanismos cada vez mais impessoais, imprevisíveis e diluídos, sobre os quais o indivíduo tem pouco controle devido à

---

9 John Tomlinson, "Globalization and Cultural Identity", em: Held, David e McGrew, Anthony (org.), *The Global Transformations Reader*, Cambridge: Polity Press, 2003, pp. 269-78.
10 Arab Naz et al., "The Crises of Identity", *International Journal of Academic Research in Business and Social Sciences*, 2011, v. 1, n. 1, pp. 1-11.

deslocalização dos centros de poder e de decisão. É nesse contexto que se enreda o conflito entre as forças anônimas da globalização e a vitalidade das identidades particulares[11]. A primeira resistência ao poder descontrolado da globalização encontra-se no surgimento geral de poderosas expressões de pertencimento. Ao mesmo tempo reivindicação de uma singularidade cultural e aspiração dos indivíduos de manter o controle de sua própria vida e de seu entorno, essas identidades vivem em um modo de resistência às forças centrífugas do capitalismo global – segundo dinâmicas às vezes desorganizadas, e até mesmo politicamente reacionárias. Ser francês torna-se tão importante quanto ser um cidadão da república francesa ou um consumidor na sociedade francesa. O importante desenvolvimento dessas identidades resistentes mostra que, contrariando algumas visões normativas ou ideológicas que entoam o canto da mistura das culturas em um *melting-pot* (caldeirão de raças)cosmopolita dos cidadãos do mundo[12], o planeta continua plural. A sociedade em rede, permitida pela aceleração dos processos de globalização ao longo dos últimos anos, caracteriza-se precisamente por uma oposição frontal entre a lógica da dominação do escalão superior da rede global e a afirmação de uma multiplicidade de *eus* locais.

Alguns autores pensaram ver em certas manifestações políticas contemporâneas uma volta vigorosa do nacionalismo. Até mesmo um fervoroso defensor do cosmopolitismo como Peter Coulmas ressalta, a propósito desses fenômenos de isolamento, que a "volta paradoxal do nacionalismo ocorreu apesar da multiplicação de fatores universais da atividade científica e tecnológica e da orientação da vida econômica em direção aos mercados globais"[13]. A história europeia experimentou no passado fortes surtos nacionalistas, contra os quais somente algumas vozes isoladas se levantaram. Na França, desde o final do século

---

11 Manuel Castells, 2013 (2009), *op. cit.*
12 *Ibidem.*
13 Peter Coulmas, 1995 (1990), *op. cit.*, p. 298.

XIX, escritores, intelectuais e polemistas como Maurice Barrès, Léon Daudet e Charles Maurras atacaram violentamente os excessos da modernidade e se rebelaram contra o declínio da nação. No período mais conturbado do nacionalismo europeu, Julien Benda[14] constatou em páginas memoráveis quanto a ideia de comunhão dentro da nação e a glorificação de traços culturais nacionais ganharam terreno nos países europeus[15], e também exortou os intelectuais a abraçar valores universais dos quais eles teriam recentemente se desviado[16].

Embora a exaltação da nação tenha perdido alguns dos seus traços místicos e espiritualistas do século XIX e do início do século XX, o nacionalismo contemporâneo continua impulsionado por questões como a autodeterminação, a segurança das fronteiras e os interesses geopolíticos e geoeconômicos. Ele "enfatiza a busca do interesse nacional acima de qualquer preocupação com o que os seres humanos possam ter em comum"[17].

DO ISOLAMENTO À RADICALIZAÇÃO

Segundo Manuel Castells, a expressão de uma singularidade cultural é a resposta aos poderes dos mercados. Outros autores veem ainda mais o risco de chegar a formas rígidas de isolamento identitário.

---

14 Julien Benda, *La Trahison des clercs*, Paris: Editions Grasset, 2003 (1927).
15 "Hoje não há quase uma só alma na Europa que não se sinta invadida, ou acredita sê-lo, por uma paixão pela raça, classe ou nação e, na maioria das vezes, pelas três" (*ibidem*, pp. 93-4).
16 "Nós vimos [os intelectuais] exaltarem a vontade dos homens de se sentirem distintos, de proclamar ser desprezível qualquer tendência a se colocar em um universal" (p. 163). E ainda: "Há cinquenta anos, todos os moralistas ouvidos na Europa [...] glorificaram o fato de os homens se sentirem em sua nação, em sua raça, na medida em que elas os distinguem e os opõem, e ficaram envergonhados com o fato de eles terem a aspiração de se sentirem homens, naquilo que essa qualidade tem de geral e de transcendente para as desinências étnicas" (*ibidem*, p. 163).
17 David Held, 2010, *op. cit.*, p. 94.

É indiscutível que a separação entre "eles" e "nós" e a delimitação entre dentro e fora desempenham um papel essencial na construção das identidades coletivas, na manutenção e na reprodução dos sistemas sociais[18]. A criação de fronteiras entre culturas pode ter uma função positiva.

> A incomunicabilidade relativa certamente não permite oprimir ou destruir os valores rejeitados ou seus representantes, mas, mantida dentro desses limites, ela não tem nada de ultrajante. Ela pode até representar o preço a pagar para que os sistemas de valores de cada família espiritual ou de cada comunidade se conservem e encontrem em seus próprios fundos os recursos necessários para a sua renovação[19].

Essa constante antropológica adquire uma significação histórica em Samuel Huntington[20], que formula de maneira diferente a dinâmica de endurecimento das delimitações entre culturas. Partindo do postulado de que as relações internacionais não são mais redutíveis a relações entre Estados, Huntington afirma que o advento de um mundo globalizado e multipolar com o final da Guerra Fria e as ruínas do Muro de Berlim tem sua origem em uma nova relação de forças entre poderes, já não mais fundada no antagonismo entre ideologias universalistas – para ser mais claro, o mundo livre e capitalista *versus* o socialismo real –, mas no "choque" entre as civilizações. O mundo global seria atravessado por conflitos, que violentamente opõem civilizações entre si, sendo tais civilizações entendidas como unidades de sentidos para os modelos culturais invariáveis. Entre as linhas de falhas geopolíticas mais explosivas, Huntington identifica o

---

18 Shmuel Eisenstadt, 2003, *op. cit.*
19 Claude Lévi-Strauss, 1983, *op. cit.*, p. 15.
20 Samuel Huntington, 1997 (1996), *op. cit.*

antagonismo entre os valores democráticos ocidentais e os chamados valores pré-modernos do mundo islâmico[21].

Essa questão não escapou a Amin Maalouf, cuja luta em favor de identidades abertas e plurais remonta pelo menos à publicação de seu ensaio *Les Identités meurtrières* [As identidades assassinas][22]. Em obra mais recente[23], o escritor mostra o deslizamento ocorrido nos últimos vinte anos do plano ideológico para o plano identitário.

> Nós nos encontramos, desde a queda do Muro de Berlim, em um mundo onde os pertencimentos são exacerbados, especialmente os que se referem à religião; onde a coexistência de diferentes comunidades humanas é, por isso, a cada dia um pouco mais difícil; e onde a democracia está constantemente à mercê dos excessos identitários[24].

Esse enrijecimento identitário às vezes se manifesta de maneira ainda mais radical, por meio das ações de extremistas armados[25]. Segundo Benjamin Barber (1996), ex-conselheiro de Bill Clinton, o enrijecimento se traduz pela luta de grupos étnicos que contestam, inclusive com violência, a hegemonia de um mercado poderosíssimo e incontrolável. Com uma expressão que se tornou célebre, "Jihad *versus* McWorld", Barber expressa a ausência de uma alternativa entre o medo da uniformidade irreversível e a ilusão – presente em vários radicalismos religiosos, em particular no islamismo – da pureza como fundamento do poder e do brilho perdido de uma comunidade.

As convicções religiosas fundamentalistas que se espalham no mundo contemporâneo teriam um aspecto em comum: são radicais na medida

---

21 Ulrich Beck, 2007, *op. cit.*; Vincenzo Cicchelli, 2007, *op. cit.*; Jan Nederveen Pieterse, 2009, *op. cit.*
22 Amin Maalouf, 1998, *op. cit.*
23 Amin Maalouf, *Le Dérèglement du monde*, Paris: Grasset, 2009.
24 *Ibidem*, p. 24.
25 Alberto Martinelli, *Global Modernization*, Londres: Sage, 2005.

em que afirmam ter o monopólio da mensagem e pregam crenças irredutíveis que escapam a qualquer revisão crítica possível, crenças essas que devem ser impostas pela força. Ao fazê-lo, endurecem o alcance da mensagem em questão e, em última análise, impossibilitam qualquer diálogo intercultural. Em outras palavras, os fundamentalistas negam qualquer distância entre o conteúdo de seu discurso e o código que o veicula. No entanto, é essa distância que pode tornar, de fato, a mensagem universal, transmissível para comunidades humanas diferentes daquelas que se consideram suas depositárias e a elevam ao nível de verdade exclusiva.

Por que, desde a queda do Muro de Berlim, assistimos à eclosão de toda sorte de violência interétnica? Por que, no momento preciso em que a economia de mercado estava se espalhando em escala mundial e em que as ideias liberais estavam se renovando, a limpeza étnica (Ruanda, Bálcãs, Índia) e a violência política contra populações civis se multiplicaram? A geografia da violência não é um simples mapa de ações e resistências, de sequências claras de causas e efeitos[26]. É "muito mais o resultado espacial de interações complexas entre eventos distantes e temores próximos, entre histórias antigas e novas provocações, entre fronteiras retraçadas e ordens não escritas"[27]. Cada caso deve, portanto, ser relacionado à imbricação entre o local e o global, à memória histórica própria ao contexto em que a violência se produz e às dinâmicas políticas mais amplas. No entanto, parece existir um denominador comum para esses fenômenos. A ameaça percebida da globalização pode ter um efeito devastador e contribuir para desencadear uma dinâmica de aniquilação do adversário – muitas vezes um vizinho de longa data – quando os Estados-nação perdem o poder de intervir sobre as realidades econômicas e gradualmente se reduzem à ficção de seu *éthos*, abandonando qualquer pretensão universalista. "A perda quase completa da ficção de uma economia nacional [...] deixa pouco mais do que o campo cultural

---

26 Arjun Appadurai, *Géographie de la colère*, Paris: Payot, 2009 (2006).
27 *Ibidem*, pp. 144-5.

como o lugar em que as fantasias de pureza, autenticidade, fronteiras e segurança podem se desenrolar."[28] O único lugar em que parece, pois, possível recuperar o poder é o da cultura e da identidade nacionais, que, por isso, se tornam cada vez mais etnicizadas.

UMA VALORIZAÇÃO DAS IDENTIDADES CULTURAIS

Para alguns autores, as esperanças ou os temores de uma uniformização das identidades são largamente sobrevalorizados, e as sociedades continuam a mostrar as marcas profundas de suas particularidades históricas. Há trabalhos que confirmam que, apesar de certo processo de europeização, os valores sociais permanecem profundamente diferentes[29] entre os europeus do sul, do norte, do leste e do oeste. Provavelmente, deve-se a Pippa Norris e Roland Inglehart[30] a demonstração do maior fundamento empírico de que, na sociedade global, a preservação da pluralidade resulta de certa inércia dos fatos culturais. Debruçando-se sobre a análise do levantamento World Values Survey (1981-2005), esses autores mostram que, apesar de uma forte tendência para a globalização, as sociedades dos países estudados conservam valores distintos sobre religiosidade, moralidade sexual, nacionalismo, engajamento político e orientação econômica.

A impressão duradoura de tradições culturais profundamente arraigadas, legadas tanto pelo patrimônio religioso das sociedades quanto por suas diferentes experiências históricas, clivagens

---

28 *Ibidem*, pp. 41-2.
29 Olivier Galland e Yannick Lemel, 2007, *op. cit.*
30 Pippa Norris e Roland Inglehart, "The Persistence of Cultural Diversity Despite Cosmopolitanism", em: Gerard Delanty (org.), *Routledge Handbook of Cosmopolitanism Studies*, Londres: Routledge, 2012, pp. 166-77.

étnicas e estruturas sociais, traduz-se por uma grande diferenciação interna dos valores encontrados nas sociedades contemporâneas pós-industriais[31].

Eles lembram também o papel desempenhado pelas culturas nacionais: mesmo quando os países seguiram uma trajetória semelhante em suas evoluções históricas, nada prova que suas diferenças tenham sido apagadas ao longo dos últimos 25 anos: "Sendo ao mesmo tempo uma das sociedades mais abertas e globalizadas do mundo, a Suécia não está se tornando os Estados Unidos, nem os Estados Unidos estão se tornando a Suécia"[32]. Se, por um lado, permitem atenuar um pouco as palavras de cassandra que anunciam o fim das especificidades culturais, esses resultados chegam também a um impasse sobre a dinâmica histórica da globalização da cultura.

Há todo um conjunto de trabalhos a mostrar que os processos globais representam uma possibilidade para as identidades culturais. Nessa perspectiva, a manutenção – até mesmo o reforço – da pluralidade não é apenas a consequência de um isolamento temeroso sobre si mesmo, de um retorno nostálgico ao passado, de uma fidelidade obstinada às tradições, de um fracasso das instituições políticas da modernidade. Isso também resultaria da circulação muito ampla de produtos culturais permitida pela globalização e de suas diversas apropriações e recepções. Os próprios defensores do surgimento de uma cultura global apontam para as múltiplas formas pelas quais grupos particulares expressam sua referência aos ideais universais[33]. À medida que "as forças de diferentes metrópoles entram em novas sociedades, elas tendem rapidamente a se indigenizar de uma maneira ou de outra: isso se confirma na música e nos estilos arquitetônicos, tanto quanto na ciência

---

31 *Ibidem*, p. 177.
32 *Ibidem*, p. 176.
33 Frank J. Lechner e John Boli, 2005, *op. cit.*

e no terrorismo, nos espetáculos e nas constituições"³⁴. Seria possível acrescentar a esta lista a culinária e a religião.

Para entender mais adequadamente o lugar da pluralidade no mundo contemporâneo, alguns autores rejeitam uma visão demasiado determinista da globalização. Segundo eles, insistindo-se no poder da nova formação capitalista global – da qual são bom exemplo expressões como "o impacto da globalização na cultura" ou "as consequências culturais da globalização" –, acaba-se por considerar que esse processo é independente da cultura; que ele tem, de uma forma ou de outra, suas fontes e sua esfera de realização "fora da cultura"³⁵. Entretanto, longe de destruir a pluralidade, a globalização talvez tenha sido a força histórica mais significativa na proliferação da identidade cultural. Ou, melhor dizendo, "a identidade cultural é muito mais *produto* da globalização que sua vítima"³⁶.

TRÊS EXEMPLOS

Três exemplos ilustram a valorização das identidades culturais a partir de um pedido de reconhecimento em uma arena política nacional e/ou global. O primeiro está entre as minorias que tentam obter reconhecimento legal, político ou cultural ao expressar suas demandas de igualdade junto às autoridades centrais. Tais lutas contra a discriminação racial, religiosa e sexual não são necessariamente indicativas do enfraquecimento ideológico do Estado-nação. Elas podem, ao contrário, se basear no respeito às culturas e à dignidade humana e no direito de todo indivíduo de ter uma identidade – como prescreve a Declaração

---

34 Arjun Appadurai, 2005 (1996), *op. cit.*, p. 69.
35 John Tomlinson, "Globalization and Cultural Analysis", em: David Held e Anthony McGrew (org.), *Globalization Theory*, Cambridge: Polity Press, 2007b, p. 150 (aspas do autor).
36 John Tomlinson, 2003, *op. cit.*, p. 269 (grifos do autor).

Universal dos Direitos Humanos[37]. Ainda mais interessante é o caso de reivindicações que assumem contornos cada vez mais étnicos à medida que outros direitos (políticos e cívicos) são reconhecidos. Kwame Anthony Appiah[38] identifica a maneira pela qual as fronteiras culturais de um grupo humano podem se tornar mais rígidas, questionando o seguinte paradoxo: é precisamente quando um traço cultural parece se tornar menos óbvio que ele é objeto de maior demanda de reconhecimento. Os imigrantes europeus nos Estados Unidos desejaram por muito tempo que seus filhos se integrassem fortemente. Segundo Appiah, a razão pela qual eles não exibiam publicamente seus traços específicos devia-se tanto a seu desejo de se integrar à cultura norte-americana oficial – condição essencial para a mobilidade ascendente – quanto à convicção de que seu legado era evidente, que ele não podia ser ameaçado pelo processo de aculturação. Inversamente, seus descendentes contemporâneos, que pertencem à classe média e cuja vida cotidiana acontece em inglês com diferentes consumos culturais, têm tendência a achar a sua própria identidade mais superficial que a de seus avós. Essa é a razão pela qual eles reivindicam um maior reconhecimento de sua diferença e de sua cultura no espaço público. Para Appiah, esse mecanismo se aplica particularmente bem à comunidade afro-americana. Enquanto ainda existiam barreiras legais à cidadania plena dos negros – que foi obtida graças às lutas pelos direitos civis e políticos –, a afirmação de uma cultura negra única parecia menos prioritária que o reconhecimento universal de sua humanidade e de seus "direitos inalienáveis". Tendo sido esses direitos em parte alcançados, a classe média afro-americana, que se tornou muito próxima de sua homóloga branca e protestante em nível econômico e cultural, passou a reivindicar seu

---

[37] Veja, a esse respeito, a Declaração Universal sobre a Diversidade Cultural, da Unesco, disponível em: http:<//unesdoc.unesco.org/images/0012/001271/127160por.pdf>. Acesso em: 5 abr. 2018.
[38] Kwame Anthony Appiah, 2006 (2005), *op. cit.*

afrocentrismo e a exigir que a distinção cultural dos afro-americanos fosse reconhecida na vida pública.

O segundo exemplo está relacionado a uma forma de culturalismo entendida como "a mobilização consciente das diferenças culturais ao serviço de uma política nacional ou transnacional mais ampla"[39]. Envolve a produção de um produto cultural com vistas à sua circulação no mercado global das identidades e supõe uma capacidade, tanto de seus promotores como de seus consumidores, de apresentar suas especificidades. Em um estudo sobre as formas concretas de funcionamento do que ele não hesita em chamar de "capitalismo viciante", Jean-Loup Amselle[40] realizou uma pesquisa sobre o entusiasmo dos ocidentais – e algumas frações mais altas e ocidentalizadas de países emergentes – por uma beberagem psicotrópica amazônica, a ayahuasca. Ao se interessar em particular pelo turismo, tanto místico como médico, que se dirige à parte peruana da floresta, ele mostra que o consumo dessa planta faz eco ao imaginário de um conhecimento ancestral e imutável que seria conservado por figuras-chave da alteridade exótica: os xamãs. Desenvolveram-se uma verdadeira indústria turística xamânica e um comércio muito lucrativo. Emergindo à beira da floresta, centros terapêuticos propõem a seus clientes acompanhá-los na descoberta profunda de si mesmos, ajudá-los a se desintoxicar, se regenerar e se revigorar. A exploração da ayahuasca e de outras plantas vindas da floresta virgem, conhecidas pelos indígenas desde tempos imemoriais, tornou-se uma grande aposta econômica para o Peru. O que "se vende é a naturalidade primeva da 'selva' em que cresce a ayahuasca"[41]. Algumas figuras carismáticas de xamãs até ganharam uma reputação internacional com o auxílio de cineastas, escritores e antropólogos que se tornaram propagadores da fé xamânica. Ao fazer apelo ao conhecimento "retradicionalizado", alegando a

---

39 Arjun Appadurai, 2005 (1996), *op. cit.*, p. 49.
40 Jean-Loup Amselle, *Psychotropiques*, Paris: Albin Michel, 2013.
41 Jean-Loup Amselle, 2013, *op. cit.*, p. 18.

autenticidade do produto[42], esses empreendedores culturais seduzem um público "etno-eco-*bubo*[43]" versado em um neomisticismo *new age* e ávido por aprender sobre pensamentos alternativos e outras sabedorias exóticas.

É exatamente esse *zeitgeist* ocidental que garante o sucesso de tal promoção cultural e encoraja os empreendedores xamânicos a perseverar. As entrevistas realizadas por Jean-Loup Amselle com alguns turistas apenas confirmam intuições já formuladas em suas obras anteriores[44]. Com o fim das grandes narrativas progressivas (essencialmente o marxismo como alternativa ao capitalismo), por um lado, e a marginalização do papel da psicanálise na exploração do *eu*, por outro lado, entramos em um novo período em que prospera uma ideologia regressiva, ou "primitivismo". Na ausência de um futuro brilhante, os tempos vindouros estariam no passado, e a solução para nossas conquistas coletivas e destinos individuais consistiria em recorrer ao que nos precedeu. Dentro deste novo espaço ideológico, "o Édipo e a luta de classes deram lugar a outro tipo de discurso consagrando ou revivendo o espiritual e tudo o que o acompanha; a contracultura, o psicodelismo, o *new age*, em suma, certa forma de irracionalismo perfeitamente legítima"[45]. No entanto, não foi suficientemente enfatizado que essa revolução caminha de mãos dadas "com a revolução 'indigenista' ou 'indianista' que varre as Américas do Norte, Central e do Sul"[46].

---

42 Produtos desse tipo são considerados representantes de uma cultura distinta concebida como uma totalidade que se opõe ao conhecimento ocidental. Seriam mais eficientes em lidar com a angústia existencial dos ocidentais contemporâneos.
43 *Bubo*: conceito criado pelo jornalista David Brooks, pela contração de "burguês boêmio" – o rico que contraria os valores tradicionais de classe alta, almejando um estilo de vida simples e valorizando a arte e a intelectualidade, o que se realiza num processo repleto de contradições. Veja David Brooks, *Bubos in Paradise*, New York: Simon & Schuster, 2000 [ed. bras.: *Bubos no paraiso*, trad. Ryta Vinagre, Rio de Janeiro: Rocco, 2002]. [N.E.]
44 Jean-Loup Amselle, *L'Occident décroché*, Paris: Stock, 2008; e *Rétrovolutions*, Paris, Stock, 2010.
45 Jean-Loup Amselle, 2013, *op. cit.*, p. 65.
46 *Ibidem*, p. 66.

O terceiro exemplo se encontra em uma prática importada pela administração colonial britânica, o críquete. Apanágio da elite imperial, esse esporte se tornou, ao longo do tempo, o "centro ideal da atenção nacional e da paixão nacionalista" da antiga colônia[47]. Na época colonial, foi usado precisamente para socializar os povos do Império Britânico porque estava intimamente associado aos valores vitorianos de restrição, *fair-play*, controle dos sentimentos em campo e subordinação dos interesses pessoais ao coletivo. Em um capítulo clássico dos estudos sobre a maneira pela qual uma forma cultural "rígida" – que vincula firmemente valor, significação e prática[48] – se descoloniza, Arjun Appadurai sutilmente mostra os mecanismos de empréstimo, adaptação e, por fim, de reinvenção do críquete pelos indianos. A hegemonia imperial britânica e a consagração da moral vitoriana que estavam ligadas a esse jogo foram totalmente desviadas, a ponto de o críquete se tornar para os indianos uma representação de seu país sob a ação conjunta de três fatores: a) uma "indianização" das subvenções graças à presença de financiadores indianos; b) apoio do Estado por meio de subsídios em massa para a mídia; c) interesse comercial, "seja pela diversidade contemporânea das formas possíveis de comercialização, seja na forma menos usual de subvencionar jogadores pela indústria"[49]. A esses elementos de natureza econômica acrescentam-se outros, mais culturais. Por meio de livros, jornais e transmissões de rádio e televisão, a linguagem desse esporte sofreu um profundo processo de vernacularização, de tal modo que, quando "indianos de várias regiões linguísticas da Índia veem ou ouvem as narrações de rádio e televisão sobre o críquete, já não são mais neófitos se esforçando para entender um costume inglês, mas espectadores culturalmente informados"[50]. Por força das narrações da mídia, cria-se um ambiente em que esse esporte é "maior do que a

---

47 Arjun Appadurai, 2005 (1996), *op. cit.*, p. 173.
48 Inversamente, uma forma cultural "suave" permite separar o desempenho prático da significação e do valor (cf. Arjun Appadurai, 2005 [1996], *op. cit.*).
49 *Ibidem*, p. 170.
50 *Ibidem*, p. 163.

vida" (por suas estrelas, espetáculos e sua associação com feitos esportivos em campeonatos mundiais) e "próximo da vida" (porque faz parte da vida cotidiana dos torcedores, graças a informações que não são mais transmitidas em inglês)[51]. Assistimos, assim, a uma reviravolta notável: as ex-colônias britânicas tornaram-se grandes nações do críquete. Durante as competições, a questão central é a reafirmação do pertencimento nacional no seio do mercado global. Quando a Índia e o Paquistão se encontram, guerras nacionais mal disfarçadas são encenadas. No entanto, essas partidas parecem mais uma válvula de segurança do "que uma arena complexa em que se reativa a curiosa mistura de animosidade e fraternidade que caracteriza as relações entre esses dois Estados-nação anteriormente unidos"[52].

DERIVAS DO DIFERENCIALISMO

Embora seja de grande interesse o estudo das formas pelas quais se fomentam as identidades culturais contemporâneas, foram feitas fortes críticas àqueles que radicalizam essa abordagem. Assim, é possível censurar o diferencialismo por entender a cultura como um mosaico global, constituído de entidades territoriais discretas, separadas umas das outras. Ao adotar uma visão radical do relativismo cultural, aqueles que acreditam que uma cultura global não poderia existir sem a primazia concedida aos valores locais concluem que estes devem ser necessariamente livres de toda interferência externa e preservados das ameaças de destruição cultural[53].

Essa visão essencialista das culturas é muito difundida entre aqueles que lutam pela preservação das culturas autóctones e pela afirmação de seus direitos culturais. Por mais louvável que seja em suas intenções, o diferencialismo serve paradoxalmente como garantia para o estabelecimento

---

51 *Ibidem*.
52 *Ibidem*, p. 169.
53 Christine Monnier, 2007, *op. cit.*

de locais de produção museificados e para a criação de mercados nos quais produtos culturais artificiais são oferecidos a consumidores em busca de exotismo. Os interesses objetivos de agentes muito diferentes podem, então, convergir. Seus discursos vêm alimentar a ideologia do primitivismo, forma suprema do essencialismo. Na América Latina – mas também seria possível tomar o exemplo dos marabutos na África[54] –, a produção do primitivo não é apenas assegurada pelos xamãs, mas também pelas autoridades públicas, sendo o exemplo mais marcante o do presidente boliviano, Evo Morales, que introduziu a Mãe Terra, a Pachamama[55], em discurso oficial. Outros agentes trabalham em conjunto para a produção do primitivismo. Para inúmeros antropólogos e para as organizações que se ocupam da defesa dos "índios", como a Survival International, isso consiste em "identificar, estudar e proteger as tribos 'sem contato', 'isoladas' ou 'ameaçadas' nas regiões mais remotas do planeta. Quando essas sociedades estão em contato com o exterior, direta ou indiretamente, durante séculos, elas são mostradas de forma a exibir uma primitividade eminentemente vendável no mercado editorial ou humanitário"[56]. Graças ao crédito científico de que desfrutam, esses antropólogos se alçam a defensores da preservação do poder cultural dessas mesmas comunidades, ao lado de líderes indígenas locais. Com base no arsenal jurídico global fornecido pelas organizações internacionais, esses porta-vozes "conseguem dotar essas populações de uma ideologia indigenista que muitas vezes apenas possui vínculos distantes com a [cultura] ou com as culturas locais"[57].

Essa visão essencialista ignora um fenômeno tão antigo quanto a história das sociedades humanas e que se intensificou com os processos de globalização: a hibridação resultante das trocas entre sistemas culturais e civilizações.

---

54 Jean-Loup Amselle, 2001, *op. cit.*
55 Renaud Lambert, *Le Monde diplomatique*, fevereiro de 2011.
56 Jean-Loup Amselle, 2012, *op. cit.*, pp. 167-8.
57 *Ibidem*, p. 168.

HIBRIDAÇÕES

A análise cosmopolita pode ir além da oposição entre desencravamento e isolamento, colocando em perspectiva áreas que lidam com a circulação de indivíduos, ideias e produtos da cultura material. A maneira pela qual se constroem pontes, estruturam-se espaços de diálogo e produzem-se novos significantes culturais e identitários após contatos efêmeros ou prolongados conta tanto quanto o modo pelo qual se inventam tradições, reivindicam-se origens, formam-se identidades e pertencimentos territoriais e supranacionais e estabelecem-se distâncias. Existe, portanto, uma terceira perspectiva que continua a exploração do funcionamento das fronteiras culturais: a hibridação.

Se, na sociedade global, as diferenças culturais permanecem onipresentes, é precisamente porque assumem a forma de processos de fecundação, de mistura através dos lugares e identidades – o que Jan Nederveen Pieterse, inspirado nos trabalhos de William Rowe e Vivian Schelling (1991) sobre a cultura popular na América Latina, chamou de "mistura global" ou "mistura translocal das culturas"[58]. O processo de hibridação pode ser definido como "as maneiras pelas quais formas se separam das práticas existentes e se reorganizam sob novas formas em novas práticas"[59]. Essa dinâmica se aplica tanto aos fatos culturais – e especialmente aos imaginários[60] – quanto às estruturas de organização social.

MIOPIA DO ISOLACIONISMO

No entanto, as inúmeras oportunidades de criatividade, inovação e expressão que o contato permanente com as diferenças culturais

---

58 Jan Nederveen Pieterse, 2009, op. cit., p. 4.
59 William Rowe e Vivian Schelling (p. 231) apud Jan Nederveen Pieterse, 2009, op. cit.
60 Nikos Papastergiadis, 2012, op. cit.

provoca permanecem subestimadas nas ciências humanas[61]. Denis Retaillé[62] identifica um dos grandes limites da geografia das culturas: "De nossa herança mais antiga, mantivemos a sensação de que o outro é bárbaro e às vezes estranho ao humano. A geografia das culturas muitas vezes se baseia no princípio da incomunicabilidade". Para Jean-Loup Amselle[63], a antropologia não fica atrás, já que, por sua prática da monografia regional e por sua intenção de estudar as populações menos sujeitas ao impacto da modernidade e do colonialismo, essa disciplina contribuiu para fornecer uma visão das culturas isoladas umas das outras. "O estabelecimento de uma antropologia a portas fechadas levou à ocultação das relações laterais das sociedades exóticas", afirma[64]. Essa cegueira é ainda mais surpreendente porque, como observam esses dois autores, a história das sociedades não deixa de testemunhar a importância dos contatos e das trocas, seja sob a forma de confronto – por pilhagens, saques, invasões, vendetas, sequestros, ocupações e colonizações –, seja sob a forma de negociação, diplomacia, tratados de paz, comércio, mobilidade e outros encontros pacíficos[65]. Essas dinâmicas complexas levaram ao nascimento de grandes espaços culturais, econômicos e até mesmo políticos, tanto no mundo mediterrâneo[66] como na China[67]. Tais considerações são hoje ainda mais evidentes. É por isso que a sociologia da globalização e do cosmopolitismo deve levar em conta os

---

61 Helmut K. Anheier e Yudhishthir Raj Isar, *Cultures and Globalization*, Londres: Sage, 2010.
62 Denis Retaillé, "La Vérité des cartes", *Le Débat*, 1996, v. 92, n. 5, p. 97.
63 Jean-Loup Amselle, 2001, *op. cit.*
64 *Ibidem*, p. 35.
65 Vittorio Cotesta, 2012, *op. cit.*
66 Fernand Braudel, *La Méditerranée*, Paris: Flammarion, 2009 (1949).
67 John King Fairbank, *Trade and Diplomacy on the China Coast*, Stanford: Stanford University Press, 1953; Kenneth Pomeranz, *The Great Divergence*, Princeton: Princeton University Press, 2000.

trabalhos dos antropólogos e historiadores que estudam os processos de hibridação entre culturas.

Portanto, Jack Goody[68] usou a análise das trocas entre culturas para lembrar como o mundo mediterrâneo havia sido o cenário de sincretismos de todos os tipos. Muitas narrativas mitológicas sobre as fundações das cidades gregas falam de heróis vindos de outros lugares ou de deuses fundadores[69]. Com a notável exceção dos atenienses, que se gabam de terem nascido na própria terra da Ática[70], a autoctonia e a alteridade sempre mantiveram relações complexas entre os gregos[71]. Helenistas estudaram as dúvidas dos gregos sobre a origem de seu conhecimento. François Hartog[72] se interessou por suas narrativas e histórias de viagem, observando os vestígios de uma dinâmica de abertura e fechamento frente a outros povos[73]. Os viajantes gregos duvidam de si mesmos quando são confrontados com outros povos. Eles não deixam

---

68 Jack Goody, *L'Islam en Europe*, Paris: La Découverte, 2004 (2003).
69 Marcel Detienne, *Apollon, le couteau à la main*, Paris: Gallimard, 1998; Jean-Pierre Vernant, *L'Univers, les dieux, les hommes*, Paris: Seuil, 1999.
70 Nicole Loraux, *Les Enfants d'Athéna*, Paris: Seuil, 1990; *Né de la terre*, Paris: Seuil, 1996.
71 Também seria possível fazer referência ao mundo romano, em particular ao mito da fundação de Roma pelo rapto das Sabinas, mulheres naturais de um povoado certamente próximo, mas externo aos romanos. A existência tipicamente romana de uma faixa de território (o *pomerium*), que distingue o exterior e o interior da cidade, também era significativa. O cruzamento devidamente ritualizado desse limite permitia ao indivíduo que desejasse se tornar membro da comunidade passar de inimigo potencial (*hostis*) a hóspede (*hospes*) (Guido Rossi, *Il ratto delle sabine*, Milan: Adelphi, 2000).
72 François Hartog, *Mémoires d'Ulysse*, Paris: Gallimard, 1996.
73 "Esses viajantes, fossem eles embaixadores de certeza ou vendedores de dúvidas, tendendo a tranquilizar ou visando desestabilizar, esses homens-fronteira, não incorporariam, dando-lhe um rosto e uma expressão, uma preocupação genuína, mas também uma resposta a essa preocupação? A narrativa de suas viagens e jornadas não seria uma maneira de dar lugar ao outro ou de lhe atribuir um lugar, mesmo falando (grego) em seu lugar? Isso significa que a fronteira está no mesmo movimento de fechamento e abertura, do espaço de intermediário, no qual os viajantes-tradutores podem envidar esforços, para o melhor ou para o pior" (François Hartog, 1996, *op. cit.*, p. 21).

de expressar sua preocupação com uma identidade impura, e de se perguntar: quem somos nós? Por que forjamos mil histórias que situaram a origem da *sophia* em outro lugar e não na Grécia? Como escreve Platão no *Timeu*, a propósito de Sólon haver sido tratado como criança por um sacerdote egípcio: "Sólon, Sólon, vocês, gregos, vocês são sempre crianças: não há nenhum grego que seja velho"[74].

Para deixar o campo da mitologia, sabe-se que nos séculos III e II a.C. os gregos se tornaram conscientes da existência de uma "sabedoria bárbara": romanos, judeus, celtas, egípcios e indianos "trouxeram sua contribuição pessoal para a literatura grega"[75]. Naquela época, e ainda que os gregos, salvo casos raríssimos, nunca aprendessem a língua dos outros, "o mundo mediterrâneo encontrou uma linguagem comum e, com ela, toda uma literatura aberta de maneira excepcional a todos os tipos de problemas, debates e sentimentos"[76]. Essa dinâmica é concomitante a um movimento de fundo histórico que afetou muitas civilizações asiáticas – com a notável exceção do Egito e do Japão[77]: entre 800 a.C. e o primeiro século de nossa era, desenvolveram-se em paralelo a China de Confúcio, a Índia de Buda, o Irã de Zoroastro, a Palestina dos profetas e a Grécia dos filósofos, dos poetas trágicos e dos historiadores. Devido à sua centralidade na produção de novas ideias, esse período foi denominado "axial" (*Achsenzeit*) por Karl Jaspers. Mas é justamente o período helenístico seguinte – que se estende da morte de Alexandre à conquista romana da Grécia – que se caracteriza mais por uma circulação internacional de ideias e menos pela originalidade das proposições[78].

---

74 *Ibidem*, p. 18.
75 Arnaldo Momigliano, *Sagesses barbares*, Paris: Gallimard, 1991 (1976), p. 18.
76 *Ibidem*, p. 19.
77 Shmuel Eisenstadt, 2003, *op. cit.*
78 Comparado com o período axial que o precedeu, o período helenístico "parece bastante comportado e conservador. Até a entrada em cena de São Paulo, a atmosfera geral é de respeitabilidade" (Momigliano, 1991 [1976], p. 21).

Fortalecidos por esses ensinamentos, e opostamente a um Bernard Lewis[79], que se demora excessivamente sobre o fato de que o Islã, desde a sua criação, tem mantido conflitos sangrentos com o resto do Mediterrâneo e da Europa, pode-se argumentar que os últimos treze séculos também constituíram um período de trocas intensas entre civilizações islâmicas e cristãs. Essas trocas deram origem a sincretismos excepcionais no mundo mediterrâneo, e de tal modo que ambas as civilizações devem ser consideradas ao mesmo tempo devedoras e credoras[80] uma em relação à outra. A circulação de homens, mercadorias, ideias, descobertas científicas, livros, peregrinos, emissários, viajantes e diplomatas foi das mais profícuas. Sobretudo, "o Islã nunca foi o Outro da Europa, do Oriente, mas um componente dos europeus, parte integrante não só de nosso passado, mas também de nosso presente, no Mediterrâneo, nos Bálcãs, em Chipre, na Rússia"[81]. Desde o seu nascimento, a civilização islâmica mantém um lugar proeminente na história europeia, mas as dívidas culturais contraídas pelos europeus em relação a ela foram ocultadas pelos historiadores responsáveis por forjar uma identidade cultural cristã e moderna da Europa, separando-a de suas matrizes do Oriente Próximo, da Ásia e das costas norte-africanas do Mediterrâneo. Mas "a Europa nunca foi totalmente isolada ou puramente cristã"[82]. Isso é particularmente verdadeiro para a Europa meridional: esquece-se muitas vezes que ela é ladeada por um mar que sempre foi um elo entre terras, o Mediterrâneo[83].

---

79 Bernard Lewis, *Que s'est-il passé?*, Paris: Gallimard, 2002.
80 Mohamed Arkoun e Joseph Maïla, *De Manhattan à Bagdad*, Paris: Desclée de Brouwer, 2003.
81 Jack Goody, 2004 (2003), *op. cit.*, p. 103.
82 *Ibidem*, p. 23.
83 Franco Cassano, *La Pensée méridienne*, Arles: Éditions de l'Aube, 2005 (1996).

UMA ILUSTRAÇÃO CONTEMPORÂNEA: O ISLAMISMO NA TURQUIA

Se a hibridação é um processo tão antigo quanto a história, "sua cadência está se acelerando, seu alcance está aumentando na sequência de grandes transformações estruturais, como as novas tecnologias que possibilitam novas fases de contatos interculturais"[84].

No mundo contemporâneo, a abordagem das identidades híbridas se baseia na ideia de modernidades múltiplas – mais do que na teoria do choque de civilizações ou nas oposições binárias – para explicar os fenômenos de empréstimo, mistura e enriquecimento mútuo. O processo de modernização não implica, de forma alguma, a ocidentalização; ele "não poderia mais ser visto como o objetivo último da evolução de qualquer sociedade conhecida"[85]. A noção de modernidade deve ser entendida menos como modelo civilizacional universal e mais como um tipo específico de civilização, que nasceu na Europa e desde então se espalhou por outras partes do mundo. Para outras civilizações, essa difusão representa um desafio em relação às suas premissas institucionais e simbólicas. Uma grande variedade de modernidades se desenvolveu a partir da interação entre a modernidade da Europa Ocidental e as civilizações asiática, africana e latino-americana. Os resultados desse encontro produziram configurações sócio-históricas que compartilham várias características, ao mesmo tempo que diferem umas das outras. Os elementos peculiares de cada civilização tentam apropriar a modernidade articulando continuamente, de acordo com contextos históricos, suas antinomias e suas contradições. Em todas as sociedades contemporâneas, surgiram novos questionamentos e novos programas culturais decorrentes da noção de modernidade, atestando a crescente diversificação de sua compreensão, muito distante da visão hegemônica de uma ocidentalização do mundo em voga nos anos 1950.

---

84 Jan Nederveen Pieterse, 2009, *op. cit.*, p. 98.
85 Shmuel Eisenstadt, 2003, *op. cit.*, p. 24.

Portanto, o que caracteriza as identidades culturais no mundo contemporâneo é a "combinação da crescente diversidade na reinterpretação da modernidade, por um lado, e por outro o desenvolvimento de múltiplas tendências globais e referências recíprocas"[86].

Tomando como contexto de observação as manifestações do islamismo contemporâneo, seria possível aplicar a esse fenômeno a grade de leitura do diferencialismo: seu desenvolvimento e enraizamento se leriam como uma reação ao Ocidente, como o prolongamento exacerbado de um movimento de fundo que vê os valores considerados fundadores da modernidade ocidental recolocados em questão – o materialismo, o capitalismo, o liberalismo, o individualismo, a fé no progresso, o imperialismo colonialista. Essa ofensiva é levada adiante tanto por intelectuais ocidentais quanto por não ocidentais[87]. Isso

> compele os muçulmanos radicais em direção a uma ideologia islâmica politizada, para a qual os Estados Unidos representam o diabo encarnado. Ela é compartilhada pelos mais radicais nacionalistas chineses e é encontrada em outras partes do mundo não ocidental. Os mesmos rastros podem ser encontrados nas posições anticapitalistas de certos movimentos extremistas ocidentais. Seria errado falar em termos de esquerda e direita[88].

Chamada de "ocidentalismo" por Ian Buruma e Avishai Margalit – espelhando o título da obra de Edward Saïd[89] –, essa ideologia é definida como uma "representação desumanizada do Ocidente"[90].

---

86 Shmuel Eisenstadt, 2003, *op. cit.*, p. 532.
87 Ian Buruma e Avishai Margalit, *L'Occidentalisme*, Paris: Climats, 2006 (2004).
88 *Ibidem*, p. 13.
89 Edward Saïd, 1997 (1978), *op. cit.*
90 Ian Buruma e Avishai Margalit, 2006 (2004), *op. cit.*, p. 14.

O islamismo também pode ser lido como uma alternativa para as novas classes média e alta letradas do mundo muçulmano contra a diluição de valores considerados próprios da civilização islâmica. A politização do Islã permitiria promover uma identidade considerada violada por muito tempo, sendo uma tentativa de superar um Islã tradicional incapaz de desempenhar um papel ativo frente aos valores ocidentais. No entanto, essa valorização funciona de forma específica[91]. Ao compartilhar com movimentos revolucionários clássicos uma ambição totalizadora – as revoluções comunistas, fascistas ou nacional-socialistas almejavam estender seu domínio sobre uma sociedade como um todo –, o islamismo se projeta em um horizonte temporal que não é a utopia de um mundo novo em ruptura com o passado, mas, ao contrário, o retorno a um passado que teria existido. Ele diverge demasiadamente das premissas ocidentais de emancipação individual, de projeção no futuro e de fé no progresso – e, portanto, mostra-se como uma alternativa ao programa cultural da modernidade ocidental.

Ao mesmo tempo, observa-se que o islamismo trazido à tona por vários agentes, tais como jornalistas, escritores, professores, empresários, banqueiros, políticos e administradores, não parece se resumir a um jogo de soma zero[92] entre o Ocidente e o Islã. Como pode ser observado na Turquia contemporânea[93], os islamistas usam as tecnologias mais avançadas, escrevem *bestsellers*, obtêm acesso a classes mais altas, ganham eleições e criam novas universidades. Mais notavelmente, forjam para si um lugar significativo no espaço público, tornam-se cada vez mais visíveis, inventam novos estilos de vida e promovem novas subjetividades.

---

91 Nilufer Göle, "Snapshots of Islamic Modernities", *Daedalus*, 2000, v. 129, n. 1, pp. 91-117.
92 Jogo de soma zero: conceito da teoria dos jogos em que o ganho de um lado equivale à perda do outro. [N.E.]
93 Nilufer Göle, 2000, *op. cit.*

É em referência ao passado glorioso que os ideólogos e os agentes islâmicos censuram o Islã tradicional pelo fato de se afastar da pureza inicial e de não ser capaz de lidar com os desafios da modernidade. Paradoxalmente, propondo-se como único meio de realização de uma sociedade distinta, ao mesmo tempo liberada do passado colonial, do imperialismo norte-americano e da desorientação dos líderes e elites muçulmanas contemporâneas, o islamismo consegue criar uma mistura cultural, uma hibridação entre, de um lado, o islã tradicional e, de outro, os valores, experiências e identidades modernas[94]. A religião é constantemente reapropriada, reinterpretada conforme os indivíduos reagem aos desafios da modernidade nas sociedades não ocidentais. A crítica à autoridade tradicional dos ulemás gera uma "democratização do conhecimento religioso"[95], com diferentes agentes concorrendo pela interpretação do Islã. Como em outros contextos culturais, a ação das mulheres, a difusão da reflexividade, os processos de individualização, a força da mídia, do mercado e das indústrias de consumo e o surgimento de novos espaços públicos contribuem para criar uma forma híbrida de tradição muçulmana e de modernidade ocidental[96]. O exemplo das mulheres islâmicas é dos mais ilustrativos. Ao se tornarem agentes da mudança, elas acabam por escapar ao lugar tradicional que lhes é atribuído pelo mundo islâmico. Ao se recusarem a permanecer confinadas à esfera privada, elas se tornam visíveis no espaço público, e introduzem em suas condutas e aspirações valores altamente subjetivos e individualizantes[97]. Por trás do véu, aparece um novo perfil de mulheres muçulmanas: letradas, urbanizadas e exigentes.

---

94 *Ibidem*.
95 *Ibidem*, p. 97.
96 *Ibidem*, p. 99. Para uma análise de conclusões semelhantes, mas aplicada ao caso do Irã, ver Bryan S. Turner, "Cosmopolitan Virtue, Globalization and Patriotism", *European Journal of Social Theory*, 2001, v. 4, n. 2, pp. 131-52.
97 Nilufer Göle, *Musulmanes et modernes*, Paris: La Découverte, 2003.

A FRONTEIRA, UMA MÁQUINA DE PRODUÇÃO DE IDENTIDADES TRANSNACIONAIS

Os trabalhos de historiadores e antropólogos sobre a fronteira entre os Estados Unidos e o México é um excelente apoio à ideia de que o conceito de fronteira é dos mais fecundos para compreender as dinâmicas de hibridação[98]. Assim, apesar das divisões político-administrativas e das histórias nacionais próprias, a separação política entre os dois países é constantemente prejudicada por todos os tipos de fluxos transnacionais, pela existência do Acordo de Livre Comércio da América do Norte (NAFTA, na sigla em inglês) e pela criação de empresas comerciais em territórios limítrofes. O aumento do tráfico de drogas despertou a consciência de que uma ação unilateral é ineficaz e de que é necessária uma colaboração internacional mais estreita que ignore os quadros jurídicos nacionais. Em resposta às tentativas de ambos os Estados de impor formas mais estritas de controle sobre a circulação dos indivíduos, desenvolveram-se de ambos os lados da fronteira manifestações dos cidadãos em nome da democracia e dos direitos humanos. Algumas delas tomaram dimensões transnacionais. A cultura popular mexicana se espalhou amplamente nos Estados Unidos por meio de transmissões de rádio e televisão em espanhol, tornando essas mídias uma alternativa confiável a seus congêneres de língua inglesa.

Surgiram culturas híbridas, desafiando a capacidade de ambos os Estados de impedir um processo que era pouco imaginável uma ou duas gerações atrás. Noções como comunidade, cultura, nacionalidade e nação tornam-se instáveis. Os defensores das culturas e das instituições nacionais tentam encontrar formas de preservá-las, lutando, por exemplo, contra a prática linguística transgressiva do "*spanglish*", que – assim

---

[98] David Thelen, "Rethinking History and the Nation-State", *Journal of American History*, 1999, v. 86, n. 2, pp. 438-52. Disponível em: <http://archive.oah.org/special-issues/mexico/dthelen.html>. Acesso em: 21 ago. 2018.

como para a música ou a culinária – revela a grande capacidade dos indivíduos de todas as categorias sociais para se apropriar dessa interferência das fronteiras. Finalmente, a fronteira entre os Estados Unidos e o México desempenha o papel de interface entre as duas sociedades, contribuindo para a produção de identidades múltiplas e transnacionais, tais como os "chicanos", "latinos" e "hispânicos", o que torna complexa a distinção tradicionalmente estabelecida entre mexicanos e norte-americanos[99]. As fronteiras não são mais limites territoriais que separam duas nações, cada uma com sua própria bandeira e história[100], mas sim lugares onde as pessoas interagem a partir de vários contextos e experiências. Por essa razão, é possível pensar que a fronteira é o local de uma "dialética genética" (*genetic dialectic*), que, em meio às maiores contradições, permite o surgimento de novas sínteses culturais, como a figura do mestiço. Este é

> a personificação das dialéticas do império e da emancipação. Não é surpreendente que, na época dos impérios, o mestiço fosse temido como um monstro, um híbrido estéril, uma impossibilidade, subversivo em relação aos fundamentos do império e da raça. O mestiço é o testemunho vivo de uma atração reprimida entre ambos os lados da fronteira. É a prova de que o Oriente e o Ocidente se encontraram e de que a humanidade existe de ambos os lados[101].

A CRÍTICA DA RAZÃO HÍBRIDA

Várias críticas foram dirigidas a tal abordagem, as quais Jan Nederveen Pieterse[102] desmonta, uma a uma, para colocar ainda mais em relevo os

---

99 Michèle Lamont e Virág Molnár, 2002, *op. cit.*
100 David Thelen, 1999, *op. cit.*
101 Jan Nederveen Pieterse, *Empire and Emancipation*, New York: Praeger, 1989, pp. 360-1.
102 *Idem, Globalization and Culture*, New York: Rowan & Littlefield Publisher, 2009.

pontos fortes dessa perspectiva. Pieterse rejeita a ideia de que a hibridação seja uma trivialidade, pois se trata de um processo que é ao mesmo tempo duradouro e onipresente nas sociedades contemporâneas. Em nome da universalidade desse fenômeno e de sua intensificação atual, ele também refuta a existência de uma pureza anterior e de um essencialismo, noções que estão presentes na etimologia da palavra "híbrido" e que remetem à sua ambiguidade fundamental. Pesquisas de pré-historiadores, historiadores, linguistas e antropólogos mostram que os grupos humanos totalmente apartados e homogêneos, que se reproduziam isoladamente durante um longo período, são raríssimos. Qualquer que seja a observação considerada, "nunca será demais insistir no fato de que, assim como não existem tribos isoladas, não existem culturas puras ou virgens de influências externas"[103]. Assim, é preciso conceber a espécie humana como um híbrido cultural.

Outros autores[104] veem a hibridação como um processo típico das classes altas cosmopolitas, quase se tornando uma estética heterogênea, que tende a patrimonializar a miscigenação e a torná-la uma ideologia ao serviço da globalização. Ora, essas novas misturas – citemos os exemplos de mulheres marroquinas de Amsterdã praticando boxe tailandês, do *rap* asiático tocado em Londres, dos *bagels* irlandeses etc.[105] – tornaram-se fatos comuns que afetam indivíduos de outras classes sociais. "Um restaurante grego chamado 'Ipanema' que serve comida italiana em Brighton: essas misturas de estilos são agora comuns em todas as esferas da vida."[106] Se a hibridação não nos diz nada sobre a assimetria das relações entre as culturas iniciais, e entre estas e as culturas resultantes da miscigenação, Pieterse enfatiza que deve ser feita uma reflexão sobre o lugar que as

---

103 Jean-Loup Amselle, 2012, *op. cit.*, p. 168.
104 Laurier Turgeon. "Manger le monde", em: ____ (org.), *Regards croisés sur le métissage*, Québec: Presses de l'Université Laval, 2002, pp. 207-33.
105 Jan Nederveen Pieterse, 2009, *op. cit.*
106 *Ibidem*, p. 119.

diferentes sociedades concedem à diversidade cultural. Alguns afirmam ser abertamente híbridos (México, Brasil), enquanto outros – que também são, no entanto, fortemente mistos (pensemos nos países ao redor do Mediterrâneo) – se definem antes de tudo por dimensões culturais monolíticas, a partir de suas línguas e grupos étnicos dominantes.

Essa perspectiva contribui para manter nossa dificuldade em entender a vida em conjunto fora de contextos de análise de tipo culturalista. Em contextos tão diferentes quanto o republicanismo francês e o *melting-pot* norte-americano, observa-se uma tendência semelhante, sob o forte impulso da culturalização e da etnicização das sociedades contemporâneas: na França, os movimentos sociais estão desqualificados, sendo apresentados como ultrapassados em favor de uma visão ingênua do povo ou de seus fragmentos, únicos dignos de atenção aos olhos das elites[107]; nos Estados Unidos, de acordo com Walter Benn Michaels[108], os excessos do culto à diversidade prejudicariam a luta contra as desigualdades sociais.

> A evolução dos direitos civis não deve se dar em detrimento da busca pela igualdade econômica. E não deveríamos aceitar – ou continuar aceitando – que a ilusão do respeito pela diferença substitua a busca pela justiça econômica. Mas a questão "Quem somos nós?" tende a ser cada vez mais apresentada como uma solução para problemas sociais, e não apenas nos Estados Unidos[109].

O autor ainda afirma que a "ideologia cultural" desempenha um papel importante economicamente, redefinindo as diferenças materiais existentes entre as pessoas como diferenças culturais.

---

107 Jean-Loup Amselle, 2012, *op. cit.*
108 Walter Benn Michaels, *The Trouble With Diversity*, Londres: Picador, 2006.
109 *Ibidem*, pp. 36-7.

Sem dúvida, é no seio da virada culturalista, verdadeira mudança de paradigma ocorrida nas ciências sociais a partir do final dos anos 1970, que se deve entender o interesse dos pesquisadores pelas noções de identidade e etnicidade. "De um discurso no qual uma noção de classe, mesmo contestada, era central, passa-se a um discurso mais etnicizado. À medida que o conceito de classe se desintegra, as identidades sociais são procuradas em outro lugar."[110] Consequentemente, a noção de desigualdade social foi substituída pela noção de diferença cultural. "Sob o prisma de um pluralismo cultural abstrato baseado na tolerância mútua [...] a dominação continua fora do debate."[111]

UM UNIVERSAL EMANANDO DA PLURALIDADE

Para a vertente cosmopolita, as culturas "mudam constantemente, são constantemente modificadas, atualizadas, transformadas, completadas, recriadas e redesenhadas"[112]. A sociedade global é constituída de uma grande variedade de línguas, grupos étnicos, identidades nacionais, religiões e civilizações. Num mundo apreendido como lugar singular, a alteridade nunca foi tão difusa e proximal. Longe de erradicar a diversidade cultural, os processos de globalização paradoxalmente têm contribuído para enriquecê-la[113]. Sejam quais forem as razões para isso – proteger uma identidade cultural estabelecida, promover um produto cultural ou reinventar uma tradição –, estamos testemunhando uma forte e duradoura diferenciação cultural.

---

110 Nancy Green, "Classe et ethnicité, des catégories caduques de l'histoire sociale?", em: Bernard Lepetit (org.), *Les Formes de l'expérience*, Paris: Albin Michel, 1995, p. 176.
111 Dimitris Parsanoglou, "Multiculturalisme(s)", *Socio-anthropologie*, 2004, n. 15. Disponível em: <http://journals.openedition.org/socio-anthropologie/416>. Acesso em: 9 jan. 2018.
112 Samuel Scheffler, 2001, *op. cit.*, p. 112.
113 John Tomlinson, 2007b, *op. cit.*

Se admitimos que essa diferenciação não é, de forma alguma, incompatível com a globalização, a pluralidade pode se tornar a base de um mundo comum? Um universal cultural pode se realizar pelo confronto entre diferentes produtos culturais?

Dois campos de estudo, o *pop rock* e o cinema asiático, incitam-nos a responder afirmativamente a essas questões. Os trabalhos de Motti Regev[114] mostram como os movimentos culturais e artísticos internacionais – neste caso, o *pop rock* – fornecem material para a expressão de uma forma de unicidade etnocultural, que, por sua vez, se inscreve em formas de expressão universais. Essa dinâmica contribui para a universalização cultural a partir de baixo, pelo intermédio de enraizamentos locais, como atestam as cenas musicais argentina e israelense, dois exemplos em que se baseia o autor: algumas músicas, de grande sucesso nesses mercados locais, tornam-se pontas de lança de uma variante nacional do *pop rock*. Ao fornecer ao público conteúdos locais – letras ou melodias –, elas se apresentam como a expressão de uma unicidade cultural nacional, ao passo que, na realidade, ligam-se ao registro mundial do *pop rock* por sua instrumentação elétrica ou eletrônica e por suas técnicas sofisticadas de produção em estúdio. Como parte de uma forma global de arte, as músicas dos repertórios de *pop rock* argentino e israelense contêm traços estilísticos estrangeiros a esses dois países, mas tais influências encontram-se naturalizadas por esse processo de inclusão. Esses dois exemplos, que de maneira nenhuma são os únicos, demonstram a urgência em abandonar uma análise da produção da diferença cultural no âmbito do folclore ou do tradicionalismo, em proveito de uma abordagem baseada na fluidez dos produtos culturais e em sua capacidade de integrar diversas influências estéticas a uma unicidade etnonacional. A ampla difusão de uma criação musical que

---

114 Motti Regev, "Cultural Uniqueness and Aesthetic Cosmopolitanism", *European Journal of Social Theory*, 2007, v. 10, n. 1, pp. 123-38 e *Pop-Rock Music*, Cambridge: Polity Press, 2013.

floresce usando recursos tipicamente locais nos permite ir além da ideia de um imperialismo cultural ocidental. A letra de uma música ou um estilo musical podem evocar um lugar e um contexto histórico definidos e, ao mesmo tempo, dirigir-se a um público muito mais amplo e distante do local de produção original. Os fãs e os artistas estão longe de ser habitantes de um planeta homogêneo. No entanto, são para a música o que os "locávoros" são para o consumo de alimentos: pessoas que saboreiam as delícias de um determinado lugar sem desdenhar dos produtos vindos de outros lugares, os quais eles têm o cuidado de incorporar à sua própria cozinha. Desse ponto de vista, os indivíduos contemporâneos podem ser cosmopolitas "locáfilos", mais que "xenofanáticos".

Stephen Teo[115], por sua vez, atribui um papel vital ao imaginário cinematográfico na difusão de um mundo concebido ao mesmo tempo como plural e comum. Tomando como exemplo o cinema asiático, o autor descobre duas lógicas complementares. Por um lado, a de um cinema que poderia constituir um novo modo de representação cinematográfica, isto é, um "objeto-forma alternativo para a expressão das expressões humanas"[116]; por outro, a lógica de sua difusão no mercado global a partir de "técnicas transculturais" de expressão fílmica, inclusive integrando a influência exercida por Hollywood sobre os cineastas e o público asiático, a qual, paradoxalmente, dá a essas obras seu caráter distintivo. "Esses filmes exigem uma maior conscientização por parte dos públicos globais em relação aos conteúdos materiais, em particular o cenário local, que é bem menos familiar para eles. É justamente graças ao intercâmbio entre o local e o global, entre Hollywood e Bollywood, que esses filmes se esforçam para ser universais."[117]

---

115 Stephen Teo, "Film and Globalization", em: Bryan S. Turner (org.), *Routledge Handbook of Globalization Studies*, Londres: Routledge, 2010, pp. 412-28.
116 *Ibidem*, p. 426.
117 *Ibidem*, p. 427.

❖ ❖ ❖

Cada uma das três perspectivas analisadas – a convergência entre sistemas culturais, o diferencialismo cultural e os processos de hibridação – contém alguma verdade na análise das dinâmicas da pluralidade cultural na era da globalização. Elas insistem na abertura, no endurecimento e na recomposição das fronteiras entre grupos humanos. Colocam em evidência a extensão dos fluxos de circulação dos produtos culturais, o poder das *global brands*, a vitalidade das identidades e sua capacidade de resistir, a grande criatividade dos grupos humanos e sua aptidão para integrar elementos culturais heterogêneos, e as múltiplas formas de adaptação das culturas aos contextos históricos. Todas essas abordagens estão inscritas, em diferentes níveis, na dialética entre o universal e o particular. Algumas apontam para os fenômenos da universalização do particular pela extensão, em nível planetário, de referentes locais tornados globais; outras privilegiam um movimento inverso, de particularização do universal[118] – movimento chamado, alternativamente, de hibridação[119], crioulização[120] ou indigenização[121]. Além das diferenças destacadas, todas essas designações remetem às dinâmicas complexas pelas quais os processos culturais globais são integrados em contextos locais, apropriados e reinventados.

---

118 Roland Robertson, 1992, *op. cit.*
119 Jean-Loup Amselle, *Logiques métisses*, Paris: Payot, 1990; Jan Nederveen Pieterse, 2009, *op. cit.*
120 John Tomlinson, 1999, *op. cit.*
121 Arjun Appadurai, 2005 (1996), *op. cit.*

CONCLUSÃO DA PRIMEIRA PARTE

O UNIVERSAL E O PARTICULAR À PROVA DE GLOBALIZAÇÃO

Nesta primeira parte, quisemos mostrar que a "imaginação cosmopolita"[1] dá o melhor de si quando se desenvolve no contexto contemporâneo da sociedade global, cujos processos em andamento produzem tendências de unificação e diferenciação. Como pintar a paisagem de um mundo plural, mas comum? Essa é a questão à qual o nível macro de análise quis responder nesta parte, sem esquecer de mencionar as dívidas da sociologia cosmopolita em relação aos *global studies* – especialmente no que concerne às noções centrais de escala, imaginário e fronteira.

O mundo cosmopolita no qual vivem os indivíduos contemporâneos é consubstancialmente bidimensional, na medida em que é atravessado por forças transnacionais poderosas que tendem a: a) desenvolver novas interdependências entre os grupos humanos e criar as condições para a possibilidade de uma "comunidade de destino"[2]; b) produzir imaginários transnacionais, em parte compartilhados, que contribuam para o surgimento de uma forte consciência do planeta como lugar singular; c) manter uma concepção plural das culturas humanas, apesar dos (e paradoxalmente graças aos) processos de unificação.

Esse mundo reúne uma grande variedade de grupos humanos, que falam diferentes línguas e não têm as mesmas crenças ou os mesmos

---

1 Gerard Delanty, 2009, *op. cit.*
2 David Held *et al.*, 1999, *op. cit.*

hábitos de vida. Por conseguinte, seria ilusório pensar que o mundo cosmopolita se caracteriza pelo advento de uma cultura universal[3]. Na era da sociedade em rede, o que parece criar um vínculo entre as culturas não é a partilha de valores universais, mas sim a adesão a protocolos de comunicação baseados na ideia de que cada um pode se comunicar e se expressar em larga escala. Essa cultura mundial em rede não poderia resultar da difusão do espírito capitalista por meio da influência das elites, tampouco da visão idealista de filósofos que sonham com um mundo de cidadãos cosmopolitas. Ao contrário, o cosmopolitismo nasce de um intercâmbio entre indivíduos com múltiplas afiliações, que levam sua cultura ao encontro das outras e que esperam encontrar a mesma atitude em seus interlocutores. É essa nova vertente que pode acabar com o medo ancestral em relação ao outro.

---

3 Manuel Castells, 2013 (2009), *op. cit.*

2

A SOCIALIZAÇÃO COSMOPOLITA

*O estilo não é, como o pensamento, cosmopolita: ele tem
uma terra natal, um céu, um sol próprio.*
François-René de Chateaubriand[1]

Em um momento em que fenômenos globais modificam profundamente as sociedades nacionais e ligam cada vez mais pessoas que vivem em contextos sociais distantes, uma das questões que a sociologia enfrenta é compreender melhor a produção dos indivíduos contemporâneos. Embora sejam abundantes os estudos dedicados à globalização realizados por economistas, sociólogos, geógrafos e cientistas políticos, as pesquisas ainda não examinaram suficientemente o impacto desse fenômeno na vida cotidiana e no surgimento de novos contornos espaciais e temporais da experiência humana[2]. Como vimos, a própria sociologia cosmopolita muitas vezes não vai além do estágio de análise dos grandes mecanismos de funcionamento das sociedades contemporâneas. Ao ignorar as dimensões mais cotidianas do mundo global, essa abordagem frequentemente tem dificuldade para entender os fundamentos da orientação cosmopolita em um indivíduo.

O melhor teste para verificar que o cosmopolitismo não é apenas um discurso filosófico ou uma posição moral[3] é o estudo de sua ancoragem nas experiências individuais. Se a vertente cosmopolita pôde ser assimilada a um estado de espírito[4], poucos levantamentos ou pesquisas

---

1 *Mémoires d'outre-tombe* [Memórias de além-túmulo], 1848, parte 1, livro 12, cap. 3.
2 Uma exceção notável é o trabalho de Hans-Peter Blossfeld *et al.* (org.), *Globalization, Uncertainty and Youth in Society*, Londres: Routledge, 2005.
3 Robert J. Holton, *Cosmopolitanisms*, New York: Palgrave Macmillan, 2009.
4 Victor Roudometof e William Haller, "Social Indicators of Cosmopolitanism and

chegaram a verificar e refinar o que muitas vezes permanece como uma simples constatação, ou mesmo como uma parcialidade. Além disso, admite-se que o cosmopolitismo pode ser expresso por uma ampla gama de práticas culturais, por todo tipo de mobilidade e deslocamento. Como, então, tornar a perspectiva cosmopolita operacional, garantindo que ela permita investigações empíricas[5]? Em outras palavras, como passar do cosmopolitismo entendido como um ponto de vista macrossociológico do mundo para o estudo dos mecanismos concretos que levam ou não os indivíduos a construir uma relação cosmopolita com o mundo?

A partir da constatação de que "as pessoas repentinamente experimentam viver em um mundo muito estranho e são confrontadas com todos os tipos de estranheza"[6], vamos nos debruçar sobre a socialização dos atores sociais contemporâneos com a alteridade e com as diferenças culturais[7]. A socialização cosmopolita pode ser definida como

---

Localism in Eastern and Western Europe", em: Chris Rumford (org.), *Cosmopolitanism and Europe*, Liverpool: Liverpool University Press, 2007, pp. 181-201.

5 Ian Woodward e Zlatko Skrbis, "Performing Cosmopolitanism", em: Gerard Delanty (org.), *Routledge Handbook of Cosmopolitanism Studies*, Londres: Routledge, 2012, pp. 127-37; Vincenzo Cicchelli, "How Do People Engage with Globalisation?", em: Vittorio Cotesta, Vincenzo Cicchelli e Mariella Nocenzi (org.), *Global Society, Cosmopolitanism and Human Rights*, Newcastle upon Tyne: Cambridge Scholars Publishing, 2013a, pp. 198-210.

6 Ulrich Beck (s/d) *apud* Chris Rumford, *The Globalization of Strangeness*, Londres: Palgrave, 2013, p. 12.

7 Vincenzo Cicchelli, *L'Esprit cosmopolite*, Paris: Presses de Sciences Po, 2012.

o processo de aprendizagem, por parte dos indivíduos, das dimensões transnacionais do mundo que os rodeia[8]. Assim, ela tem como intuito responder a duas questões principais: a) em relação a quais escalas de pertencimento se situam os atores sociais?; b) qual é o conteúdo do aprendizado dessa relação entre o eu e o outro nas sociedades contemporâneas? Em outras palavras, em que medida – e em que condições – a nação ainda pode ser uma fonte de produção dos imaginários do pertencimento e do vínculo social, em um mundo aberto e não isolado que parece dissociar cada vez mais as vidas individuais dos contextos nacionais de socialização[9] e onde os contatos permanentes com formas variadas de alteridade geram uma multiplicidade de referências culturais e identitárias?

[8] *Idem*, "Living in a Global Society, Handling Otherness", *Quaderni di Teoria Sociale*, 2014a, n. 14, pp. 217-42.
[9] Smitha Radhakrishnan, 2010, *op. cit.*

CAPÍTULO 4

PENSAR A SOCIALIZAÇÃO COSMOPOLITA

> *Graças ao eu racional e à organização de atitudes sociais em relação a si mesmo e aos outros – o que constitui a estrutura do eu e reflete não apenas o modelo geral de comportamento do grupo social imediato ao qual pertence, mas também o desenvolvimento desse modelo para além de si mesmo como um modelo geral de comportamento da globalidade social mais ampla, de que ele é apenas uma parte –, o homem civilizado moderno é e se sente um membro não só de uma determinada comunidade particular, de um determinado estado ou nação, mas também de todas as raças, ou mesmo da civilização inteira.*
>
> George Herbert Mead[1]

Somos herdeiros de uma longa tradição que nos legou múltiplas imagens do cosmopolitismo[2]. Uma das definições mais consensuais do indivíduo cosmopolita poderia ser a seguinte: alguém que "considera o mundo como sua esfera de evolução e desenvolvimento, em que todos os homens são semelhantes e irmãos"[3]. A abertura em relação aos outros é seu primeiro compromisso. Ela anda de mãos dadas com sua aspiração de ir além das alianças particulares por lealdade a uma humanidade comum e pela responsabilidade com o semelhante[4].

A crença em uma profunda unidade humana, o reconhecimento das obrigações morais com o outro e a abertura de espírito em relação à diversidade das culturas constituem certamente os traços historicamente mais partilhados no imaginário ocidental do cosmopolitismo como ideal de vida. Todavia, esse ideal-tipo não permite interpretar como as ideias, as narrativas e os valores cosmopolitas moldam as experiências

---

1 *L'Esprit, le soi et la société* [O espírito, o eu e a sociedade], Paris: PUF, 1963 [1934].
2 Peter Coulmas, 1995 (1990), *op. cit.*
3 *Ibidem*, p. 299.
4 Steven Vertovec e Robin Cohen, 2002, *op. cit.*

cotidianas e se inscrevem em práticas, nem como os indivíduos e os grupos dão sentido à sua identidade e a seus encontros sociais de uma forma que poderia ser chamada de cosmopolita[5].

Recorrer a essas características para definir de pronto as qualidades ideais do indivíduo cosmopolita não pode ser suficiente para resolver um conjunto de questões sobre a maneira pela qual os atores sociais habitam o mundo cosmopolita: as tensões entre a consciência de viver em um mundo comum e os pertencimentos locais sempre muito fortes; as zonas obscuras induzidas por essas novas injunções na abertura ao outro e na mobilidade internacional, que emanam do mundo do trabalho, das instâncias da União Europeia[6] ou da grande indústria cultural. De modo mais geral, perguntemo-nos sobre o que caracteriza essa longa experiência de aprendizado da relação entre o eu e os outros em um mundo plural.

EM BUSCA DA SOCIALIZAÇÃO COSMOPOLITA

A análise das dinâmicas socializadoras transnacionais é um campo de estudos ainda não cultivado. As questões que acabamos de levantar foram pouco abordadas pelos fundadores da sociologia e pelos trabalhos mais recentes da disciplina, o que não é de modo algum surpreendente porque elas remetem a fenômenos introduzidos há pouco no debate social e nas pesquisas.

---

5 Magdalena Nowicka e Maria Rovisco, "Introduction", em: _____ (org.), *Cosmopolitanism in Practice*, Farnham: Ashgate, 2009, pp. 1-18.
6 Vincenzo Cicchelli, "Les Politiques de promotion des mobilités juvéniles en Europe", *Informations sociales*, 2011, v. 165-6, n. 3, pp. 38-45.

NOTÁVEIS LACUNAS NA LITERATURA

Em contrapartida, é ainda mais curioso que os trabalhos dedicados ao cosmopolitismo contemporâneo sejam tão pouco eloquentes sobre os mecanismos reais de criação das identidades cosmopolitas. A análise de como os indivíduos interpretam os processos globais, constroem uma relação cosmopolita com o mundo e reconhecem-se em dimensões transnacionais com suas identidades geralmente não está presente nessas publicações. A pesquisa sociológica, inclusive a mais recente, negligenciou a compreensão das dimensões performativas da subjetividade cosmopolita[7]. A sociologia cosmopolita considerou muitas vezes um indivíduo abstrato, visto como o portador de aspirações universalistas no plano da democracia e da cidadania pós-nacionais[8]. O sujeito cosmopolita discutido pelos teóricos ainda está insuficientemente documentado no plano empírico[9].

Apenas a relativa novidade dos fenômenos sociais suscetíveis de serem objeto de uma sociologia cosmopolita e a formação intelectual, frequentemente teórica, dos sociólogos do cosmopolitismo não explicam esse desinteresse. Os poucos levantamentos empíricos de experiências cosmopolitas estão longe de mostrar novos conhecimentos em muitas áreas relativas: a) aos conteúdos ideais e normativos das culturas transnacionais emergentes; b) aos códigos e valores transnacionais sobre os quais os indivíduos se apoiam para ajustar suas condutas; c) às tensões e equilíbrios associados à multiplicação das identidades; d) às atitudes dos indivíduos em relação a eventos que transformaram as sociedades contemporâneas, em particular as crises econômicas; e) a uma eventual aspiração a ver os problemas globais resolvidos por órgãos

---

7 Ian Woodward e Zlatko Skrbis, 2012, *op. cit.*
8 Magdalena Nowicka e Maria Rovisco, 2009, *op. cit.*
9 Vince Marotta, "The Cosmopolitan Stranger", em: Stan Van Hooft e Wim Vandekerkhove (org.), *Questioning Cosmopolitanism*, Berlim: Springer, 2010, pp. 105-120.

supranacionais; f) à existência de uma consciência global e aos medos ou esperanças ligados à globalização.

Na maioria das vezes, os trabalhos mais gerais sobre o cosmopolitismo (coletâneas, livros didáticos, livros de autoria coletiva) não tratam explicitamente a questão da socialização dos indivíduos no mundo cosmopolita[10]. Essa ausência se explica pelo fato de a socialização ser considerada eficaz quando atua no nível dos círculos sociais que cercam o indivíduo. A socialização é classicamente definida como o processo que leva um indivíduo a se tornar membro de um grupo social e de sua própria sociedade nacional[11]. É possível, então, formular a hipótese de que a socialização é considerada tão intimamente ligada ao contexto local e nacional de criação das identidades que é incapaz de levar em conta – a não ser metaforicamente, quando se evoca a "socialização no mundo" – outros círculos de pertencimento supranacionais ou mesmo transnacionais[12]. Como garantir, então, que esse duplo oximoro, que é a socialização cosmopolita, se torne heurístico? Basta adotar uma escala suplementar, superior aos círculos de sociabilidade locais e nacionais, para que o adjetivo "cosmopolita" dê à socialização um novo sentido e faça dela uma entrada privilegiada no estudo da experiência cotidiana do mundo global? Para responder a essa questão, convém voltar à maneira pela qual herdamos a noção de socialização, explorando em que medida ela foi compreendida pela sociologia clássica como exclusivamente ligada ao contexto local ou nacional.

---

10 Magdalena Nowicka e Maria Rovisco, 2009, *op. cit.*; Maria Rovisco e Magdalena Nowicka, 2011, *op. cit.*; Gerard Delanty, 2012, *op. cit.*
11 Peter Berger e Brigitte Berger, *Sociology*, Londres: Penguin Books, 1975.
12 Um alerta sobre a natureza exclusivamente restrita do contexto de socialização pode ser consultada em Darmon (2011, *op. cit*).

A FORÇA DA COMUNIDADE DENTRO DOS LIMITES DO ESTADO-NAÇÃO

De acordo com a reconstituição da tradição sociológica efetuada por Robert Nisbet[13], toda uma parte da sociologia dos pais fundadores teria nascido opondo-se firmemente à concepção de um indivíduo sem vínculos. A sociologia como projeto intelectual e científico teria surgido abandonando qualquer concepção universalista do homem, evitando pensá-lo como a encarnação particular de uma humanidade abstrata e preferindo imaginá-lo como "um ponto de emergência mais ou menos autônomo de uma humanidade coletiva particular, *a sociedade*"[14]. Segundo essa interpretação, a ideia de humanidade na sociologia nunca teria realmente se imposto. Com o seu gosto residual pelos ideais do Iluminismo[15], ela teria sido considerada demasiado vaga para servir à elaboração de um quadro conceitual autônomo. Deve-se, provavelmente, ao pensador conservador Joseph de Maistre a refutação mais radical de uma visão universalista do indivíduo quando, em tom polêmico, ele afirma, em suas *Considérations sur la France* [Considerações sobre a França], de 1797, que "não há *homem* no mundo. Já vi, durante minha vida, franceses, italianos, russos etc., sei até mesmo, graças a Montesquieu, *que se pode ser persa*; mas, quanto ao *homem*, declaro nunca tê-lo encontrado em minha vida; se ele existe, existe sem que eu saiba"[16]. Para a sociologia nascente, o indivíduo é um ser social, ele existe apenas em virtude de uma rede densa de corpos intermediários e inscreve suas ações em estruturas coletivas. O social é aprendido pela mediação de instituições que ligam o indivíduo à sociedade. Segundo esse pensamento, a família é uma das instituições que mais deveriam favorecer a ação

---

13 Robert Nisbet, 1984 (1966), *op. cit.*
14 Louis Dumont, *Homo hierarchicus*, Paris: Gallimard, 1966, p. 18, grifos do autor.
15 Norbert Elias, *La Société des individus*, Paris: Fayard, 1991 (1983).
16 *Ibidem*, p. 102, grifos do autor.

socializadora da sociedade, canalizando as paixões dos indivíduos e construindo o cidadão moderno[17].

Por essas razões, a comunidade é um conceito central entre aqueles elaborados pela sociologia para tentar ir além da teoria do direito natural[18]. Ele é tão fundamental para o século XIX como foi o conceito de contrato no século precedente. Ele marcará a disciplina para sempre. "Para a maioria dos escritores dos séculos XIX e XX que o utilizam, esse conceito de fato recobre todos os tipos de relação, caracterizados ao mesmo tempo por vínculos afetivos estreitos, profundos e duradouros, por um compromisso de natureza moral e por uma adesão comum a um grupo social."[19] Foi neste ponto que ocorreu a ruptura com as concepções voluntaristas dos teóricos do direito natural[20] e que, graças à descoberta da força coercitiva dos grupos, das instituições e da inscrição dessas entidades no horizonte territorial, social e cultural que é o Estado-nação, instituíram-se as bases de certa concepção de socialização em sociologia.

As distinções entre "comunidade" e "sociedade" em Tönnies, entre "comunalização" e "sociação" em Weber ou, ainda, entre "solidariedade mecânica" e "solidariedade orgânica" em Durkheim ilustram a força dos vínculos proximais e comunitários para o funcionamento do vínculo social, inclusive nas sociedades modernas. Assim, a sociologia clássica legou a ideia da necessidade de instâncias sociais densas, proximais e significativas para explicar a eficácia da socialização, inclusive no nível do Estado-nação. O poder das sociedades nacionais é tal que permite à socialização produzir seus efeitos bem além do nível local dos pertencimentos dos indivíduos. A formalização dos quatro tipos de

---

17 Catherine Cicchelli-Pugeault e Vincenzo Cicchelli, 1998, *op. cit.*
18 Robert Nisbet, 1984 (1966), *op. cit.*
19 *Ibidem*, p. 70.
20 Para esses teóricos, as instituições são apenas a projeção de sentimentos inatos, próprios a todos os homens. "A vontade, o consentimento e o contrato constituíam, portanto, os alicerces sobre os quais repousava a sociedade" (Robert Nisbet, 1984 [1966], *op. cit.*, p. 71).

suicídio em Durkheim reside explicitamente na força (ou fraqueza) da regulação e da integração asseguradas pelos grupos sociais e pela sociedade como um todo[21]. Quanto às variações nas taxas nacionais de suicídio, elas seriam incompreensíveis sem o postulado de que a sociedade nacional tem influência sobre o indivíduo[22].

Essa reconstrução dos fundamentos da sociologia clássica traz argumentos para a tese de Ulrich Beck de que a disciplina é incapaz de interpretar os fenômenos em andamento no mundo contemporâneo. O axioma nacionalista que o influencia parte do princípio de que a humanidade é naturalmente dividida em países que, no plano interno, são organizados em Estados-nação e, no plano externo, estabelecem fronteiras para se separar dos outros Estados-nação[23]. Porém, neste início de século XXI, torna-se mais difícil defender a tese de um Estado-nação como instância privilegiada de análise do social. A globalização desafia a ideia de que estreitar a ligação entre a história e as fronteiras nacionais é o único meio para alcançar a integração simbólica das sociedades[24]. Hoje seria um erro fundamental continuar a assimilar o estudo do social com o estudo da sociedade nacional: "A organização nacional na qualidade de princípio estruturante da sociedade e da ação política não pode mais servir como ponto de referência para o observador científico"[25].

Como outros conceitos fortes da disciplina, a socialização é penalizada por sua ancoragem no Estado-nação. Ela já não é mais operacional

---

21 Philippe Steiner, *La Sociologie de Durkheim*, Paris: La Découverte, 2005.
22 Desde então, uma grande parte da sociologia comparativa se baseia na importância dos contextos nacionais como unidade de análise (Marc Breviglieri e Vincenzo Cicchelli, "Comprendre la catégorie d'adolescent dans les sociétés méditerranéennes", em: Claire Bidart, *Devenir adulte aujourd'hui*, Paris: L'Harmattan, 2006, pp. 71-85; disponível em: <http://lodel.ehess.fr/gspm/docannexe.php?id=1500>, acesso em: 21 ago. 2018).
23 Ulrich Beck, 2003b, *op. cit.*
24 Ulrich Beck e Daniel Lévy, 2013, *op. cit.*
25 Ulrich Beck e Natan Sznaider, "Unpacking Cosmopolitanism for the Social Sciences", *The British Journal of Sociology*, 2006, v. 57, n. 1, p. 4.

tal como foi formulada na época da fundação da sociologia. Onde, na primeira modernidade, havia identidades desarticuladas (funcionando segundo o princípio do "ou ... ou"), na segunda modernidade aparecem identidades que funcionam de acordo com o princípio da distinção (ou da adição) inclusiva ("e ... e"). Em outras palavras, as velhas separações entre o dentro e o fora, entre o nacional e o internacional, entre nós e os outros perdem sua validade. É, portanto, "essa simultaneidade de inclusão e exclusão"[26] que o sociólogo cosmopolita deve levar em conta – sob pena de considerar que as mudanças em curso são, na pior das hipóteses, uma mera interferência das identidades e, na melhor delas, uma justaposição dos pertencimentos.

Enquanto a sociologia não tirar proveito dos efeitos da globalização na vida cotidiana, a compreensão das identidades cosmopolitas permanecerá truncada, pois "os laços culturais, as lealdades e as identidades não se detêm mais nas fronteiras e nos controles nacionais"[27]. O uso do nacionalismo metodológico em um mundo global leva à manutenção de uma "teoria territorial carcerária" da identidade[28] e torna impossível compreender os processos pós-nacionais de socialização.

Finalmente, a importância atribuída à comunidade (e a seus vínculos proximais) e à força integradora das sociedades pela sociologia clássica tal como a herdamos faz alguém como Marinus Ossewaarde[29] afirmar que, para essa disciplina, os seres humanos não podem ser definidos por seu pertencimento à humanidade. Qualquer definição do eu deve incluir necessariamente uma dimensão social, sendo a identidade concebida como dependente dos papéis sociais dentro de um grupo local ou nacional. Grande parte da literatura sociológica contemporânea ainda

---

26 Ulrich Beck, 2006a (2004), *op. cit.*, p. 131.
27 *Ibidem*, p. 20.
28 *Ibidem*.
29 Marinus Ossewaarde, "Cosmopolitanism and the Society of Strangers", *Current Sociology*, 2007, v. 55, n. 3, pp. 367-88.

insiste na necessidade de considerar a socialização como o produto de contextos sociais, seja qual for seu grau de organização, estruturação ou formalização. Nessa perspectiva, entende-se que "ser socializado é pertencer" e que "toda socialização é contextual porque se realiza em uma dada situação social"[30]. Norbert Elias[31] reafirma isso quando toma o exemplo de Robinson Crusoé. Ainda que viva isolado por muito tempo, esse náufrago continua a ser o testemunho da "constelação social" (sua família, seu grupo social e seu país) em que cresceu. "Ele traz a marca de certa sociedade, certo povo e certa categoria social."[32] Mesmo na "solidão desse homem sem sociedade, tudo mostra uma relação com o mundo, o espaço e o tempo que lhe foi antes inculcada"[33].

Que significação adquire, no entanto, a relação com o mundo em uma sociedade global[34]? Se a socialização cosmopolita não foi pensada pelos fundadores da disciplina, ficará impensada enquanto o legado da sociologia clássica não for abandonado?

UMA LEITURA ALTERNATIVA: O UNIVERSAL PARA ALÉM DO ESTADO-NAÇÃO

A equação entre a realidade histórica do Estado-nação e a sociedade como objeto de estudo natural da sociologia levou Beck a invocar a necessidade de uma ruptura epistemológica, a relegar a socialização ao celeiro da história do pensamento, juntamente com outros conceitos fundadores da disciplina, como poder, família, classes sociais, comunidade etc.

---

30 Viktor Gecas, "Contexts of Socialization", em: *Social Psychology*, New York: Basic Books, 1981, pp. 166-7.
31 Norbert Elias, 1991 (1983), *op. cit.*
32 *Ibidem*, p. 64.
33 Muriel Darmon, *La Socialisation*, Paris: Armand Colin, 2011, p. 6.
34 Para Robinson Crusoé, essa relação com o mundo corresponde a uma sociedade nacional, no caso, a Inglaterra do século XVII.

Todavia, certos autores se distanciaram dessa posição, lembrando que já se encontram nos fundadores da sociologia elementos de reflexão sobre a sociedade global e o cosmopolitismo[35], alguns dos quais ainda válidos para a compreensão do mundo contemporâneo[36]. As objeções desses autores referem-se a dois pontos.

Primeiramente, a reconstituição de Beck é falaciosa. Tanto histórica como analiticamente, a adequação entre uma perspectiva sociológica e uma forma social chamada "nacionalismo metodológico" não é tão discernível como gostaria Beck[37]. A reflexão de um Durkheim ou de um Weber foi "naturalmente" inscrita no âmbito do Estado-nação porque era sua experiência histórica[38]. No entanto, ninguém poderia assimilar as análises desses dois pensadores a abordagens puramente nacionalistas. Em vez disso, a descoberta de afinidades eletivas entre o Estado-nação e sua sociologia de referência seria mais o resultado de uma reconstituição retrospectiva realizada por Beck com a finalidade de fazer coincidir a passagem de uma forma de sociedade para outra (isto é, da sociedade nacional para a sociedade cosmopolita) com uma mudança de regime de verdade (isto é, do nacionalismo metodológico para o cosmopolitismo metodológico)[39].

Alguns autores contestam o fato de que a sociologia clássica se reduza ao estudo do Estado-nação. Olhando para isso mais de perto, segundo perspectivas certamente diferentes, Durkheim, Weber e Simmel elaboraram os conceitos-chave da disciplina com base mais no axioma do fato social do que no do fato nacional[40]. Ao contrário das afirmações de

---

35 Robert Fine e Daniel Chernilo, 2004, *op. cit.*; Bryan S. Turner, 2006, *op. cit.*; David Inglis, "Cosmopolitan Sociology and the Classical Canon", *The British Journal of Sociology*, 2009, v. 60, n. 4, pp. 813-32.
36 Massimo Pendenza, 2014, *op. cit.*
37 Daniel Chernilo, 2006, *op. cit.*
38 Dominique Schnapper, 1998, *op. cit.*
39 Robert Fine e Daniel Chernilo, 2004, *op. cit.*
40 Bryan S. Turner, 2006, *op. cit.*

Beck, eles escaparam da armadilha que é a confusão do Estado-nação com o social, uma vez que este deve intervir tanto no nível da comunidade quanto no da sociedade, e seu funcionamento não poderia se limitar a uma geografia nacional[41]. O livro do sociólogo americano Talcott Parsons, *The Structure of Social Action* [A estrutura da ação social] (1937), fornece o melhor exemplo desse falso processo. Segundo Bryan Turner[42], que vê esse sociólogo como o último representante do que ele chama de *classicality*[43], o social se manifesta em sua obra na interação social, no sistema social e no sistema das sociedades.

Portanto, a abordagem sociológica da ciência do social contém em si uma oposição ao nacionalismo metodológico, ocultada pela reconstituição realizada por Beck. O objetivo aqui não é, de forma alguma, defender a tradição sociológica pura e simplesmente, mas perguntar por que essa carga contra o nacionalismo metodológico tomou tanta força no debate contemporâneo sobre o cosmopolitismo[44]. As críticas endereçadas a Beck destinam-se a explorar novas vias de investigação produzidas pela releitura dos cânones da sociologia, em vez de permanecer presas a uma oposição estéril entre a sociologia antiga e a moderna. Contrariamente a Beck, é possível declarar-se contra o nacionalismo metodológico sem fazer tábua rasa do passado. A defesa da continuidade conceitual não remete de modo algum a uma forma de conservadorismo típico dos defensores da tradição, mas à consciência de que, ao se separar de seu passado, a sociologia do cosmopolitismo corre o risco de cortar o ramo disciplinar em que está assentada. Além disso, aderir, como Beck, à ideia de equivalência entre sociedade e Estado-nação leva a distorcer o legado da teoria sociológica e impede

---

41 Massimo Pendenza, 2014, *op. cit.*
42 Bryan S. Turner, 2006, *op. cit.*
43 Esse autor define por *classicality* as obras sociológicas cujo objetivo é descrever e explicar um campo particular, principalmente o do social (Bryan S. Turner, 2006, *op. cit.*).
44 Robert Fine, 2007, *op. cit.*

de compreender os elementos mais relevantes para analisar o lugar dessa instituição na modernidade. Indo de encontro às suas intenções, o nacionalismo metodológico dispensa os problemas históricos ligados à construção do Estado-nação na modernidade e reifica as ferramentas da teoria sociológica clássica. Visto como o princípio organizacional natural e necessário da modernidade, o Estado-nação acaba por ser considerado "historicamente necessário, sociologicamente sólido e normativamente fundamentado"[45].

Em segundo lugar, partindo da ideia de que o recurso à força social nas explicações sociológicas é apenas um dos caminhos[46], alguns autores trouxeram à luz a dimensão universalista da disciplina, muitas vezes esquecida por um autor como Nisbet. Daniel Chernilo[47] propôs uma reconstituição alternativa baseada na ideia de que o pressuposto central do cosmopolitismo *e* da sociologia clássica é, de fato, a pretensão ao universalismo. Ao se basear na teoria universalista do direito natural herdado do Iluminismo, a sociologia clássica propôs uma concepção compósita e mais sutil do universalismo para explicar os contornos da vida social moderna. Ela "tentou entender o surgimento das relações sociais modernas a partir de uma concepção universalista da humanidade, de ferramentas analíticas e de procedimentos metodológicos também universalistas"[48]. É precisamente a inscrição nesse horizonte de universalidade que torna clássica a sociologia dos fundadores.

Apesar de suas diferenças nas abordagens do social, os autores clássicos possuem três pontos em comum: a) a ideia normativa de uma sociedade moderna singular que engloba toda a humanidade; b) a definição conceitual do que é o social nas relações sociais modernas; c)

---

45 Daniel Chernilo, "A Quest for Universalism", *European Journal of Social Theory*, 2007a, v. 10, n. 1, p. 19.
46 Bryan S. Turner, 2006, *op. cit.*
47 Daniel Chernilo, *A Social Theory of the Nation State*, Londres: Routledge, 2007b.
48 *Ibidem*, p. 18.

a justificativa metodológica das ferramentas necessárias para produzir conhecimento empírico adequado. O que é comum à visão do capitalismo de Marx, aos estudos de Weber sobre a ética religiosa e econômica, às análises de Simmel sobre associabilidades ou às considerações de Durkheim sobre o patriotismo mundial é precisamente a ideia central de que a sociedade moderna é local do ponto de vista de suas origens, nacional por sua organização e universal quanto ao seu horizonte e alcance. A teoria sociológica clássica tenta responder à questão-chave de saber em que medida um conjunto de processos histórica e geograficamente circunscritos tem impacto no mundo inteiro. Para tanto, baseia-se na premissa de que, apesar das diferenças históricas e culturais, a humanidade é efetivamente uma e pode, nesse contexto, ser teorizada como tal. A conceitualização do alcance mundial da modernidade exige a hipótese normativa de uma visão universalista da humanidade em que ninguém é, em princípio, excluído[49]. Esses quatro autores fazem dessa a sua própria postura, cada um à sua maneira: Marx, em razão de sua crítica ao direito natural tradicional e de seu princípio da natureza global do capitalismo; Simmel, com o argumento do fundamento universalista – conceitual e metodológico – da ideia da sociedade; Durkheim, por intermédio de sua tese sobre o universalismo normativo, subjacente à relação entre o cosmopolitismo e o Estado-nação; Weber, no que diz respeito ao procedimento universalista no qual ele baseia seus avanços metodológicos.

---

49 Daniel Chernilo, 2007b, *op. cit.*

DOIS EIXOS DA SOCIALIZAÇÃO

Não há motivo para separar essas duas releituras da tradição sociológica em favor de uma ou de outra. Era importante somente verificar que nas obras clássicas da disciplina não existem grandes argumentos que se opõem radicalmente à conceitualização da socialização cosmopolita e que era até mesmo possível encontrar elementos que abrissem caminho para a sua elaboração dentro da tradição sociológica. Tratava-se, para nós, de proceder ao exame crítico dessa tradição, em vez de refutá-la sem recurso.

Propor a socialização cosmopolita como pedra angular para a compreensão das experiências biográficas do mundo cosmopolita não significa de forma nenhuma cair na armadilha presentista – tentação muito forte nas genealogias – de atribuir à sociologia clássica ferramentas que ela não poderia ter, de extrair dela questões que não poderia imaginar. Enquanto o mundo em sua globalidade não é obviamente seu objeto de estudo, a sociologia clássica dispõe de uma abertura cosmopolita capaz de tornar frutífera uma socialização que – sem essa ajuda – permaneceria enfeudada no determinismo da proximidade, limitada por uma definição de todo o social contido nos limites do Estado-nação. Sem querer fazer dos fundadores da disciplina os pensadores da globalização ou do cosmopolitismo, é possível, contudo, retirar de sua lição alguns elementos úteis de reflexão sobre a socialização no contexto global atual. Vamos distinguir dois: o primeiro remete ao lugar tomado pelo outro na definição do eu; o segundo diz respeito à inclusão do indivíduo no seio de círculos de pertencimento, de mundos comuns.

A RELAÇÃO COM O OUTRO

Quando atribui à sociologia cosmopolita o principal objetivo da cosmopolitização do mundo contemporâneo, Ulrich Beck[50] define esse pro-

---

50 Ulrich Beck, *Qu'est-ce que le cosmopolitisme?* Paris: Aubier, 2006 (2004).

cesso como a generalização da internacionalização do outro. Convém, então, perguntar quem é o outro e como ele intervém na construção de uma identidade cosmopolita.

Seria possível afirmar que a reflexão sobre o outro sempre esteve presente na sociologia europeia e norte-americana[51]. Sem recuar, como faz Dominique Schnapper, até Montaigne ou Montesquieu, é provavelmente com Max Weber que o outro é colocado no centro de um projeto de conhecimento sociológico. Sabe-se que, para esse autor, a ação social não pode ser apreendida sem a intencionalidade do agente e seu posicionamento em relação ao outro. Assim, ele define como atividade social aquela "que, de acordo com seu sentido pretendido [*gemeinten Sinn*] pelo agente ou pelos agentes, relaciona-se ao comportamento do outro, em relação ao qual seu desenrolar é orientado"[52]. Para enfatizar a importância de antecipar as expectativas, atitudes e comportamentos dos outros, Weber especifica que a atividade social pode até mesmo "se orientar de acordo com o comportamento passado, presente ou eventualmente esperado do outro"[53]. Sem essa orientação, não seria possível falar de atividade social: qualquer contato entre os homens não é de caráter social, "mas apenas o comportamento adequado que se orienta significativamente de acordo com o comportamento do outro"[54]. No seu esforço para sistematizar as categorias da sociologia, Weber amplia a definição de outro tanto para indivíduos concretos quanto para entidades mais abstratas: "Por 'outro' é preciso entender ou pessoas singulares e conhecidas, ou uma multidão indeterminada e totalmente desconhecida"[55]. O dinheiro, por exemplo, "significa um bem de troca que

---

51 E, mais geralmente, no pensamento filosófico ocidental (Tzvetan Todorov, 1989, *op. cit.*). Dominique Schnapper, 1998, *op. cit.*
52 Max Weber, *Économie et société*, tomos 1 e 2, Paris: UGE, Agora Pocket, 1995 (1921), p. 31.
53 *Ibidem*, p. 83.
54 *Ibidem*, p. 86.
55 *Ibidem*, p. 84.

o agente aceita durante um câmbio porque orienta sua atividade de acordo com a expectativa [*Erwartung*] de que inúmeras outras pessoas, desconhecidas e indeterminadas, estão prontas, por sua vez, para fazer uma troca eventual"[56].

Essa primeira elaboração não pode constituir em si o fundamento da socialização cosmopolita. Ela não nos informa sobre o que liga o eu e o outro, nem sobre as relações que se estabelecem entre eles; ela permanece em silêncio quanto ao papel que cada um deles desempenha na formação de um sentimento de pertencimento a entidades sociais (sejam elas proximais, sejam elas mais amplas), na definição de suas respectivas identidades e nas formas concretas de aprendizado que permitem ao indivíduo habitar o mundo cosmopolita. Portanto, é necessário recorrer a desenvolvimentos mais fecundos para nossos propósitos, mas não sem primeiro ter dividido analiticamente essas contribuições em dois grandes modos operatórios: por um lado, as abordagens que enfatizam a função desempenhada pelo outro na construção, na fixação e na validação da identidade do eu, lógica que remete à demanda – implícita ou explícita – de reconhecimento do eu pelo outro; por outro lado, aquelas que buscam compreender a distância social e cultural entre o eu e o outro e a forma como se constroem pontes ou se erguem barreiras.

DO RECONHECIMENTO DO EU PELO OUTRO...

O convite de Peter Berger para considerar a vida cotidiana como parte de uma rede complexa de reconhecimentos e não reconhecimentos[57] pode servir para ilustrar os fundamentos de uma abordagem centrada no lugar do outro na construção da identidade. Assim,

> trabalhamos melhor se nos beneficiamos do encorajamento vindo de nossos superiores. É difícil não ser desajeitado em um grupo

---

56 *Ibidem*.
57 Peter Berger, *Comprendre la sociologie*, Paris: Resma, 1973 (1963).

que sabemos nos considerar assim. Nós nos tornamos espirituosos quando aqueles que nos rodeiam esperam que sejamos assim e daremos prova de uma característica simpática se sabemos que nos atribuem essa reputação. A inteligência, o humor, a habilidade manual, a devoção religiosa e até mesmo o poder sexual respondem com a mesma ânsia ao que os outros esperam de nós[58].

Essa perspectiva do reconhecimento do eu por parte dos outros é inspirada por duas correntes: por um lado, a filosofia moderna europeia (Rousseau, Hegel, Herder), quando coloca em evidência o papel da autenticidade nesse processo; por outro, a filosofia norte-americana (Mead), quando acentua a busca de uma coerência interna para a identidade. Ao juntar-se em uma concepção dialógica de identidade, cada corrente insiste mais que a outra em uma função particular atribuída ao outro. Para a primeira, o outro deve dar sinais de reconhecimento ao eu e se mostrar atento à sua originalidade, à sua singularidade. Nas sociedades democráticas e individualistas contemporâneas, a identidade resulta de uma dialética entre a reivindicação da universalidade e a busca do reconhecimento da especificidade[59]. O individualismo democrático, que postula a igualdade de todos os membros do grupo, coexiste com o individualismo romântico, que reconhece a especificidade de cada um[60]. Nas sociedades contemporâneas, o indivíduo busca um trabalho de descoberta de si; contrariamente às aparências, entretanto, essa busca não é feita isoladamente, por um diálogo que cada um estabeleceria consigo mesmo.

A descoberta de minha própria identidade não significa que eu a elabore isoladamente, mas que eu a negocio pelo diálogo, em parte

---

58 *Ibidem*, p. 144.
59 Sylvie Mesure e Alain Renaut, *Alter ego*, Paris: Aubier, 1999.
60 Charles Taylor, "De l'anthropologie philosophique à la politique de la reconnaissance", *Le Débat*, 1996, v. 89, n. 2, pp. 208-16.

externo, em parte interno, com os outros. É a razão pela qual o desenvolvimento de um ideal de identidade gerado internamente dá uma nova importância ao reconhecimento. Minha própria identidade depende de forma vital de minhas relações dialógicas com os outros[61].

O advento da autenticidade ilustra perfeitamente a importância do outro, pois esse ideal moral, que está enraizado na fidelidade a si mesmo, pressupõe um horizonte de sentido compartilhado que transcenda o indivíduo e implique necessariamente os outros[62].

De acordo com a segunda corrente, a identidade é o resultado da construção social do *self*. Para George Herbert Mead, todo indivíduo seria dotado de um eu, reflexivo por sua natureza, capaz de se tomar como objeto. "Isto é o que encontramos na palavra 'eu', que é reflexivo e indica o que pode ser ao mesmo tempo sujeito e objeto."[63] Como para Taylor, para Mead essa consciência de si não é fruto de um trabalho solipsista; ela é obtida graças a um processo de interiorização de uma conversa externa: "O eu, na qualidade de objeto para si, é essencialmente uma estrutura social e nasceu na experiência social"[64]. Um indivíduo se torna um objeto para si mesmo quando se confronta com as atitudes dos outros em relação a ele.

No entanto, o modelo elaborado por Mead é mais sofisticado que o de Charles Taylor. Segundo o primeiro, a organização do eu é estruturada em torno de duas instâncias. De um lado, existe o "mim" (*me*, em inglês), que designa o polo social e cultural internalizado e que tende à conformação e à adaptação da sociedade. De outro, existe o "eu" (*I*, em inglês), que reage às pressões da sociedade e impulsiona à expansão das capacidades de expressão da individualidade. Nos termos de Mead,

---

61 *Idem, Multiculturalisme*, Paris: Flammarion, 1992, p. 52.
62 *Idem, Le Malaise de la modernité*, Paris: Éditions du Cerf, 1994 (1991).
63 George Herbert Mead, 1963 (1934), *op. cit.*, p. 116.
64 *Ibidem*, p. 119.

o eu é a reação do indivíduo às atitudes dos outros, enquanto o mim é "o conjunto organizado de atitudes dos outros que a pessoa assume. As atitudes do outro constituem o mim organizado, ao qual se reage como eu[65]. Se, na conversa interna que forma o *self*, o eu é a consciência sempre presente que o indivíduo possui espontaneamente de si mesmo, o mim representa a parte do *self* moldada pela sociedade[66]. Resumindo essa dinâmica em outras palavras, Claude Dubar escreve: "É do equilíbrio e da união dessas duas faces do *Self*, o 'mim' tendo interiorizado o 'espírito' do grupo e o 'eu' permitindo afirmar-se positivamente no grupo, que dependem a consolidação da identidade social e, portanto, a conclusão do processo de socialização"[67].

O interesse da abordagem de Mead vai além da descoberta de um tópico interno ao *self*. Sua teoria ontogênica do *self* fornece um elemento decisivo para a compreensão do papel desempenhado pelos outros na incorporação das regras, normas e condutas sociais. Sua distinção entre um outro significativo e um outro generalizado é célebre. Um indivíduo desenvolve uma consciência de si "colocando-se nos diversos pontos de vista dos outros membros do mesmo grupo, ou no ponto de vista generalizado de todo o grupo social ao qual ele pertence"[68]. O outro significativo designa qualquer pessoa que preencha na criança a função fundamental de aprendizagem dos papéis, isto é, indivíduos com quem as crianças têm relações mais frequentes e com quem o vínculo é o mais carregado no plano emocional. Na fase de socialização, durante a qual o mundo de uma criança se torna a totalidade de seu mundo social[69], todas as atitudes e todos os papéis que a criança assume sempre se referem a outros significativos.

---

65 *Ibidem*, p. 149.
66 Peter Berger e Brigitte Berger, 1975, *op. cit.*
67 Claude Dubar, *La Socialisation*, Paris: Armand Colin, 1991, p. 99.
68 George Herbert Mead, 1963 (1934), *op. cit.*, p. 118.
69 Peter Berger e Brigitte Berger, 1975, *op. cit.*

A irrupção do outro generalizado marca um estágio fundamental na aprendizagem dos conteúdos sociais que tornarão o indivíduo membro de uma comunidade: "A atitude do outro generalizado é a de toda a comunidade"[70]. De fato, a aquisição do *self* deve se desprender gradualmente do conjunto das interações mais imediatas que ocorrem nos círculos sociais próximos. "A importação das atividades mais gerais de uma dada totalidade social (ou sociedade organizada como tal) no campo da experiência de qualquer indivíduo envolvido ou incluído nesse todo constitui a base essencial, a condição necessária para o desenvolvimento do *self*"[71]. E, mais adiante: "Um universo de discurso, sistema de significações comuns ou sociais que o pensamento pressupõe como contexto, torna-se possível unicamente porque os indivíduos tomam a atitude ou as atitudes do outro generalizado para si mesmos"[72]. O viver em conjunto é possível graças à aceitação das instituições e à submissão à autoridade do outro generalizado.

Alguns autores enfatizaram a importância do próximo, considerado como um outro significativo por excelência, no processo de socialização.

> Cada indivíduo exige uma validação constante, incluindo a validação de sua identidade e de seu lugar no mundo pelos poucos outros que são realmente significativos para ele. Assim como a privação de relações com seus outros significantes irá mergulhar o indivíduo na anomia, do mesmo modo a presença contínua deles sustentará para ele o *nomos* pelo qual pode se sentir em casa no mundo, ao menos na maior parte do tempo. Ainda em um sentido amplo, todas as ações dos outros significativos e até mesmo sua simples presença exercem essa função de apoio[73].

---

[70] George Herbert Mead, 1963 (1934), *op. cit.*, p. 131.
[71] *Ibidem*, p. 132.
[72] *Ibidem*, p. 133.
[73] Peter Berger e Hansfried Kellner, "Le Mariage et la construction de la réalité", *Dialogue*, 1988, n. 102, p. 8.

Segundo essa perspectiva, a concepção de Mead da socialização como construção do *self* se prolonga em um esforço para pensar a pluralidade e a unidade da identidade íntima e grupal, seu caráter diacrônico e sincrônico. Por um trabalho relacional e terapêutico[74], o outro deve ajudar o eu a coagular as dimensões desatadas de sua identidade, seus "eus", para retomar a expressão de Mead, e atingir sua autenticidade. É somente através desse trabalho relacional que o indivíduo chega ao conhecimento de si mesmo, recebe uma impressão de unidade e de permanência de si.

Essas duas leituras do reconhecimento mostram toda a fecundidade de uma concepção dialógica da criação da identidade, ao mesmo tempo que indicam ao pesquisador as dificuldades de articular a pluralidade dos olhares e das formas de reconhecimento com as fragilidades das funções preenchidas pelos outros na validação da identidade individual. Essa abordagem apresenta o interesse de colocar a dialética entre o eu e o outro no centro da construção das identidades sociais e individuais, dando à socialização uma abordagem mais aberta das experiências dos atores sociais e de suas capacidades de deixar à distância os sistemas de ações sociais que pesam sobre eles[75]. A separação das sociologias mais deterministas é patente: elas

> sofrem por conta de um mesmo pressuposto que as leva a reduzir a socialização a uma ou outra forma de integração social ou cultural unificada, que residem largamente num condicionamento inconsciente. Esse pressuposto é o da *unidade do mundo social*, seja em torno da cultura de uma sociedade "tradicional" e pouco evolutiva, seja em torno de uma economia generalizada impondo a todos os membros das sociedades "modernas" sua lógica de maximização dos interesses materiais ou simbólicos[76].

---

74 François de Singly, *Le Soi, le couple et la famille*, Paris: Armand Colin, 1996.
75 François Dubet, *Sociologie de l'expérience*, Paris: Seuil, 1994.
76 Claude Dubar, 1991, *op. cit.*, p. 83, grifos do autor.

... AO OUTRO COMO ALTER

Segundo a abordagem que acaba de ser descrita, a socialização é o processo de ampliação progressiva do círculo das expectativas sociais. Seu ponto culminante é revelado pela aquisição de uma faculdade de perceber a si mesmo do ponto de vista do outro generalizado. É graças a essa percepção que o indivíduo conhece os atributos de seu valor social, que ele se torna capaz, na vida social, de reivindicar seus direitos e de responder por seus deveres. No entanto, a porta aberta por Weber com a introdução do outro na compreensão da orientação do eu não leva necessariamente a continuar o caminho da obtenção do reconhecimento para este último. Uma reflexão centrada na função do outro na constituição da identidade individual e social não poderia, por si só, lançar as bases da socialização cosmopolita. Essa reflexão não está interessada na maneira pela qual o outro pode ser definido pelo eu. Mesmo o modelo mais sofisticado proposto por Claude Dubar[77], que faz uma distinção entre a identidade para si – isto é, o tipo de homem ou mulher que o indivíduo quer ser e que se expressa por atos de pertencimento – e a identidade para o outro – que é definida pelo tipo de homem ou mulher que o indivíduo é aos olhos dos outros e que dá lugar a atos de atribuição –, é, no fim das contas, pouco atento às características do outro e o confina em um papel estreito. O outro não emerge das névoas indistintas de sua função de validação. Uma sociologia do outro não é necessariamente uma sociologia do *alter*. Assim, na abordagem anterior, falta o reconhecimento da diferença do outro, o que explica por que os mecanismos de aprendizagem – pelo contato com a alteridade, a questão da hospitalidade e, mais comumente, as restrições do viver em conjunto em sociedades plurais, bem como dinâmicas da aceitação ou da rejeição do outro – não são de modo nenhum considerados. Portanto, é necessário recorrer a mais autores para compreender outro aspecto das dinâmicas relativas às relações com o outro.

---

77 *Ibidem.*

Comecemos com Georg Simmel, que incontestavelmente apresenta o mérito de ter trazido à luz o papel fundamental da interação na socialização e de haver sublinhado a profunda ambivalência do lugar do outro na construção do vínculo social – um outro diferente do eu no plano da condição e do pertencimento. Esse autor inaugurou uma longa tradição de estudos dedicados a tais dinâmicas e, em particular, ao lugar do estrangeiro[78].

Como se sabe, a sociologia do estrangeiro de Simmel é um aspecto particular de uma teoria geral das relações humanas. Em seu breve texto sobre o estrangeiro, que teve repercussão notável na literatura sociológica, Simmel aborda essa relação a partir de sua dimensão espacial. O estrangeiro é entendido segundo duas acepções diferentes: quer como um elemento do próprio grupo, quer como um elemento totalmente externo a esse grupo. Para evocar rapidamente este segundo caso, Simmel toma o exemplo da relação que os gregos mantinham com os bárbaros, atribuindo-lhes uma alteridade irredutível, uma não humanidade, abolindo qualquer aspecto comum. Ele se demora bem mais no primeiro caso, a fim de destacar os elementos recíprocos de proximidade e distância entre o estrangeiro e a comunidade na qual ele se estabelece.

Os fundamentos da análise de Simmel podem ser resumidos da seguinte forma:

> Apesar de ser uma peça a mais sem qualquer vínculo orgânico, o estrangeiro é, justamente, um membro orgânico do grupo cuja vida unitária engloba o *status* específico desse elemento; apenas não sabemos como definir a unidade singular dessa posição senão como um composto de certos graus de proximidade e certos graus de distanciamento que, caracterizando cada relação por esta ou aquela quantidade, produzem numa proporção particular e numa tensão mútua a relação formal específica com "o estrangeiro"[79].

---

78 Vittorio Cotesta, *Sociologia dello straniero*, Roma-Bari: Laterza, 2002.
79 Georg Simmel, *Sociologie*, Paris: PUF, 1999 (1908), p. 668.

Em primeiro lugar, à diferença do andarilho, do errante, do itinerante, do vagabundo que chega um dia e parte no dia seguinte, para Simmel, o estrangeiro "chega num dia e permanece no dia seguinte"[80].

Em segundo lugar, toda relação humana é a ilustração particular de uma combinação entre distância e proximidade que pode ser formulada da seguinte forma: a distância significa que o próximo é distante, enquanto a proximidade significa que o distante é próximo. No caso do estrangeiro, Simmel ressalta, primeiramente, que sua principal característica de mobilidade – ele vem de lugar nenhum e ali se instala, podendo partir um dia – dá uma especificação particular a essa síntese de proximidade e de distância "porque o que é perfeitamente móvel entra eventualmente em contato com *cada* elemento em particular, mas não está organicamente vinculado a *nenhum* deles por relações fixas de parentesco, vizinhança ou profissão"[81].

Em terceiro lugar, e este é, provavelmente, o elemento que mais marcou os especialistas, essa forma particular de relação se expressa na objetividade do estrangeiro, a qual não remete de modo algum a uma falta de participação de sua parte, mas a uma forma particular de implicação. Não tendo vínculos fortes e antigos com os membros do grupo, o estrangeiro está livre de qualquer ligação que possa falsear seu julgamento. É graças à sua condição particular que ele é capaz de examinar uma situação com menos preconceitos: ele a avalia em relação "a ideais mais gerais e objetivos; sua ação não é dificultada pelos costumes e sentimentos de piedade precedentes"[82].

Finalmente, a relação entre o eu e o estrangeiro assume uma tonalidade bem particular e aparentemente contraintuitiva. A proximidade com o estrangeiro se manifesta pelos traços universais comuns. Compartilham-se com ele, afirma Simmel, certas qualidades gerais,

---

80 *Ibidem*, p. 643.
81 *Ibidem*, p. 664, grifos do autor.
82 *Ibidem*, p. 665.

ao passo que, com o próximo, o vínculo recai sobre a similitude de particularidades comuns em relação ao simples universal. Assim, paradoxalmente,

> o estrangeiro nos é próximo conforme sentimos, entre ele e nós, similitudes nacionais ou sociais, profissionais ou simplesmente humanas; ele nos é distante na medida em que essas similitudes ultrapassam sua pessoa e a nossa própria e conectam essas duas pessoas unicamente porque elas conectam, de todo modo, um número muito grande de pessoas[83].

Daí a tendência a encerrar o estrangeiro em um tipo universal, a negar-lhe características idiossincráticas. Nossa relação com ele é baseada em uma "similitude humana puramente geral"[84]. Agora, a consciência de um agrupamento de aspectos comuns com base em critérios puramente universalistas acaba revelando tudo o que os dois indivíduos não compartilham em termos de memória, cultura, identidade. Essa é uma forma particular de distanciamento que se instaura nessa relação. Por isso, Simmel chama nossa atenção para um elemento-chave na construção de uma relação com o outro, que deverá ser explorado nas páginas seguintes: é possível construir uma relação com um indivíduo externo ao grupo exclusivamente baseada em critérios universalistas, fora de qualquer apreciação particularista da própria pessoa e de seus atributos mais específicos?

Ainda que inspirado em vários ângulos do trabalho de Simmel, o ensaio de Alfred Schutz sobre o estrangeiro[85] enfatiza mais dois pontos que seu predecessor mal esboçou: o equilíbrio precário entre estranheza e familiaridade, por um lado, e a dupla dimensão do que o grupo

---

83 *Ibidem*, p. 666.
84 *Ibidem*, p. 667.
85 Alfred Schutz, *L'Étranger*, Paris: Éditions Allia, 2003 (1944).

faz com o estrangeiro e o que este produz no grupo a que ele tenta se integrar, por outro. Foi apontado que esse texto trazia marcas das vicissitudes de seu autor, exilado nos Estados Unidos na década de 1940 por causa do nazismo[86]. Além dessa dimensão biográfica, ele ainda captura a situação do estrangeiro que tenta interpretar "o modelo cultural do novo grupo social que aborda e se orienta dentro dele"[87]. Ao mesmo tempo, é justamente pela observação cotidiana do estrangeiro que os membros da sociedade que o acolhe entendem até que ponto o que lhes é familiar é suscetível de ser colocado em questão.

O estrangeiro é aqui definido como um indivíduo que tenta ser aceito ou tolerado por uma comunidade humana à qual ele nunca pertenceu. Qualquer recém-chegado se encontra nessa situação, seja o candidato que deseja integrar um clube fechado, seja o cônjuge que pretende ser aceito pela família do parceiro, o recruta que se junta ao exército, e assim por diante. Entretanto, o imigrante ilustra mais do que qualquer outra pessoa essa situação típica de crise que afeta a entrada em um grupo de desconhecidos.

Para entender melhor os contornos dessa socialização na diferença cultural, Schutz refere-se aos fundamentos da análise fenomenológica do conhecimento. Os indivíduos se orientam na sociedade graças a um saber que internalizaram e que lhes permite se sentir parte do grupo e nele transitar com facilidade. É certo que esse saber é incoerente, inconsistente e apenas parcialmente claro, mas ele tem, aos olhos dos membros do grupo, a aparência de uma coerência, consistência e clareza suficientes "para dar a qualquer um deles uma possibilidade razoável de compreender e de ser compreendido"[88]. Ele pode ser comparado a um conjunto de receitas que permite ao indivíduo interpretar o mundo em que vive e ajustar sua conduta às expectativas dos outros

---

86 Vittorio Cotesta, 2002, *op. cit.*
87 *Ibidem*, p. 7.
88 *Ibidem*, p. 16.

com um mínimo de esforço. Sua função é fornecer "condutas já prontas para uso, substituir a verdade difícil de atingir por obviedades cômodas e trocar uma explicação que levanta questões por outra evidente"[89]. Porém, esse "modo de pensar usual", que é válido em determinado contexto social e cultural, não poderia ser útil para o migrante. Ele vai, de fato, começar a interpretar o novo modelo cultural a partir de esquemas adquiridos ao longo de sua própria socialização em seu grupo de origem. Na passagem de um grupo a outro, os conceitos antigos não podem ser aplicados às novas situações se não tiverem sido reformulados. Sem essa transformação, eles se revelarão necessariamente inadequados.

Observando mais um pouco as análises de Simmel, Schutz enfatiza a força da socialização antiga: o estrangeiro compartilha o presente e o futuro do novo grupo, mas não o seu passado. "Somente os modos de vida de seus pais e avós tornam-se para um homem a base de sua própria maneira de viver."[90] Schutz evoca a impossibilidade de o imigrante acessar o passado da sociedade que o acolhe, de reunir os aspectos comuns das memórias – a sua própria e a dos membros do grupo. Esta frase lapidar atesta isso: "A morte e a memória são coisas que não podem ser transferidas ou adquiridas"[91]. Consequentemente, é difícil transmutar, em um novo esquema interpretativo, aquele aprendido no grupo antigo. O imigrante não pode usar o esquema cultural como tal, "nem estabelecer uma fórmula geral de transformação entre os dois modelos culturais que lhe permita converter, por assim dizer, exatamente as coordenadas de um esquema de orientação em outro"[92].

Primeiramente, um esquema cultural é como uma bússola. Estando no limiar do novo grupo, o estrangeiro não pode mais considerar sua posição como o centro de seu ambiente social, o que provoca nele "um

---

89 *Ibidem*, p. 17.
90 *Ibidem*, p. 20.
91 *Ibidem*.
92 *Ibidem*, p. 25.

novo deslocamento de suas áreas de relevância"[93]. Em seguida, o esquema cultural da nova comunidade não tem para ele nem a força, nem a coerência, nem a evidência do seu. Assim, é necessário que ele descubra "equivalências interpretativas", prestando muita atenção às discrepâncias fundamentais entre os dois modelos. Será preciso que ele entenda todas as sutilezas do novo modelo interpretativo para poder, enfim, dominá-lo. Finalmente, a aprendizagem de um novo código cultural assemelha-se à aprendizagem de uma língua estrangeira, com a dificuldade de compreender as nuanças, os elementos inefáveis que remetem a uma experiência vivida, as expressões idiomáticas e as formas particulares de dizer as coisas próprias de um grupo de falantes. É somente no final de um longo processo que o indivíduo se familiariza com uma língua e pode usá-la com facilidade nas mais diversas situações da vida cotidiana.

Toda a dificuldade de um imigrante consiste em verificar até que ponto a aplicação de um modelo sem aparência de validade permitirá que ele tenha chances de integração. Ele deve se assegurar de que "as soluções sugeridas pelo novo esquema produzirão o efeito que ele espera em sua posição especial de *outsider* e de recém-chegado que não domina totalmente o sistema do modelo cultural"[94]. Sem o domínio do saber compartilhado na sociedade que o acolheu, o estrangeiro não sabe como manter a distância certa dos membros do grupo. Ele oscila entre a reserva e a intimidade. Está inclinado a considerar as "características individuais como características típicas. Ele constrói, então, um mundo social, feito de um pseudoanonimato, uma pseudointimidade e uma pseudotipicalidade"[95].

Sua atitude em relação ao novo grupo incorpora dois traços fundamentais. Por um lado, ele é obrigado a examinar com cuidado um modelo cultural que é evidente para os membros que o compartilham. Sua objetividade se baseia – e é neste ponto que Schutz se distingue de Simmel

---

[93] *Ibidem*, p. 26.
[94] *Ibidem*, pp. 33-4.
[95] *Ibidem*, p. 35.

– mais profundamente em "sua amarga experiência dos limites de sua maneira de pensar habitual"[96]. Essa experiência da "liminaridade", para utilizar uma palavra cara a Arnold Van Gennep, ensinou-lhe uma dura verdade: "Um homem sempre pode perder seu status, suas regras de vida e até mesmo sua própria história"[97]. Por outro lado, sua lealdade ambígua com o novo grupo suscita desconfiança sobre ele. Retomando as considerações sobre o "homem marginal" de Robert Park, Schutz afirma que o estrangeiro é um híbrido cultural que vive na fronteira de dois mundos distintos, "sem saber realmente a qual dos dois ele pertence"[98]. Sua ingratidão e falta de vontade de adotar o modelo cultural do grupo que o acolhe em sua totalidade lhe são censuradas porque não se entende que esse mesmo modelo é a seus olhos, frequentemente, "um labirinto no qual ele perdeu qualquer sentido de direção"[99]. Assim, a inclusão eventual do estrangeiro no novo grupo será o resultado de um processo de investigação, de pesquisa e decifração da validade do novo código cultural.

A socialização com o outro inclui dimensões diferentes da dialética entre a distância e a proximidade espacial e/ou cultural. Ela também se relaciona com as relações de poder e de dominação que Norbert Elias destacou em pesquisa desenvolvida com John Scotson durante os anos 1950, num subúrbio inglês rebatizado como "Winston Parva" pelos pesquisadores. Essa monografia é uma bela tentativa de dar uma base empírica a mecanismos mais universais de exclusão dos marginalizados (*outsiders*) pelos já estabelecidos (*established*). A comunidade observada torna-se "o paradigma empírico de relações estabelecidos-excluídos frequentemente encontradas em outra escala em outros lugares "[100].

---

96 *Ibidem*, p. 36.
97 *Ibidem*.
98 *Ibidem*, p. 37.
99 *Ibidem*, p. 38.
100 Norbert Elias e John L. Scotson, *Logiques de l'exclusion*, Paris: Fayard, 1997 (1965), p. 69.

Todo o interesse do trabalho de Elias e Scotson se concentra no fato de terem tomado como objeto de análise trabalhadores recém-estabelecidos em Winston Parva, aparentemente sem nenhuma diferença em termos culturais ou étnicos com os seus homólogos anteriormente instalados, sem seguir o caminho da partida no dia seguinte, demonstrando um desejo de integração, dominando os códigos culturais da comunidade a que eles pertencem, assim como aqueles que os rejeitam. "Não há como rotular os problemas que apareceram no microcosmo de Winston Parva, ao contrário das aparências, porque os recém-chegados e os habitantes antigos [...] não eram nem de 'raça' diferente nem, com uma ou duas poucas exceções, de 'origem étnica' ou de 'classe social' diferente"[101]. Contudo, os recém-chegados são vítimas de uma lógica de exclusão da qual Elias e Scotson descrevem os elementos-chave, ao mesmo tempo que mostram a dinâmica relacional estabelecida entre os dois grupos ao longo do tempo. "Nenhum desses dois agrupamentos poderia ter se tornado o que se tornou independentemente do outro. Eles só podiam entrar nos papéis de estabelecidos e marginalizados em razão de sua interdependência."[102]

O grupo composto de famílias antigas trata os recém-chegados como intrusos. Como um dos dois grupos consegue se considerar melhor, superior ao outro? Ao longo do tempo, as antigas famílias operárias adquiriram formas específicas de coesão grupal e conseguiram acessar as funções sociais mais gratificantes e prestigiosas no nível simbólico. Desenvolveram uma definição positiva de si mesmas – uma espécie de carisma de grupo – que elas querem manter a todo custo, recorrendo a todos os meios para excluir os recém-chegados da possibilidade de competir com elas. Porém, esse diferencial de poder entre grupos tem repercussões na maneira pela qual uns representam os outros para si mesmos. Ao grupo dos melhores corresponde o oposto dos inferiores.

---

101 *Ibidem*, p. 240.
102 *Ibidem*, p. 250.

"A exclusão e a estigmatização dos intrusos eram, assim, armas poderosas nas mãos do grupo estabelecido para perpetuar sua identidade, afirmar sua superioridade e manter os outros em seu lugar."[103] O grupo dos estabelecidos tende a se perceber a partir de seus melhores elementos, de seus indivíduos exemplares, e a rejeitar suas próprias características negativas sobre os marginalizados. Esse mecanismo de estigmatização é tão poderoso e eficaz que os excluídos tendem a internalizar e, finalmente, a aderir à imagem que os dominantes lhes enviam de volta. "Essa distorção *pars pro toto*[104], em direções opostas, permite ao grupo instalado convencer de suas alegações a si mesmo e, ao mesmo tempo, aos outros: sempre há um ou outro elemento para provar que seu grupo é 'bom' e que o outro é 'ruim'."[105] Com o objetivo de preservar suas vantagens na comunidade, os estabelecidos se unem contra os recém-chegados, protegendo sua identidade ao afirmar sua superioridade. Ao fazê-lo, expressam a crença no carisma de seu grupo, mergulhando os recém-chegados em uma desgraça coletiva. Mesmo quando não se constrói a partir da diferença cultural, a relação com o outro não está isenta de formas de estigmatização e de recusa a relações de força que um grupo com mais recursos estatutários estabelece com o outro. O recém-chegado não é apenas marginalizado porque se encontra às margens da sociedade ou porque não compartilha o código cultural dos já estabelecidos. Ele é excluído porque se choca com um grupo anteriormente constituído, que possui uma memória compartilhada e uma distribuição de poder tais que seus membros lhe fecham as portas, trabalhando ativamente para preservar seus privilégios[106].

Os autores citados nos lembram quanto o estrangeiro é uma figura sociologicamente complexa. Ele pode ser apreendido tanto como um

---

103 *Ibidem*, p. 33.
104 *Pars pro toto*: parte pelo todo.
105 Norbert Elias e John L. Scotson, 1997 (1965), *op. cit.*, p. 34.
106 Vittorio Cotesta, 2002, *op. cit.*

tipo humano específico quanto como uma relação espacial, como um outro interno ao grupo e também externo a este; pode ainda remeter às categorias da marginalidade ou da alteridade, às lógicas de inclusão ou de exclusão[107].

INDIVÍDUO, SOCIEDADE, HUMANIDADE

Um segundo elemento presente nas teorias da socialização revela-se decisivo para uma reflexão sobre a socialização cosmopolita. Ele se relaciona menos com a questão da interação com o outro – e com o lugar reservado para o outro na construção de uma relação cosmopolita com ele – do que com a inscrição do eu nos círculos sociais segundo uma lógica vertical: dos mais imediatos entre eles até a sociedade e, para além disso, até a humanidade.

MICROCOSMO, MACROCOSMO

De acordo com Peter Berger e Brigitte Berger[108], um indivíduo experimenta mundos sociais em micro e macroescalas. O microcosmo é aquele de nossas experiências mais imediatas, contínuas e pessoais em relação aos outros; já o macrocosmo consiste em estruturas muito maiores que implicam relações com outros abstratos, anônimos e distantes. Esses dois mundos são essenciais para a nossa experiência da sociedade, já que cada um depende do outro pelo que significa para nós. "O microcosmo, com tudo o que acontece nele, faz sentido para nós somente se for entendido dentro do macrocosmo que o envolve; e vice-versa, o macrocosmo tem uma realidade fraca para nós, a menos que seja constantemente representado pelos encontros presenciais do

---

107 Vince Marotta, "Georg Simmel, the Stranger and the Sociology of Knowledge", *Journal of Intercultural Studies*, 2012, v. 33, n. 6, pp. 675-89.
108 Peter Berger e Brigitte Berger, 1975, *op. cit.*

microcosmo."¹⁰⁹ Os aprendizados realizados ao longo da socialização referem-se a sistemas de significações e valores que vão muito além da esfera imediata de interação do indivíduo. Em nossa experiência, ambos os níveis interpenetram-se continuamente para que se possa considerar a socialização como o processo que deve permitir ao ator social ligar a microesfera à macroesfera. "Primeiramente, a socialização permite ao indivíduo construir uma relação com outros indivíduos específicos; posteriormente, ela lhe permite fazer o mesmo em relação a universos sociais inteiros."¹¹⁰

No entanto, essas considerações não ajudam a entender a passagem de um mundo a outro. A fim de compreender melhor os mecanismos de socialização que permitem ao indivíduo se inscrever em comunidades e círculos sociais mais amplos que aqueles ao seu redor, é necessário retornar a George Herbert Mead[111]. Segundo ele, as instituições desempenham um papel-chave nesse processo e são definidas como uma "reação comum de todos os membros de uma comunidade a uma situação particular"[112]. São atividades sociais organizadas de tal forma que "os membros individuais da sociedade podem agir da maneira exigida, adotando a atitude dos outros em relação a essas atividades"[113]. Sem a incorporação desses outros generalizados que darão origem a reações e respostas institucionalizadas, não poderia haver um *self* completo, nem espírito de grupo. O objetivo da educação é incutir no indivíduo a capacidade de desenvolver reações cada vez mais gerais, de modo que, "enquanto não reagirmos a nós mesmos da mesma maneira que a comunidade, não pertenceremos verdadeiramente a ela"[114]. Isso porque o indivíduo pode entender as reações a determinadas situações

---

109 *Ibidem*, pp. 18-9.
110 *Ibidem*, p. 76.
111 George Herbert Mead, 1963 (1934), *op. cit.*
112 *Ibidem*, p. 221.
113 *Ibidem*, p. 222.
114 *Ibidem*, p. 225.

e provocá-las, por sua vez, por compartilhar o espírito da comunidade a que pertence. Segundo a teoria de Mead, é a organização das reações que torna possível a comunidade. Citemos uma passagem muito significativa: o indivíduo que

> possui um *self* é sempre membro de uma comunidade mais ampla, de um grupo social maior do que aquele em que se encontra ou a que pertence imediata e diretamente. Em outras palavras, o modelo geral de comportamento social que se reflete nas diferentes atitudes organizadas dos indivíduos implicados nesse comportamento (as diferentes estruturas organizadas dos *self*) ainda possui, para esses indivíduos, uma referência mais ampla do que a de seu relacionamento direto com elas. Esse modelo se refere, além de a si mesmo, a um ambiente social mais amplo ou a um contexto de relações sociais que o inclui e do qual ele é apenas uma parte. Os homens podem conhecer essa referência porque são seres sensíveis, dotados de consciência, espírito e razão[115].

Mead usa vários exemplos para mostrar a inserção do indivíduo no macrocosmo social. No caso dos cientistas, cuja comunidade compreende tanto o seu entorno imediato quanto todos aqueles para quem o seu saber é inteligível, a adesão ao universalismo da razão e do discurso científico é o cerne de seu pertencimento a uma comunidade transnacional. Para qualquer ator social é a empatia, a qualidade de se colocar no lugar do outro, que pode ajudar a construir um vínculo com uma comunidade mais ampla.

> Você pode se tornar o irmão de todos em seu bairro, em sua nação, no mundo, pois você compreende melhor a atitude do outro quando ela também é provocada em você. O essencial é o desenvolvi-

---

115 *Ibidem*, p. 231.

mento de todo o mecanismo da relação social que nos aproxima uns dos outros de modo que tomemos a atitude do outro nos diferentes atos de nossa vida[116].

E, finalmente, recorrendo desta vez a uma argumentação mais histórica que antecipa as abordagens dos *global studies*, Mead enfatiza que as grandes transformações experimentadas pelas sociedades modernas levam os indivíduos a interagir em contextos sociais transnacionais. Mesmo que os habitantes do planeta não tenham percebido que pertencem à sociedade de todos os humanos, esta torna-se mais real para eles. "A guerra mundial destruiu inúmeros valores; percebemos que o que está acontecendo na Índia, no Afeganistão, na Mesopotâmia está entrando em nossas próprias vidas, de modo que possamos chegar ao que chamamos de 'espírito internacional'. Nós tendemos a reagir como os povos que estão do outro lado do mundo."[117]

A HUMANIDADE, HORIZONTE ÚLTIMO DA SOCIALIZAÇÃO

Saber se pertencemos a uma comunidade mais ampla que aquela imediata a nós é perguntar-nos se "nossa própria ação provoca uma reação nessa comunidade maior e se essa reação se reflete em nossa própria conduta"[118]. Mas é em Simmel que a "comunidade maior" de Mead assume os traços da humanidade, o horizonte último da socialização[119]. "A humanidade criou para si a socialização como uma forma de vida – não era, por assim dizer, a única possibilidade lógica."[120] É por isso que a sociologia se define simplesmente como a "teoria do ser-sociedade da

---

116 *Ibidem*, p. 231.
117 *Ibidem*, p. 230.
118 *Ibidem*.
119 Gérôme Truc, 2005, *op. cit.*; Vittorio Cotesta, "Simmel on Global Society", em: Massimo Pendenza (org.), *Classical Sociology Beyond Methodological Nationalism*, Leyde: Brill, 2014, pp. 27-41.
120 Georg Simmel, 1999 (1908), *op. cit.*, p. 742.

humanidade"[121]. A sociologia de Simmel não concede nenhum privilégio à sociedade e ao contexto nacional que, na maior parte do tempo, o acompanha[122]. Embora Simmel considere a "nação" e elementos "nacionais" em suas referências à história europeia, ele os descreve como grupos fechados.

O indivíduo se torna consciente de si mesmo somente em relação à humanidade, pois esta representa o grupo social mais amplo possível. Do ponto de vista estrutural, a rede das relações humanas é constituída de entrelaçamentos em todos os níveis, desde o casal até a família e os grupos profissionais, dos grupos étnicos aos grupos nacionais. Simmel estima que nenhum desses grupos intermediários pode atingir a unicidade individual, pois o indivíduo se completa unicamente diante da humanidade[123]. Embora vivendo em grupos intermediários, ele tende a se realizar na qualidade de ser social em círculos cada vez mais amplos e, por isso mesmo, a transcender a sociedade em direção ao círculo último: a humanidade.

Se a unidade da humanidade é historicamente construída, os indivíduos vivem, socializam-se e realizam-se em diferentes formações sociais particulares. "Os polos metodológicos do estudo da vida humana continuam a ser a humanidade e o indivíduo."[124] É por isso que é permitido "atribuir à 'sociedade' seu lugar no conjunto das noções que regem metodologicamente o estudo da vida humana. [...] A própria sociedade assume a aparência de uma forma particular de agregação além da qual as ideias de humanidade e indivíduo são mantidas"[125]. É precisamente na qualidade de ideia que a humanidade desempenha um papel sociológico: ela é ao mesmo tempo um

---

[121] Georg Simmel *apud* Gérôme Truc, 2005, *op. cit.*, p. 49.
[122] *Ibidem*.
[123] Vittorio Cotesta, 2014, *op. cit.*
[124] Georg Simmel, 1999 (1908), *op. cit.*, p. 746.
[125] *Ibidem*.

horizonte em direção ao qual se orienta a ação e uma perspectiva a partir da qual se questiona a sociedade. A humanidade é uma ferramenta conceitual a serviço da análise sociológica, uma perspectiva possível e, em alguns casos, necessária. "A 'humanidade' é, se assim quisermos, uma 'ideia' como a 'natureza', talvez também como a 'sociedade', uma categoria que nos permite examinar fenômenos particulares."[126]

Finalmente, se a socialização nunca é nem completamente alcançada, nem terminada[127], é porque a estrutura social jamais pode absorver completamente a individualidade, sua totalidade, sua singularidade. Resta um não-sei-quê pelo qual o indivíduo está ao mesmo tempo no grupo e fora dele[128]. "Em cada homem, há, *ceteris paribus*[129], como que uma proporção imutável entre o indivíduo e o social."[130] O fato de que o indivíduo nunca possa ser contido em sua dimensão social estabelece os alicerces da dinâmica social, pois, assim entendida, a estrutura social nunca é acabada, está sempre em construção. Esse estado de incompletude é, na linguagem de Simmel, a ponte em direção aos outros[131].

Para dizê-lo com uma bela expressão de Gérôme Truc[132], Simmel fornece as ferramentas conceituais de uma sociologia do cosmopolitismo, atenta à "dupla relação entre diferença/indiferença e similaridade/dissimilaridade, que é a forma sociológica tomada pela insociável sociabilidade do homem, a incompletude permanente de sua socialização"[133]. O que Simmel observava há um século vale ainda mais hoje, em

---

126 *Ibidem*, p. 745.
127 Peter Berger e Thomas Luckmann, *La Construction sociale de la réalité*, Paris: Méridiens Klincksieck, 1986 (1966).
128 Vittorio Cotesta, 2002, *op. cit.*
129 *Ceteris paribus*: mantidas inalteradas todas as outras coisas. [N.E.]
130 Georg Simmel, 1999 (1908), *op. cit.*, p. 690.
131 Vittorio Cotesta, 2014, *op. cit.*
132 Gérôme Truc, 2005, *op. cit.*
133 *Ibidem*, p. 70.

um mundo onde o Estado-nação está enfraquecendo. Sua sociologia nos adverte para o fato de não atribuir determinismo estrito à ação da sociedade global.

Mais perto de nós, Norbert Elias[134] também insistiu na necessidade de tomar a humanidade como objeto de estudo sociológico. Partindo da ideia de que o século XX teria sofrido mudanças profundas que exerceram um impacto no modo como os sociólogos entendem seu objeto de estudo, ele preconiza a consideração de uma realidade social que ultrapasse a sociedade como quadro clássico de análise. Sem poder evitar a armadilha de uma concepção globalmente evolucionista das mudanças sociais, mas alertando para a profunda ambivalência das realidades sociais contemporâneas, Elias enfatiza o fato de que "os homens encontram-se atualmente em um processo massivo de integração"[135], o qual "não só caminha de mãos dadas com numerosos movimentos parciais de desintegração", mas "também pode ser substituído a qualquer momento por um processo dominante de desintegração"[136]. Todavia, parece que, para Elias, no final do século XX, isso vem a ser "a orientação para uma integração mais ampla e mais rigorosa da humanidade que prevalece"[137]. A compreensão desse processo requer que o sociólogo seja muito vigilante para que não conceba seus desejos como realidades e não atribua de forma precipitada uma significação positiva à evolução em andamento. No entanto, seja qual for a tendência do pesquisador, é preciso notar que esse movimento de integração da humanidade – como Elias o chama – representa a última etapa de "um processo muito longo de evolução social não programada que sempre levou, sistematicamente, passando por múltiplos estágios, unidades sociais menores e menos diferenciadas a unidades sociais maiores, mais

---

[134] Norbert Elias, 1991 (1983), *op. cit.*
[135] *Ibidem*, p. 218.
[136] *Ibidem*.
[137] *Ibidem*.

diferenciadas e mais complexas"[138]. Elias observa que hoje é a humanidade como um todo que serve de contexto para muitos processos de evolução e mudança estrutural. Sem esse quadro global de referência, tais processos não poderiam ser explicados de forma satisfatória.

A diferença entre Simmel e Elias é patente. Enquanto para o primeiro a humanidade é antes de qualquer coisa uma ideia, um conceito-limite que permite ao sociólogo lançar seu olhar para a socialização a partir do círculo social último, para o segundo ela toma uma consistência empírica que obriga o pesquisador a mudar seu olhar. Elias ainda prediz que é a humanidade que "deverá ser tomada como unidade social básica, como modelo do que se entende por sociedade e, portanto, como marco de referência para muitos estudos em ciências sociais"[139].

MARCOS PARA UMA HERMENÊUTICA DA ALTERIDADE

Por mais úteis que sejam, os elementos reunidos até agora precisam ser complementados se se espera dar uma orientação cosmopolita à socialização. Vimos que esta não se reduz ao determinismo da comunidade, nem à obtenção do reconhecimento do outro. Uma vez que esses elementos não poderiam ser considerados constitutivos do vínculo social cosmopolita, insistimos na necessidade de levar em conta o lugar dado ao outro, seu papel na aprendizagem do conhecimento necessário para viver em um mundo plural e comum.

Todavia, algumas questões ainda permanecem sem resposta. Quem é o outro na sociedade global? Que contornos assume ele em um mundo dominado pela diferença cultural e pela obsessão étnica? Se pertencer plenamente a uma sociedade particular significa, para o indivíduo, interiorizar profundamente não só "os processos subjetivos

---

138 *Ibidem*, p. 221.
139 *Ibidem*, p. 217.

momentâneos do outro, mas também o mundo em que [...] vive [o outro]"[140], como aplicar esse mecanismo ao mundo cosmopolita? Como nos aproximamos ou, ao contrário, nos afastamos do outro? Se o macrocosmo do indivíduo do século XXI é a sociedade global, seu outro generalizado é, *ipso facto*[141], toda a humanidade?

Pouquíssimos estudos e pesquisas se dedicaram até agora a essas questões para que possamos trazer respostas definitivas. Entretanto, esboçaremos alguns marcos teóricos nas linhas de conclusão deste capítulo como resultado desse longo desvio pelas teorias da socialização; em seguida, nos dois últimos capítulos, tentaremos dar uma base empírica à socialização cosmopolita descrevendo pesquisas relatadas na literatura.

Propomos introduzir na socialização uma dose de hermenêutica ao nível do vínculo que une o eu ao outro – um outro estabelecido em círculos sociais imediatos ou distantes, *in loco* ou em mobilidade, de forma física ou virtual. Essa postura é necessária, pois rompe com a ideia ingênua da transparência da relação com o outro, pois "a diferença e a alteridade não são livros abertos a partir dos quais é possível tirar informações e conhecimentos quando necessário. Elas se parecem mais com portas que podem ser abertas ou fechadas, dependendo do visitante"[142].

Essa dinâmica de decifração da alteridade busca compreender: a) o que o eu aprende com o outro, como ele se situa, graças a essa aprendizagem, em escalas de pertencimento e como se orienta na complexa geografia humana, étnica e cultural do mundo contemporâneo; b) como o eu e o outro agem reciprocamente, aceitam-se ou recusam-se, constroem um mundo comum e plural ou dividido e conflituoso. Se a relação com o outro se constrói tanto a partir de um registro universalista quanto no respeito às diferenças – pois nada é mais fácil do

---

140 Peter Berger e Thomas Luckmann, 1986 (1966), *op. cit.*, p. 179.
141 *Ipso facto*: como consequência necessária. [N.E.]
142 Vince Marotta, 2010, *op. cit.*, p. 117.

que reduzir o outro a um tipo quando se faz abstração de suas especificidades –, como esses dois elementos se articulam nos processos concretos da socialização cosmopolita? Em ambos os casos, o objetivo é entender o que o encontro com a alteridade faz ao eu e vice-versa. Como em um jogo de espelhos, a identidade do estrangeiro inclui a outra face de nossa identidade. O outro representa, de alguma forma, a face escondida de nós mesmos[143].

Desse ponto de vista, as contribuições de Simmel e Schutz são sempre de grande ajuda, porque permitem compensar um grande inconveniente das abordagens cosmopolitas que atribuem ao outro um papel passivo. Resta saber se a abertura ao alheio tem um resultado positivo para o outro e se o encontro com o eu é para ele uma fonte de "empoderamento e realização"[144]. Ao tentar imaginar qual socialização conviria a um mundo cosmopolita, foram identificados quatro elementos, que serão expostos nas linhas seguintes.

SOCIALIZAÇÃO POR PROXIMIDADE E À DISTÂNCIA

"Definida como o estabelecimento consistente e amplo de um indivíduo dentro do mundo objetivo de uma sociedade ou de um de seus setores"[145], a socialização se baseia em dois processos distintos, chamados de socialização primária e secundária. Pelo primeiro, correspondente à infância do indivíduo, ele se torna membro de sua sociedade. O segundo, por outro lado, "consiste em qualquer processo posterior que permita incorporar um indivíduo já socializado em novos setores do mundo objetivo de sua sociedade"[146]. Em outras palavras, a socialização primária se concentraria na internalização de normas gerais, graças

---

143 Vittorio Cotesta, 2002, *op. cit.*
144 Vince Marotta, 2010, *op. cit.*, p. 118.
145 Peter Berger e Thomas Luckmann, 1986 (1966), *op. cit.*, p. 179.
146 *Ibidem*.

a outros significativos com uma forte carga afetiva. A socialização secundária corresponderia a inserções pontuais, que podem se produzir ao longo da vida em esferas locais da sociedade, e, portanto, seria o produto de uma interação com um outro generalizado.

Alguns autores já fizeram observações a respeito dessa distinção[147]. Aqui, procuramos descobrir se ela pode ser útil na formulação de uma abordagem cosmopolita da socialização. Até mesmo Berger e Luckmann confessam abster-se de aplicá-la à "questão particular de aquisição de conhecimento sobre o mundo objetivo de sociedades que não sejam aquela de que nos tornamos membros, bem como os processos de desenvolvimento de interiorização de tal mundo na qualidade de realidade"[148]. Eles se contentam em supor que esse processo não pode ser totalmente distinto daquele que eles descrevem. No entanto, para fazer da socialização primária o processo de incorporação da sociedade global, seria preciso conjecturá-la como o equivalente à sociedade nacional, e as instâncias da socialização primária – especialmente a família – como capazes de agir nesse sentido. Uma socialização primária seria, hoje, capaz de integrar uma criança à sociedade geral global? Se a socialização secundária é definida como a socialização em um mundo especializado, devido à forte diferenciação social típica das sociedades modernas, é difícil ver como ela poderia nos ajudar a compreender a abertura sem precedentes no mundo consubstanciada aos processos da globalização – a saber, a interdependência das sociedades, a multiplicação das referências identitárias e as escalas de pertencimento. Tal como foi definida por Berger e Luckmann, a socialização não parece

---

147 Essas observações dizem respeito, em primeiro lugar, à articulação entre as duas socializações. Na verdade, podemos nos perguntar se existem estruturas sociais ou tipos de sociedade que implicam, por parte de seus membros, rupturas sistemáticas entre socialização primária e secundária, e até que ponto o êxito de uma socialização secundária permanece ligado às condições e aos resultados da socialização primária (Claude Dubar, 1991, *op. cit.*).
148 Peter Berger e Thomas Luckmann, 1986 (1966), *op. cit.*, p. 179.

estar à altura de ajudar a compreender esses processos de contato com a alteridade típica das sociedades plurais.

Na teoria de Mead e seus sucessores, a coerência e a homogeneidade do outro generalizado nunca são questionadas. É preciso se perguntar como o *me* – para retomar o termo usado por esse autor – internaliza a heterogeneidade cultural das sociedades modernas. Por outro lado, convém ampliar o contexto da formação da identidade, deixando o plano – caro ao interacionismo simbólico – das relações interpessoais em situação face a face. Finalmente, assim como é possível que haja outros significativos na idade adulta, também há outros generalizados durante a infância. Eles estão hoje rápida e amplamente presentes graças à forte socialização por grupos de amigos (pares)[149], grandes consumidores de bens culturais do exterior[150].

Consequentemente, propomos falar mais sobre *socialização por proximidade* e *socialização à distância* para entender como os indivíduos habitam o mundo cosmopolita estruturado pela onipresença das diferenças culturais e por processos transnacionais em várias escalas. Essa socialização é feita de atritos contínuos com a alteridade; ela é o resultado de aprendizados provindos de encontros – físicos e/ou virtuais, efêmeros e/ou prolongados, reais e/ou fantasiados – com as diferentes manifestações da pluralidade cultural, por proximidade e à distância.

---

[149] Olivier Galland, "Introduction", *Ethnologie française*, 2010, v. 40, n. 1, pp. 5-10; Vincenzo Cicchelli, 2013, *op. cit.*; Sylvie Octobre, *Deux pouces et des neurons*, Paris: La Documentation française, 2014.
[150] Vincenzo Cicchelli e Sylvie Octobre, "Sur le cosmopolitisme esthétique chez les jeunes", *Le Débat*, 2015, v. 183, n. 1, pp. 101-9.

A IMAGINAÇÃO NA DINÂMICA DA APROXIMAÇÃO E DO DISTANCIAMENTO

Ninguém parece colocar em dúvida a importância do papel desempenhado pela imaginação na construção de um mundo cosmopolita, como vimos na primeira parte. Voltemos a isso por um momento, concentrando-nos em sua dimensão cotidiana. Segundo Arjun Appadurai[151], a imaginação faz agora parte do trabalho mental do cotidiano das pessoas comuns.

> As pessoas comuns começaram a dispor do poder de sua imaginação em suas práticas cotidianas, o que se vê mais particularmente em andamento devido aos diferentes movimentos migratórios e diásporas. O exílio, o deslocamento, desejado ou obrigado, reforça naqueles que o vivem "os poderes da imaginação" como dupla capacidade de se lembrar do passado e de desejar o futuro[152].

A mídia constrói vigorosamente esses imaginários.

> Queira ele deixar seu país, ou já o tenha feito, queira ele viver lá novamente, ou decida não retornar, cada indivíduo expressa seus projetos mais frequentemente em termos influenciados pelo rádio e pela televisão, pelas fitas de áudio e vídeo, pela imprensa e pelo telefone. Para os que querem partir, as políticas de integração a seu novo ambiente, o desejo de partir ou de retornar, tudo é profundamente influenciado pelo imaginário que a mídia difunde, que vai muito além do contexto nacional[153].

Ao contrário do que tem sido argumentado pelos teóricos da modernidade, o imaginário permanece poderoso, particularmente por causa

---

151 Arjun Appadurai, 2005 (1996), *op. cit.*
152 *Ibidem*, pp. 33-4.
153 *Ibidem*, pp. 34-5.

do papel que a religião continua a desempenhar em nossas sociedades altamente burocratizadas e racionalizadas. Os novos movimentos, o ressurgimento da religiosidade em todas as suas formas e o retorno vigoroso de antigas crenças mostram que a religião pode "ter um peso mais importante que nunca nas políticas globais atuais, caracterizadas por um alto grau de mobilidade e interconexão entre indivíduos"[154].

O poder da imaginação também é visto na forma pela qual os indivíduos se apropriam do consumo e utilizam símbolos de modo subversivo e inesperado. Elementos culturais globalizados às vezes se tornam veículos para protestos políticos. Tomemos um exemplo. O jornal francês *Le Monde*, em 3 de julho de 2014, tinha a seguinte manchete: "O gesto usado por Katniss Everdeen foi adotado pelos manifestantes tailandeses contra o golpe de estado". E o artigo continuava:

> O braço estendido, três dedos unidos, o polegar e o auricular dobrados: esse sinal, descrito assim pela heroína da trilogia de ficção científica *Jogos vorazes*, Katniss Everdeen, desempenha um papel-chave na intriga da série de sucesso. E, cada vez mais, no decurso dos protestos contra o golpe na Tailândia, onde os manifestantes o adotaram como um sinal de união[155].

Esses *mediascapes* baseados na imagem e na narrativa de fragmentos da realidade oferecem aos que os percebem e os transformam

> uma série de elementos (personagens, ações e formas textuais) a partir dos quais podem ser extraídos cenários de vidas imaginadas: a deles, bem como a de pessoas que vivem a milhares de quilômetros de distância. Esses roteiros podem ser – e de fato são – desagregados em conjuntos complexos de metáforas a partir das quais as pessoas

---

154 *Ibidem*, p. 35.
155 *Le Monde.fr*, 3 jun. 2014. *Apud* Vincenzo Cicchelli e Sylvie Octobre, 2015, *op. cit.*

vivem, assim como ajudam a constituir narrativas do Outro e protonarrativas de vidas possíveis, fantasias que puderam se tornar os prolegômenos ao desejo de aquisição e de movimento[156].

A imaginação pode ajudar a produzir um sentido alternativo do lugar, a criar novas relações com o outro e a fazer nascer novas formas de ver o mundo como um todo[157].

DO ESTRANGEIRO À ESTRANHEZA

Zygmunt Bauman aponta, com razão, que toda sociedade produz estrangeiros e que cada uma delas os produz "à sua maneira"[158]. Não compartilhando conosco o mesmo mapa estético, cognitivo e moral do mundo, o estrangeiro torna obscuro o que é transparente a nossos olhos, introduz uma dose de ansiedade e embaralha as linhas de demarcação. A presença de estrangeiros pode ser percebida como uma ameaça à estabilidade que as sociedades tentam impor a um mundo cada vez mais líquido e imprevisível. Como indivíduos ambivalentes, os estrangeiros tornam as fronteiras sociais, culturais e físicas mais porosas e instáveis. Em vez de fortalecer as fronteiras, tornam-nas mais problemáticas. Desse ponto de vista, as afirmações de Bauman prolongam as reflexões de Simmel, Schutz e Elias quando se concentram na compreensão da distância entre o eu e o outro (que pode se transformar em lógica de marginalização e exclusão) e do impacto da chegada do estrangeiro a um grupo, a uma comunidade, a uma sociedade.

Por mais frutífera e importante que seja na tradição sociológica, essa abordagem clássica do estrangeiro demanda uma reformulação no

---

156 Arjun Appadurai, 2005 (1996), *op. cit.*, p. 74.
157 Nikos Papastergiadis, 2012, *op. cit.*
158 Zygmunt Bauman, "The Making and Unmaking of Strangers", *Postmodernity and its Discontents?* Cambridge: Polity Press, 1997, p. 17.

contexto da sociologia cosmopolita. É possível realmente se perguntar como a sociedade global produz estrangeiros e quem são eles. Sobre esse ponto, estamos de acordo com as reflexões de Vince Marotta[159] e Chris Rumford[160]. Se o advento de uma sociedade global nem sempre torna obsoletas as análises anteriores, ele demanda dos sociólogos, no entanto, um esforço de imaginação e um refinamento de suas ferramentas conceituais. Em primeiro lugar, mesmo que algumas formas de hospitalidade e de política de acolhimento dos estrangeiros conservem uma forte cor nacional, parece ilusório limitar-se ao contexto do Estado-nação para analisar as interações entre os estrangeiros e os membros anteriormente estabelecidos do grupo social, da comunidade ou da sociedade de acolhimento. Em seguida, a sociologia clássica do estrangeiro baseia-se na ideia de que, para entendê-lo, é necessário estudar os indivíduos que vêm de fora, os membros de outro grupo. Porém, segundo Chris Rumford, se os estrangeiros continuam, obviamente, a existir – como o aumento da mobilidade e dos fluxos migratórios não deixa de nos lembrar –, eles devem ser entendidos hoje dentro de uma condição mais generalizada de "estranheza", na qual a distinção entre "eles" e "nós" se torna cada vez mais problemática. Inegavelmente, os estrangeiros são uma presença difusa e familiar na vida dos atores sociais contemporâneos. Ao mesmo tempo, e este é o elemento mais importante a enfatizar, as figuras contemporâneas do estrangeiro se diversificaram e vão muito além das noções de migrante, expatriado, refugiado. Por halo semântico, novos personagens povoam o imaginário do estrangeiro: funcionários de *call centers* – compartilhando a língua dos clientes e familiarizados com os produtos ou serviços que eles consomem, mas podendo trabalhar muito longe deles; terroristas compatriotas, vivendo por um longo tempo, ou mesmo desde o nascimento, no país que atacam; ou ainda militantes nacionalistas que tomam

---

159 Vince Marotta, 2010, *op. cit.* e 2012, *op. cit.*
160 Chris Rumford, 2013, *op. cit.*

o caminho da *jihad*. Como observado por Nikos Papastergiadis[161], os atentados de Nova York, Casablanca, Madrid e Londres[162] ajudaram a inculcar o medo e a insegurança nas sociedades contemporâneas e a dar origem a formas de apreensão em relação ao outro, remetendo-o à imagem de bárbaro ou monstro. O medo desumaniza e demoniza o outro, cuja presença é ainda mais preocupante pelo fato de ele poder surgir sub-repticiamente no seio da sociedade que o acolhe.

A ideia de estrangeiro a que estávamos acostumados já não parece mais totalmente adequada, principalmente porque, de acordo com Chris Rumford[163], nossas sociedades foram profundamente transformadas pela globalização. É mais difícil identificar aqueles que chegam hoje e ainda estarão ali amanhã, e, além disso, o fato de exibir marcas de pertencimento étnico não significa de modo nenhum que não pertencemos à sociedade em que nascemos e vivemos.

Retomando a hipótese de Vince Marotta – segundo a qual a existência de uma distância cultural e social entre pessoas fisicamente próximas instaura entre elas uma situação de "estranheza"[164] –, Rumford sugere entender a figura do estrangeiro no mundo global a partir da situação generalizada de estranheza. A intensidade dessa estranheza pode depender do ponto em que se é posicionado em um *continuum* entre proximidade e distância. O tipo social do estrangeiro é um indivíduo considerado social, cultural ou etnicamente diferente da sociedade de acolhimento ou do grupo dominante. É a percepção dessa diferença visível que muitas vezes se considera sinônimo de experiência da alteridade. Diferentes estrangeiros podem ser colocados em diferentes lugares ao longo do *continuum*, dependendo de como eles são percebidos.

---

161 Nikos Papastergiadis, 2012, *op. cit.*
162 Poderiam ser adicionados a essa lista os atentados de Paris em janeiro e novembro de 2015, bem como outros ataques terroristas em todo o mundo por grupos jihadistas.
163 Chris Rumford, 2013, *op. cit.*
164 Vince Marotta, 2010, *op. cit.*, p. 107.

É até mesmo possível que um estrangeiro não suscite um sentimento de estranheza e que, ao contrário, dois parceiros considerados socialmente próximos se sintam distantes[165].

Assim, a estranheza é entendida como uma experiência geral da vida cotidiana contemporânea, vivida não só por aqueles que chegam hoje e ficam amanhã, mas também pelos membros da sociedade de acolhimento. Quando a experiência do cotidiano da globalização se manifesta por uma forte confusão das fronteiras, "encontramos estrangeiros onde anteriormente encontravam-se vizinhos"[166], nossos vizinhos tornam-se estrangeiros a nossos olhos e, finalmente, nos tornamos estrangeiros a nós mesmos. Este é o paradoxo da condição cosmopolita contemporânea: "Não há estrangeiros, já que todos somos cidadãos do mesmo mundo; só há estrangeiros, já que somos todos assim uns para os outros"[167]. Consequentemente, convém abandonar a ideia de que a estranheza estaria ligada a uma situação excepcional na vida de um indivíduo e considerá-la como característica central da figura do estrangeiro, pois este emerge a partir de então dentro da sociedade e não fora dela.

Hoje, a análise do estrangeiro também é um estudo de nós mesmos e de nosso pertencimento. Isso equivale a explorar as maneiras pelas quais uma sociedade cria sua própria coerência e a investigar como formas de associação e de solidariedade podem ser perpetuadas em um contexto em que já não é certo que a comunidade seja definida por sua inscrição na estrutura social das sociedades nacionais. A globalização transformou de tal modo nossa relação com a alteridade que se tornou urgente explorar como ela pode levar a um maior distanciamento de nós mesmos.

TRÊS REGISTROS DA HERMENÊUTICA DA ALTERIDADE

---

165 Vince Marotta, 2010, *op. cit.*
166 Chris Rumford, 2013, *op. cit.*, p. 7.
167 Étienne Tassin, *Un monde commun*, Paris: Seuil, 2003, p. 177.

Para entender o que é uma identidade cosmopolita, como ela é construída, vivida e produzida, provavelmente podemos adiantar, de acordo com os teóricos do cosmopolitismo, que a questão essencial que os indivíduos enfrentam na era da globalização é a de saber "como viver com a alteridade, a diferença cultural, no cotidiano e permanentemente"[168]. Todavia, isso está longe de ser suficiente, uma vez que os trabalhos sobre o cosmopolitismo ignoraram a definição de outro e o papel desempenhado pelo contato com a alteridade, quando esses tópicos deveriam estar entre seus resultados[169]. Se Ulrich Beck[170] define a incorporação do outro na definição do eu como um mecanismo poderoso de construção da relação cosmopolita com o mundo, tal afirmação precisa ser apoiada por investigações sobre as experiências individuais, dotando a socialização com conceitos adequados[171]. Concordando com Brian Turner, parece-nos mais profícuo basear a abordagem cosmopolita em uma "hermenêutica da alteridade"[172].

De quais ferramentas essa hermenêutica precisa? Na sociologia das identidades de inspiração fenomenológica, o conhecimento do outro reside no processo de tipificação. Esta pode ser definida como a implementação, na vida cotidiana, de esquemas gerais de apreensão do outro. A interação cotidiana é tecida com tipificações. "Na maior parte do tempo, meus encontros com os outros na vida cotidiana são típicos em um duplo sentido – eu interpreto o outro como um tipo e interajo com ele em uma situação que é, ela própria, típica."[173] Ao se afastar da interação face a face, as tipificações tornam-se mais

---

168 Zygmunt Bauman, 1997, *op. cit.*, p. 30.
169 Vincenzo Cicchelli, 2012, *op. cit.*
170 Ulrich Beck, 2004b, *op. cit.*
171 "Devido a um acesso fácil às imagens globais de catástrofes e sofrimentos, por exemplo, possuímos uma imaginação cosmopolita por meio da qual podemos incluir 'a alteridade do outro' em nossa definição de nós mesmos" (Ulrich Beck, 2004b, *op. cit*, p. 148).
172 Bryan S. Turner, 2006, *op. cit.*, p. 135.
173 *Ibidem*, p. 48.

anônimas, englobando indivíduos considerados como representantes, testemunhas de sua cultura, ou como abstrações com as quais as interações são altamente improváveis. É justamente esse o exemplo da rainha da Inglaterra, cujo eu supostamente deve conhecer sua existência e associar-lhe algumas características típicas, individuais, de função e pertencimento nacional.

> A realidade social da vida cotidiana é, portanto, entendida em um *continuum* de tipificações que se tornam progressivamente anônimas a partir do momento em que são extraídas do "aqui e agora" da situação face a face ou presencial. Em um dos dois extremos do *continuum* encontram-se aqueles com quem interajo com frequência e intensidade nessas situações face a face – eles constituem o meu "círculo íntimo". No outro extremo encontram-se as abstrações eminentemente anônimas que, por sua natureza profunda, não podem ser acessíveis em situações presenciais. A estrutura social é a soma total dessas tipificações e dos modelos recorrentes de interação estabelecidos por meio delas[174].

Todavia, o recurso a esse poderoso processo de colocar o mundo em ordem deixa muitas questões em suspenso, as quais se relacionam com os mecanismos concretos de apreensão do outro em uma sociedade global. Se autores como Berger e Luckmann[175] preveem nesse modelo a possibilidade de o indivíduo reajustar sua conduta com base em uma interação próxima, por outro lado nada se diz sobre as dinâmicas concretas desse processo em caso de encontro com indivíduos que não correspondem a nenhuma expectativa. Como se constrói uma relação com o outro quando não há o auxílio de um conhecimento preestabelecido? E, finalmente, ao colocar no mesmo *continuum* a tipificação de

---

174 Peter Berger e Thomas Luckmann, 1986 (1966), *op. cit.*, pp. 50-1.
175 *Ibidem*.

indivíduos conhecidos e menos conhecidos, mais íntimos e sem intimidade, essa ferramenta não perde a eficácia?

De modo mais pertinente para o nosso propósito, podemos retomar e complementar uma distinção estabelecida por Tzvetan Todorov[176], para quem a maneira pela qual o eu constrói sua relação com a alteridade é estruturada por três dimensões, qualificadas respectivamente como epistemológica, axiológica e praxeológica. A primeira dimensão remete à maneira pela qual o eu conhece o outro, exaltando ou diminuindo a diferença que os separa; a segunda insiste nos mecanismos que levam o eu a apreciar ou rejeitar os valores do outro; a terceira indica o movimento de aculturação, assimilação e integração esboçado pelo eu para se abrir ao estrangeiro (ou para debruçar-se sobre si mesmo). Tomados em conjunto, esses três níveis permitem compreender o processo de construção de uma relação cosmopolita com o mundo, inscrevendo-o em um *continuum* que passa do reconhecimento de uma proximidade e de uma semelhança à referência a uma exterioridade radical, a uma estranheza absoluta. Entretanto, a noção de reciprocidade está ausente nessa formalização[177], já que nenhum dos três níveis leva em conta o fato de que a apreensão do outro, sua aceitação e a ação a seu respeito não podem ser formuladas independentemente de uma troca com o eu.

Para preencher essa lacuna, é necessário distinguir três registros de representação do outro e do eu: *nomotético, idiossincrático* e *empático*. Eles formam tanto instrumentos para o conhecimento do outro quanto para a compreensão de como a interação com a alteridade se estrutura em termos de simetria, assimetria e poder[178]. Além disso, trazem à luz

---

176 Tzvetan Todorov, 1982, *op. cit.*
177 Vincenzo Cicchelli, "Connaître les autres pour mieux se connaître", em: Fred Dervin e Michael Byram (org.), *Mobilités académiques*, Paris: L'Harmattan, 2008, pp. 101-24.
178 Retomamos aqui, adaptando-a, uma proposta formulada em outro trabalho (Vincenzo Cicchelli, *La Construction de l'autonomie*, Paris: PUF, 2001), sobre relações construídas com outros significativos.

as consequências dos pressupostos que estruturam a ação do eu sobre o outro e vice-versa.

Em relação à alteridade de tipo nomotética, o eu considera o outro como caso particular de uma ordem universal que foi instituída com o objetivo de permitir que esse outro acesse uma ordem simbólica compartilhada, mas construída independentemente de sua vontade e à qual ele deve se conformar. A consideração do outro é concebida de modo que ele se ajuste às expectativas que neutralizam, e até negam, sua diferença, sua singularidade. A partir da expressão dessas expectativas, julgamentos e atitudes, o eu quer estruturar as expectativas, julgamentos e atitudes do outro de forma coercitiva e só o aprecia quando ele se dobra à sua vontade de poder, ao exercício de sua dominação. Essa representação do outro refere-se a um universalismo que feudaliza o outro às exigências do eu e que instaura *de facto* uma assimetria entre os dois.

Em uma relação idiossincrática com a alteridade, o eu se considera como um caso particular, *sui generis*, e pede ao outro que o considere como tal. Ele pode apreciar a ordem simbólica proposta pelo outro, desde que essa ordem seja respeitosa com sua própria pessoa. O outro é apreendido por sua capacidade de não invadir os territórios do eu e não se envolver com seus direitos. Trata-se de uma diferença fundamental entre a relação idiossincrática e a relação nomotética com a alteridade: aqui, o eu pede que o outro se adapte às suas características particulares, e não a características universais (das quais o eu é apenas um representante).

Se essas duas primeiras relações podem explicar o mal-entendido, o antagonismo ou o conflito, a terceira relação com o outro, empática, vem do registro do entendimento recíproco e do estabelecimento de uma relação simétrica. Aqui, o eu considera o outro (e vice-versa), em virtude de sua própria dignidade, como um indivíduo por inteiro. Nessa relação, cada um obedece, pelo reconhecimento mútuo da humanidade do outro, a desejos que inscrevem ambos em uma ordem simbólica compartilhada. As duas primeiras relações eram unilaterais, a terceira é relacional. O eu se aproxima do outro (e vice-versa) pela profunda aceitação da individualidade dele e pela vontade de compreender sua diferença sem procurar aboli-la, hierarquizá-la. Por uma definição comum do que é certo e desejável, o eu e o outro vão além do universalismo coercitivo da primeira relação com a alteridade e do particularismo atomizado da segunda. Estamos no registro de um universalismo simétrico e reflexivo.

◆ ◆ ◆

Os atores sociais não vagueiam em um mundo a-histórico. A globalização comprimiu o espaço e o tempo e dilatou as fronteiras, construindo a interdependência entre sociedades e uma aproximação entre as culturas. Em um mundo cosmopolita, ninguém vive em um vazio cultural, ninguém está livre de amarras, ninguém se envolve em uma relação ficando neutro, ninguém chega perto do outro sem recorrer a um estoque de imagens *a priori*. A socialização cosmopolita é, portanto, hermenêutica e reflexiva. Ela também leva em consideração a socialização por proximidade e a socialização à distância, insistindo na força dos imaginários transnacionais e na estranheza difusa que caracteriza o mundo cosmopolita, na tentativa de chegar a uma formalização das relações que se estabelecem entre o eu e o outro. Sua principal ambição é entender como é possível lidar com o outro sem aniquilá-lo e gerenciar a pluralidade cultural sem ter a sensação de perder suas referências identitárias.

Esta primeira caracterização da socialização cosmopolita permanecerá incompleta até que exploremos os mecanismos na vida cotidiana. Tentaremos fazer isso nas páginas seguintes, usando como apoio trabalhos empíricos recentes. Não é simples entender previamente os processos que levam os indivíduos a se tornar – ou não – cosmopolitas e a desenvolver – ou não – uma tendência cosmopolita.

As ferramentas da socialização cosmopolita procuram identificar dois elementos principais de construção do indivíduo contemporâneo: a) a possível inscrição de seu pertencimento em um horizonte mais amplo que o ambiente imediato, com o reconhecimento de si em uma humanidade comum e com a possível reformulação das escalas de pertencimento; b) o lugar reservado ao outro na definição do eu e na aprendizagem relacionada à gestão da pluralidade cultural. Portanto, a socialização cosmopolita torna-se heurística, com a condição de integrar à análise dos processos de construção do indivíduo o aspecto ao mesmo tempo particularista e universalista dos pertencimentos e de adotar uma abordagem hermenêutica da alteridade. A esse duplo objetivo são consagrados os dois capítulos seguintes, o primeiro dos quais se baseia em levantamentos de questionários que tentam objetivar os determinantes do pertencimento e suas correlações com as tendências de abertura para o mundo; o segundo parte de pesquisas mais qualitativas que identificam as formas sinuosas, ambivalentes e reversíveis de conscientização e aprendizagem da alteridade.

CAPÍTULO 5

O QUE É SER COSMOPOLITA?

*Salvo que sou cidadão do mundo com
colhões nova-iorquinos.*

Don DeLillo[1]

Admitindo que, por causa da globalização, os seres humanos se familiarizaram com as realidades transnacionais que os cercam, seria fantasioso acreditar que a maioria privilegie a abertura a desconhecidos em suas relações sociais próximas, como o círculo da família, dos amigos, dos vizinhos; seria enganoso acreditar que a exposição global a fenômenos transnacionais os impele *ipso facto* a cultivar uma atitude cosmopolita. Viver em um mundo cosmopolita não significa adotar os contornos do ideal-tipo cosmopolita, nem defender a realização de suas aspirações éticas.

Em contrapartida, mesmo que uma proporção não negligenciável de indivíduos se mostre relutante em considerar a globalização como um fenômeno positivo (Eurobarômetro, 2010)[2], seria contraintuitivo pensar que a maioria dos habitantes do planeta não tem interesse, por mais vago que seja, em produtos culturais internacionais, línguas estrangeiras e outros códigos culturais.

Assim que se tentam compreender os contornos da identidade e da tendência cosmopolita nos indivíduos, surgem dificuldades

---

1 *Cosmopolis*, Arles: Actes Sud, 2003, p. 37.
2 "Eurobarômetro" é o nome que se dá às pesquisas de opinião pública realizadas regularmente pela Comissão Europeia em todos os Estados-membros da União Europeia, desde 1972. [N.E.]

metodológicas que alimentam um intenso debate dentro da pesquisa. Por exemplo, alguns trabalhos privilegiam o estudo de um cosmopolitismo vivido no cotidiano, partindo das dificuldades dos atores sociais em articular seus pertencimentos locais/nacionais com sua inscrição em uma humanidade comum. "Certamente, pode-se ter múltiplas afiliações, muitos 'nós', alguns sendo mais capazes de fazê-lo do que outros, mas a energia, os recursos e a afeição dos indivíduos não são infinitos."[3] Para outros, o fato de aderir à ideia de que a maioria dos atores sociais é capaz de desenvolver uma visão cosmopolita, tendo como critério principal a abertura à alteridade[4], conduz inevitavelmente a abandonar uma definição forte do cosmopolitismo, o que equivale a assimilá-lo a uma noite em que todos os gatos são pardos e todas as vacas são pretas.

Vejamos esses debates antes de comentar os resultados de levantamentos internacionais por questionários que permitem objetivar as dimensões do pertencimento cosmopolita.

CONTROVÉRSIAS

Entre os debates que mais incomodam na literatura da área, selecionamos três, que dizem respeito ao elitismo dos cosmopolitas, à própria natureza do cosmopolitismo – dividido entre condição e postura – e à existência de uma consciência global nos indivíduos.

---

3 David A. Hollinger, 2006, *op. cit.*, p. 16.
4 Zlatko Skrbis e Ian Woodward, "Cosmopolitan Openness", em: Maria Rovisco e Magdalena Nowicka (org.), *The Ashgate Research Companion to Cosmopolitanism*, Farnham: Ashgate, 2011.

O COSMOPOLITISMO, AINDA E SEMPRE UM ELITISMO?

Uma forte oposição divide aqueles que propõem um cosmopolitismo como marca das elites[5] e aqueles que acreditam existir uma forma de cosmopolitismo "comum" e "banal", "cotidiano"[6], que escapa em parte a uma atribuição de classe.

Uma clara preferência pelo universal é encontrada nos escritos de Martha Nussbaum[7] que, em um texto altamente discutido, designa o cosmopolita como aquele que coloca o direito antes de seu país e a razão universal antes dos símbolos de pertencimento nacional. A "primeira fidelidade" do cosmopolita "dirige-se à comunidade dos seres humanos do mundo inteiro"[8]. Para um cosmopolita, o patriotismo como sentimento de pertencimento à nação apresenta uma fraqueza no nível lógico: "Ele quer, de fato, ultrapassar os particularismos locais em nome do que é, em última instância, apenas outro particularismo – o pertencimento nacional"[9]. A maior capacidade que os indivíduos cosmopolitas podem demonstrar consistiria, portanto, em compreender seu pertencimento a uma humanidade comum a partir do gesto reflexivo de experimentar-se no olhar do outro.

Sem adotar essa visão engajada, que remete a uma postura normativa ao procurar fazer do cosmopolitismo a base de um *éthos* orientado para a inclusão de todos os seres humanos no espaço transcendente da cosmópolis, alguns sociólogos definem o cosmopolita como um indivíduo de mente aberta, ansioso para entrar em contato com a alteridade,

---

5 Craig Calhoun, 2002, *op. cit.*
6 Zlatko Skrbis e Ian Woodward, "The Ambivalence of Ordinary Cosmopolitanism", *The Sociological Review*, 2007, v. 55, n. 4, pp 730-47.
7 Martha Nussbaum, "Patriotism and Cosmopolitanism", *Boston Review*, 1994, v. 19, n. 5, pp. 3-6. Reeditado em: Joshua Cohen (org.), *For Love of Country*, Boston: Beacon, 1996.
8 Martha Nussbaum *apud* Louis Lourme, *Qu'est-ce que le cosmopolitisme?* Paris: Vrin, 2012, p. 68.
9 *Ibidem*, p. 81.

que muitas vezes tem a experiência de ultrapassar fronteiras culturais e/ou políticas e que mantém relações sociais transnacionais[10]. Ao querer investir em uma relação com o outro, ele mostra uma abertura intelectual e estética a experiências culturais insólitas e é mais voltado para a busca da diferença do que da uniformidade. Porém, é precisamente pela "mobilidade, reflexividade e curiosidade insaciável em relação a outras culturas que o cosmopolita adquire a competência para vaguear em um contexto mundial cada vez mais diversificado e híbrido"[11].

Para outros autores, mais críticos, a tendência cosmopolita é privilégio dos vencedores da competição global[12]. A figura do cosmopolita é voluntariamente identificada, de modo negativo, com uma elite privilegiada que se movimenta e cuja curiosidade cultural reflete preferencialmente uma falta de obrigações com qualquer comunidade socialmente estabelecida, bem como uma ausência de verdadeira empatia com a humanidade e seu destino. O cosmopolita é, consequentemente, considerado um *voyeur* que se movimenta, um "turista cultural" vivendo uma busca sem fim de experiências exóticas e sensações estéticas renovadas[13]. Ele é frequentemente visto como "um tipo de parasita", que depende do labor cotidiano dos outros para satisfazer sua necessidade compulsiva de consumo de produtos sempre diferentes[14]. Associado à cidade, à existência de formas variadas e difusas de uma alteridade de proximidade, o cosmopolitismo é, então, entendido como a manifestação de um capital cultural detido pelas novas classes médias, urbanas e altamente escolarizadas, que se consideram "globalmente orientadas,

---

10 Ulf Hannerz, "Cosmopolitans and Locals in World Culture", *Theory, Culture & Society*, 1990, v. 7, n. 2-3, pp. 237-51.
11 Jennie Germann Molz, "'Getting a Flexible Eye'", *Citizenship Studies*, 2005, v. 9, n. 5, p. 519.
12 Craig Calhoun, "'Belonging' in the Cosmopolitan Imaginary", *Ethnicities*, 2003, v. 3, n. 4, pp. 531-68.
13 Mike Featherstone, "Cosmopolis", *Theory, Culture & Society*, 2002, v. 19, n. 1-2, pp. 1-16.
14 Roger Scruton, *The Palgrave Macmillan Dictionary of Political Thought*, Londres: Macmillan, 1982, p. 100.

especialmente por meio das atividades artísticas e intelectuais que as fazem ter acesso aos circuitos culturais internacionais"[15].

Esse retrato presumido do cosmopolita é uma reminiscência do riquíssimo *trader* nova-iorquino, protagonista de Don DeLillo em seu romance *Cosmópolis* (2002). A ação transcorre em um dia. O leitor segue o jovem por Manhattan, indo de Wall Street ao Harlem a bordo de uma limusine superequipada que lhe garante um contato permanente com o mundo dos grandes mercados financeiros. Ele para às vezes para cumprimentar um conhecido, mas, na maioria das vezes, contempla com indiferença, até mesmo com condescendência, do interior de seu carro, a humanidade muito variada e mais ou menos ocupada que desfila diante de seus olhos. Ele está em movimento e em contato ao mesmo tempo direto, mas efêmero, com os outros, e indireto, mediado, virtual, mas permanente, com o resto do mundo. Indiferença similar em relação aos seus semelhantes é descrita por Richard Sennett[16] sobre os grandes líderes empresariais reunidos todos os anos em Davos, na Suíça, para o Fórum Econômico Mundial: pessoas que vivem separadas do mundo local, para quem conta apenas o reforço autorreferencial de sua própria visão da ordem global.

As elites do capitalismo global se movimentam, e seu conhecimento lhes permite encontrar oportunidades internacionais, principalmente graças ao mercado oferecido pelas cidades globais[17] e às interconexões resultantes dos processos de globalização. A abertura das fronteiras e a liberalização do mercado lhes conferem a oportunidade de construir uma nova ordem mundial, na qual podem exercer seu domínio sem o controle das restrições associadas ao nível local[18]. A distância está se ampliando

---

15 Jon Binnie *et al.*, "Grounding Cosmopolitan Urbanism", em: Jon Binnie *et al.* (org.), *Cosmopolitan Urbanism*, Londres: Routledge, 2006, p. 15.
16 Richard Sennett, *Le Travail sans qualités*, Paris: Albin Michel, 2000 (1998).
17 Saskia Sassen, *La Ville globale*, Paris: Descartes & Cie, 1996 (1991).
18 Richard Sennett, 2000 (1998), *op. cit.*

entre altos executivos bem colocados no mercado de trabalho global e trabalhadores não qualificados ou pouco qualificados que, inversamente, veem sua posição se fragilizar pela abertura da economia. As desigualdades estariam, então, menos correlacionadas com a propriedade do que com as habilidades e qualificações. Os manipuladores de símbolos (as profissões altamente qualificadas que produzem dados simbólicos nos campos jurídico, financeiro e outros) tiram o máximo proveito da globalização. Os assalariados de alta renda se definem em particular por sua cultura cosmopolita[19].

Entretanto, outros autores acreditam que, em um mundo globalizado, a condição de cosmopolita não é mais reservada às elites. Apesar da característica sempre socialmente diferenciada e classificadora de certas práticas, como o uso de línguas estrangeiras e as viagens, haveria formas de cosmopolitismo comum, banal e cotidiano, que podem ser encontradas, por exemplo, nos indivíduos sedentários ou menos escolarizados. Consequentemente, seria errôneo considerar as elites da globalização como representantes exclusivas do cosmopolitismo ou reduzir este último às figuras arquetípicas do expatriado, do exilado, do desarraigado[20]. Discursos universalistas puderam ser defendidos no decurso de pesquisas realizadas junto a entrevistados de classes populares[21]. Tais trabalhos têm o mérito de advertir contra a tentativa de reduzir a análise da socialização cosmopolita ao estudo da mobilidade internacional, das migrações e diásporas, dos membros das classes ricas e dos intelectuais, excluindo de antemão os sedentários[22], as classes populares e os indivíduos menos escolarizados.

---

19 Anne-Catherine Wagner, 2007, *op. cit.*
20 Nicole Lapierre, *Pensons ailleurs*, Paris: Gallimard, 2006.
21 Michèle Lamont e Sada Aksartova, "Ordinary Cosmopolitanisms", *Theory Culture & Society*, 2002, v. 19, n. 4, pp. 1-25.
22 Ian Woodward, Zlatko Skrbis e Clive Bean, "Attitudes Toward Globalization and Cosmopolitanism", *The British Journal of Sociology*, 2008, v. 59, n. 1, pp. 207-26.

CONDIÇÃO OU POSTURA?

Este debate não poderia ocultar a oposição, menos visível mas igualmente estruturante, entre o cosmopolitismo como condição, consequência imediata da globalização, e o cosmopolitismo como postura, estado de espírito não totalmente redutível às condições sociais que o gerariam[23].

Os defensores do cosmopolitismo como prerrogativa das classes altas veem aí um recurso cultural que permite que as elites da globalização se adaptem às novas exigências de flexibilidade, qualificação elevada e mobilidade que emanam do capitalismo global e extraiam daí os maiores benefícios em termos de inserção profissional e facilidade em dominar conteúdos culturais.

Aqueles que pensam encontrar suas manifestações em outras classes sociais estão interessados em sua difusão no corpo social. Eles consideram tratar-se de uma postura que se refere à formação do eu, à reflexividade dos indivíduos que lutam com um mundo onde os referentes identitários se multiplicaram e cujos imaginários se tornaram transnacionais.

A distinção entre posição social e postura individual poderia ser estéril se não tivéssemos consciência do fato de que a própria vida cosmopolita é repleta de paradoxos e que é difícil traduzir, no nível da experiência vivida, princípios muitas vezes abstratos. Como conciliar experiência vivida e princípios? Os filósofos estoicos, ao distinguir o espaço sem fronteiras da cosmópolis do indivíduo cosmopolita que a habita, consideravam o cosmopolitismo como a tentativa de pensar em conjunto a ordem do mundo e a do indivíduo. "Minha cidade e minha pátria, como antonino, é Roma; como homem, o universo", dizia Marco Aurélio[24]. Mas essa tensão não é facilmente controlável. É por isso que uma posição cosmopolita

---

23 Vincenzo Cicchelli, 2013, *op. cit.*
24 Marco Aurélio, *Pensamentos para mim mesmo*, livro VI, 44, 6.

intransigente (como a defendida por Martha Nussbaum) está longe de corresponder à realidade cotidiana e às inclinações dos indivíduos. Na interpretação generosa do cosmopolita de Ulrich Beck, são possíveis duas lealdades: o indivíduo seria tanto um cidadão do cosmos quanto um cidadão da pólis[25]. Resta verificar se os indivíduos contemporâneos vivem essas lealdades em seu crescimento ou em seu declínio.

A sociologia cosmopolita proposta aqui busca os traços dos grandes princípios abstratos do cosmopolitismo nos pequenos fatos da vida cotidiana[26], na experiência vivida dos atores sociais.

A CONSCIÊNCIA INDIVIDUAL DA GLOBALIDADE, UMA PROVINCIANA?

Para alguns autores, "os indivíduos estão conscientes de que sua comunidade local está integrada a uma densa rede de relações que engloba o mundo"[27]; nossos contemporâneos estão agora lidando com "noções macrocósmicas"[28]. Os países são cada vez mais confrontados com a interdependência global, e isso se manifesta no advento, junto à opinião pública mundial, de uma visão cosmopolita pela qual "os indivíduos se veem, eles próprios, tanto no contexto de um mundo em perigo quanto no contexto de suas histórias e situações locais"[29]. Para Norbert Elias[30], a lenta integração do gênero humano em uma entidade supranacional tem como consequência "o início de um senso crescente de responsabilidade em escala mundial no que diz respeito ao destino da humanidade"[31].

Ampliando esse ponto de vista, um cosmopolita seria considerado um indivíduo propenso a ver os eventos que moldam o mundo

---

25 Ulrich Beck, 2003a, *op. cit.*
26 Zlatko Skrbis e Ian Woodward, 2013, *op. cit.*
27 Roland Robertson, 1992, *op. cit.*, p. 9.
28 Jan Aart Scholte, *Globalization*, New York: Palgrave Macmillan, 1999, p. 73.
29 Ulrich Beck, 2007, *op. cit.*, p. 60.
30 Norbert Elias, 1991 (1983), *op. cit.*
31 *Ibidem*, p. 222.

contemporâneo em termos de redes e conexões, escalas e imbricações. Dos três critérios usados por David Held[32] para definir a orientação cosmopolita, dois supõem no indivíduo a capacidade de se situar e se orientar no mundo global, de reconhecer a maior interconexão das comunidades políticas em diferentes áreas (incluindo as esferas social, econômica e ambiental) e de desenvolver uma consciência da necessidade de soluções coletivas decorrentes da existência de um destino mundial[33].

Por mais sedutoras que pareçam, essas afirmações sobre as capacidades dos indivíduos – ao menos de uma parte deles – de raciocinar em termos globais precisam ser verificadas de forma empírica. Contra a existência de uma consciência global no nível individual, pode-se argumentar que um grande número de pessoas vive fora da globalidade. Apesar da multiplicidade das cadeias complexas de interdependência que ligam cada vez mais países e grupos sociais, as principais preocupações da maioria das pessoas são de ordem local[34]. A distância é flagrante entre essas preocupações, bem como a necessidade urgente, expressa por alguns especialistas e políticos, de maior colaboração internacional para governar os fenômenos da globalização. Alguns sociólogos tendem a projetar nos atores sociais suas próprias inquietações e assuntos de interesse, esquecendo-se de que as primeiras formas de identificação dos indivíduos permanecem essencialmente locais – mesmo que não sejam de modo algum incompatíveis com pertencimentos mais amplos, como veremos. Logo, a forma como os indivíduos percebem a vida cotidiana parece diferir fortemente da forma como os intelectuais e especialistas dos *global studies* a apreendem.

---

32 David Held, "National Culture, the Globalization of Communications and the Bounded Political Community", *Logos*, 2002, v. 1, n. 3, pp. 1-17.
33 A terceira característica – o elogio da diferença, da diversidade e da hibridez, a capacidade de raciocinar a partir do ponto de vista dos outros e de suas tradições – será analisada posteriormente neste livro.
34 Paul Kennedy, 2010, *op. cit.*

De acordo com Paul Kennedy, os indivíduos têm uma capacidade limitada de pensar e agir como se o mundo tivesse uma grande importância em suas vidas. Um número relativamente pequeno deles parece possuir "uma consciência do mundo como um lugar singular e de seus povos como uma humanidade comum"[35]. Aqueles que demonstram uma consciência global geralmente o fazem de forma "ambivalente, incoerente e errática"[36]. Idealmente, a aquisição de uma consciência da globalidade pode ser concebida como um processo pelo qual o indivíduo primeiro desenvolve um conhecimento da interdependência objetiva das sociedades contemporâneas para, em seguida, conseguir compreender que esse estado de coisas resulta na existência de problemas compartilhados pela comunidade humana, o que implica uma mudança de comportamento de sua parte para exercer uma influência no mundo.

Mesmo que os indivíduos tenham acesso a inúmeras imagens que transmitem a ideia de um planeta único, a maioria parece permanecer inscrita em afiliações étnicas e/ou nacionais adquiridas no nascimento. Quando eles pensam nas incertezas que seus países enfrentam (mudanças climáticas, crime organizado, doenças infecciosas, crise econômica, desemprego, desigualdades sociais etc.), avaliam que as soluções deveriam ser principalmente trazidas por políticas públicas baseadas na soberania dos Estados-nação[37]. Exigem remédios nacionais para riscos globais. Considerando que as ações das organizações internacionais não podem trazer soluções reais para suas dificuldades diante da globalização, julgam que é mais eficaz exercer pressão sobre as autoridades locais com vistas a impulsionar políticas ajustadas às suas necessidades concretas. Assim, de acordo com Paul Kennedy, é necessário sair das concepções da globalização que negligenciam a força das dimensões

---

35 Paul Kennedy, 2010, *op. cit.*, p. 137.
36 *Idem*,"Global Transformations but Local, 'Bubble' Lives", *Globalizations*, 2008, v. 4, n. 2, p. 269.
37 *Idem*, 2010, *op. cit.*

locais na estruturação da vida cotidiana. O nacionalismo metodológico não teria sido abandonado pelos atores sociais[38], mas continuaria a ser o ponto de referência mais óbvio para se orientar na vida social.

Com sua verve habitual, assim David Hollinger resumiu o dilema enfrentado por nossos contemporâneos:

> Por maior que seja, qualquer solidariedade, para agir de forma eficaz em problemas situados em uma grande arena, não é suficiente para satisfazer a necessidade humana do pertencimento. E, por menor que seja, qualquer solidariedade, para servir à necessidade de pertencimento, não pode responder de forma eficaz aos desafios comuns a uma população mais ampla e heterogênea[39].

Por outro lado, embora seja verdade que a globalização aumentou de forma inédita as chances e as oportunidades de alguns, é forçoso constatar que para outros ela significa mais prosaicamente a transformação do mundo num lugar limitado, restritivo e claustrofóbico[40].

Por trás dessa polêmica, certamente se escondem visões opostas sobre a força socializadora do mundo cosmopolita. Partindo da ideia de que a globalização é diretamente responsável pela transformação da vida cotidiana, alguns autores consideram que o indivíduo que vive no mundo global é permeável aos fluxos de informações, comunicações e símbolos planetários, ao passo que outros enfatizam mais a inércia dos fatos sociais em nível local. Levantar a questão da escala do determinismo nas sociedades globais é o mesmo que reacender antigas polêmicas sobre a hierarquização das instâncias da socialização. O debate entre a

---

38 E isso considerando a confissão de alguns autores que se dizem inclinados a concordar com a tese rejeitada por Paul Kennedy. De fato, Ulrich Beck (2006 [2004], *op. cit.*) reconhece que as consciências contemporâneas ainda não estão alinhadas com as estruturas do mundo, que já são cosmopolitas.
39 David A. Hollinger, 2006, *op. cit.*, p. 16.
40 Chris Rumford, 2013, *op. cit.*

preeminência do local em relação ao global (e vice-versa) não lembra a velha oposição entre a comunidade e a sociedade?

UMA ALTERNATIVA

Com a finalidade de superar o antagonismo entre uma definição forte, estreita, aristocrática e arquetípica do cosmopolita e outra fraca, generalizada, democrática e comum do cosmopolitismo, uma terceira possibilidade consiste em estudar a articulação dos pertencimentos cosmopolitas e locais, analisando a extensão e a coerência das posturas universalistas produzidas (ou não) pelos indivíduos e compreendendo os motivos das eventuais divergências entre as formas do cosmopolitismo vivenciadas pelos atores sociais.

Dois caminhos foram explorados pelas pesquisas nessa área. O primeiro busca definir o que é um cosmopolita, identificando um conjunto de variáveis suscetíveis de prever atitudes, valores e práticas e distinguindo-o de seus equivalentes não cosmopolitas. "Em que medida as pessoas desenvolveram tendências cosmopolitas e se consideram cidadãos do mundo? Quais são as variáveis na origem dessas tendências e identidades?"[41]. Essas são algumas das tantas questões significativas que tal abordagem tenta responder. No segundo caminho, as pesquisas baseiam-se na ideia de que a sociologia cosmopolita oferece a possibilidade de compreender como se constrói a relação dos indivíduos tanto com os outros quanto com as comunidades em que vivem, como se estabelecem as fronteiras entre grupos humanos e como os atores sociais as atravessam passando de um grupo a outro[42].

---

[41] Florian Pichler, "Cosmopolitanism in a Global Perspective", *International Sociology*, 2012, v. 27, n. 1, p. 22.
[42] Chris Rumford, 2012, *op. cit.*

As duas opções não são equivalentes, e essa é a razão pela qual trataremos delas em capítulos separados, começando aqui pela primeira. Elas elaboram, cada uma à sua maneira, tentativas de traduzir empiricamente as dialéticas do universalismo e do particularismo que estão na própria base da abordagem seguida neste livro; uma tentativa de entender melhor, por intermédio da socialização cosmopolita, os mecanismos dos pertencimentos multiescalares e os contornos das tendências diante da alteridade.

PERTENCIMENTOS COSMOPOLITAS

Tentemos, primeiramente, trazer elementos para responder à questão dos pertencimentos contemporâneos. Embora haja uma discrepância entre o grande número de textos teóricos existentes sobre o cosmopolitismo e a escassez de pesquisas empíricas nesse campo, recentemente alguns autores testaram as questões relativas às escalas de pertencimento dos indivíduos, apoiando-se na distinção metodológica entre os "cosmopolitas" e os "locais".

ORIGENS: *LOCALS VERSUS COSMOPOLITANS*
A origem dessa abordagem remonta a uma pesquisa qualitativa realizada em 1943 por Robert K. Merton sobre os grupos de influência em uma cidade norte-americana com o nome fictício de Rovere. Recordando que a distinção a que ele chegou não era o objeto de seu estudo, o qual era mais voltado a identificar as características dos indivíduos influentes – claramente aqueles a quem os entrevistados pediam ajuda ou conselho para tomar decisões –, o autor faz nesse texto uma distinção entre "locais" e "cosmopolitas"[43]. Nas entrevistas, os indivíduos não parecem ter a mesma relação com o mundo local em que vivem. Portanto,

---

43 Robert King Merton, *Éléments de théorie et de méthode sociologique*, Paris: Armand Colin, 1965 (1949), p. 300.

é a atitude em relação à cidade e o grau de apego a ela, a seu modo de vida e a seus habitantes que constitui o primeiro critério de distinção entre esses dois tipos. "Quem é 'local' está essencialmente interessado na localidade que constitui o seu mundo. Com pouco interesse pela sociedade global, ele está preocupado com os problemas locais, ou seja, tem um espírito provinciano", adianta Merton.

> Ao contrário, quem é 'cosmopolita' está um pouco interessado em Rovere e mantém um mínimo de relações com os seus concidadãos – uma vez que tem influência sobre eles –, mas se preocupa principalmente com o mundo exterior, do qual se considera membro. Vive em Rovere, mas vive na sociedade global[44].

O autor acredita distinguir outra característica fundamental que separa os dois grupos: enquanto os locais nasceram na cidade ou em seu entorno, os cosmopolitas vêm em sua maior parte de outros lugares e, o que é mais importante, consideram a possibilidade de ir embora, pois seu sucesso não está exclusivamente relacionado com Rovere. Os primeiros estão fortemente enraizados no modo de vida de sua cidade e os últimos veem com mais reserva o lugar onde residem. "Uma experiência mais ampla" dá aos cosmopolitas "uma visão mais relativa"[45]. Finalmente, no que diz respeito à maneira pela qual é exercida a influência, o local busca estabelecer tantos contatos quanto possível no lugar e estabelecer relações pessoais com os habitantes; o cosmopolita, por sua vez, privilegia as relações que serão mais proveitosas para ele. "O cosmopolita tem influência porque sabe; o local porque entende. Àquele pede-se conhecimento; a este uma avaliação íntima de detalhes indescritíveis, mas de grande significado afetivo."[46] A influência que nasce do reconhecimento

---

44 *Ibidem*.
45 *Ibidem*, p. 302.
46 *Ibidem*, p. 308.

de uma determinada habilidade exige certa distância entre o conselheiro e o aconselhado, ao passo que "a influência vinda de uma simpatia compreensiva requer laços pessoais estreitos"[47].

Enquanto a classificação de Merton traz à luz os fundamentos dos modelos de influência, Alvin Gouldner[48] revela dois tipos de apego institucional. Ao trabalhar com comportamentos em organizações formais e burocratizadas e com possíveis conflitos entre atores sociais, esse autor considera que a distinção entre "cosmopolitas" e "locais" remete a duas identidades sociais latentes[49]. Em uma pesquisa realizada no início da década de 1950 junto ao corpo docente e administrativo de uma faculdade norte-americana, Gouldner identificou três critérios para construir uma tipologia da identidade social latente: a lealdade à entidade; o investimento no nível das competências profissionais e dos valores; e as tendências a respeito do grupo de referência. Encontraram-se diferenças entre os dois grupos em termos de influência, participação, aceitação das regras da entidade e das relações informais. Nesse contexto, os cosmopolitas caracterizam-se por uma baixa lealdade às instituições que os empregam, por uma forte demanda de habilidades exercidas em uma função especializada e por uma tendência em direção ao grupo de referência externo. Por outro lado, os locais expressam forte lealdade à entidade empregadora, reivindicando menos habilidades em uma função especializada, e seu grupo de referência é mais interno. Existem variantes dessas duas atitudes opostas, obtidas por meio de uma análise fatorial. Entre os cosmopolitas, encontram-se: os "*outsiders*", relativamente pouco integrados à estrutura formal

---

47 *Ibidem*, p. 309.
48 Alvin Gouldner, "Cosmopolitans and Locals, I", *Administrative Science Quarterly*, 1957, v. 2, n. 3, pp. 281-306; e "Cosmopolitans and Locals, II", *Administrative Science Quarterly*, 1958, v. 2, n. 4, pp. 444-480.
49 Inspirando-se em Merton, Gouldner (1957) define as identidades como latentes, na medida em que as dimensões que as caracterizam não são formalmente prescritas ou utilizadas pela instituição para classificar os indivíduos.

ou informal da entidade – estão na instituição sem pertencer a ela e podem sair se encontrarem condições de trabalho mais vantajosas; e os "construtores de impérios", cujo compromisso com a entidade é mitigado pelo seu senso de independência econômica, o que os torna inclinados a sair se surgirem oportunidades. As atitudes locais dão origem a variantes mais numerosas: os "devotados" ou "verdadeiros crentes", que manifestam mais se identificam plenamente com a instituição e defendem sua ideologia; os "verdadeiros burocratas", que manifestam mais lealdade à função exercida do que aos valores da instituição, e que procuram ajustá-los ao ambiente social imediato para que o grupo possa responder melhor às pressões externas; a "guarda nacional" (*homeguard*), composta dos locais apegados à instituição pelo fato de terem ali realizado todos os estudos e por seus cônjuges serem também ex-alunos que foram contratados (a *homeguard* representa, de certa forma, a segunda geração dos membros da faculdade, e sua biografia está muito relacionada à história da instituição); a "velha guarda", ou seja, os mais velhos do grupo ou mais antigos na instituição e que desejam permanecer ali até a aposentadoria.

Para concluir essa visão geral das análises de pesquisas clássicas sobre o cosmopolitismo, outro autor conhecido, Everett M. Rogers[50], em uma obra cujo sucesso nunca foi posto dúvida desde sua publicação em 1962, definia a *cosmopolitiness* como uma qualidade do cosmopolita: esse seria o grau pelo qual "um indivíduo é orientado para fora de um sistema social"[51]. Essa qualidade de abertura e distância diante do mundo, que não deve ser confundida com a marginalidade, favoreceria até mesmo a inovação social. Os inovadores seriam indivíduos com tendência a viajar, ler e adotar uma orientação cosmopolita.

A distinção proposta por Merton obteve sucesso definitivo nos anos que se seguiram à publicação de seu trabalho. Tendo se tornado

---

50 Everett M. Rogers, *Diffusion of Innovations*, New York: Free Press, 2003 (1962).
51 *Ibidem*, p. 290.

consensual, tornou-se também canônica, como bem mostra o trabalho de um dos autores que a usaram em sua pesquisa (mas outros exemplos poderiam ser evocados): "Os locais se consideram antes de tudo membros de uma comunidade local; os cosmopolitas são, em contrapartida, mais conscientes de suas relações com organismos sociais mais amplos"[52]. Evidentemente, a tensão entre o local e o cosmopolita é heurística se for relacionada à escala do ambiente social ao qual o indivíduo se refere, à relação que ele mantém com um horizonte de sentido e de pertencimento universalista ou localista[53].

Mesmo que esses textos tenham sido publicados bem antes do surgimento dos *global studies* e das pesquisas sobre o cosmopolitismo, autores retomaram por sua conta os elementos de análise presentes nessa distinção inaugural[54]. Seus trabalhos frequentemente – e estranhamente – deixam de lado um elemento importante: a oposição esboçada por Merton remetia a uma sociedade que ainda não havia experimentado os processos profundos da globalização. Como observa Stéphane Dufoix[55], para Merton, tratava-se antes de fazer parte de uma tradição sociológica clássica, que pode ser encontrada nos escritos de Ferdinand Tönnies[56] em sua distinção fundadora entre "comunidade" e "sociedade". Lembrando também essa ligação, Rachel Thomson e Rebecca Taylor[57] salientam, em contrapartida, que o interesse do trabalho de

---

52 Thomas Dye, "The Local Cosmopolitan Dimension and the Study of Urban Politics", *Social Forces*, 1963, v. 41, n. 3, p. 239.
53 Joel Nelson e Irving Tallman, "Local-Cosmopolitan Perceptions of Political Conformity", *The American Journal of Sociology*, 1969, v. 75, n. 2, pp. 193-207.
54 Por exemplo, Roudometof, 2005, op. cit.; Rachel Thomson e Rebecca Taylor, "Between Cosmopolitanism and the Locals", *Young*, 2005, v. 4, n. 13, pp. 327-42; Marinus Ossewaarde, 2007, *op. cit.*; Florian Pichler, "How Real is Cosmopolitanism in Europe?", *Sociology*, 2008, v. 6, n. 42, pp. 1107-26.
55 "Rising Phoenix from Global Ashes", comunicação no colóquio *Cosmopolitan Sociology* em Salerno, 14 out. 2014.
56 Ferdinand Tönnies, *Communauté et société*, Paris: PUF, 2010 (1887).
57 Rachel Thomson e Rebecca Taylor, 2005, *op. cit.*

Merton reside em opor dois tipos de indivíduos ou funções sociais, e não dois tipos de sociedades – como é para Tönnies. Além disso, alguns reconheceram na figura do cosmopolita desenhada por Merton os traços do estrangeiro de Simmel, uma vez que a influência do local é baseada em um conhecimento pessoal, enquanto a do cosmopolita se baseia nas habilidades e competências[58].

A oposição levantada pelo sociólogo norte-americano não se refere de forma alguma a uma concepção do mundo global ou a uma análise do mundo em termos cosmopolitas. A atitude cosmopolita dos cidadãos de Rovere tinha um conteúdo abstrato e não podia se alimentar desses elementos imaginários e simbólicos que são a base do mundo cosmopolita de hoje. O cosmopolitismo deles não está inscrito no horizonte da humanidade comum e eles não mostram nenhum investimento em uma relação com um outro distante. Os dois tipos sociais descritos são o ponto culminante de uma socialização que permanece essencialmente nacional. Para Merton – embora o mesmo pudesse haver sido dito de Gouldner –, a forma mais abstrata de coesão social era a cidadania nacional, que "une os cosmopolitas e os locais em um pertencimento político comum"[59].

O *CONTINUUM* LOCAL-COSMOPOLITA
A referência obrigatória a Merton e sua inscrição em uma nobre tradição sociológica forneceriam a trabalhos empíricos em busca de legitimidade – enriquecidos com as pesquisas sobre globalização e novas teorias cosmopolitas – dois elementos que agora orientam a pesquisa nesse campo: o recurso à noção de escala para apreender o pertencimento e a remissão a duas maneiras irredutíveis de ver o mundo – "de cima", por meio da identificação com uma humanidade comum, e "de baixo", partindo do apego a uma comunidade proximal.

---

58 Marinus Ossewaarde, 2007, *op. cit.*
59 *Ibidem*, p. 380.

Assim, explorando pesquisas internacionais sobre os valores[60], autores testaram particularmente as questões relacionadas: a) aos pertencimentos – infranacionais, nacionais, supranacionais – dos indivíduos; b) às maneiras de abrir espaço ao outro, de considerar a solidariedade e a tolerância a propósito de sociabilidades mais amplas que o entorno e o círculo dos habitantes de seu país e de confiar nas instituições de regulamentação internacional. Partindo da ideia de que os fenômenos transnacionais aos quais os indivíduos contemporâneos estão expostos podem produzir maior abertura, curiosidade e tolerância ou isolamento identitário, intolerância e rejeição aos outros, Victor Roudometof[61] acentua a distância entre os locais e os cosmopolitas, tentando, ao mesmo tempo, tornar tal distinção empiricamente operacional. Portanto, baseia-se em uma definição mínima desses dois tipos, fundamentada essencialmente no critério do apego. Sua hipótese é a de que cosmopolitas e locais ocupam os dois extremos de um *continuum* em graus e formas de apego. Esses dois casos referem-se a conjuntos distintos de atitudes e predisposições. Ele afirma ser evidente que poucos indivíduos apresentam todas as características que permitem designar os dois tipos, mas que é importante saber se tais características estão correlacionadas entre si e se as atitudes individuais se agrupam em torno dos casos identificados em ambos os extremos do *continuum*. Espera-se que esses dois tipos humanos se distingam: a) pelo grau de apego a um lugar, estado ou país; b) pelo grau de apego à cultura local e pelo apoio dado a ela; c) pelo grau de protecionismo econômico, cultural e institucional. "O cosmopolita (ou o local) é aquela pessoa cuja atitude em relação ao mundo é mais (ou menos) 'aberta': isto é, ele ou ela é menos (ou mais) apegado(a) ao território e a um particularismo étnico."[62]

---

60 Tanto na Europa como no resto do mundo, em particular o Eurobarômetro, o International Social Survey Programme (ISSP), o European Values Study (EVS) e a World Values Survey (WVS).
61 Victor Roudometof, 2005, *op. cit.*
62 Victor Roudometof e William Haller, 2007, *op. cit.*, p. 183.

DISTRIBUIÇÕES

Todos os estudos que procuraram testar esse *continuum* mostraram que os cosmopolitas geralmente eram mais raros que os locais[63]. Na Europa, em 1995, apenas um em cada trinta indivíduos se definia como cosmopolita[64]. Mais recentemente, em todos os países europeus que participam do European Values Study (2008)[65], observa-se que o primeiro pertencimento é local: 42% dos entrevistados escolhem o item localidade ou cidade e 13% apontam sua região para definir seu apego geográfico. Em seguida, o pertencimento nacional preocupa 36% dos entrevistados, enquanto a Europa e o mundo são escolhidos respectivamente por 4% e 5% das respostas. Ou seja, mais da metade (55%) dos europeus escolhem o pertencimento infranacional, um terço escolhe o pertencimento nacional e pouco menos de um décimo (9%) escolhe o pertencimento supranacional[66]. O que é ainda mais interessante é o fato de a distribuição das respostas à segunda pergunta sobre o pertencimento atestar um reequilíbrio entre os pertencimentos infranacional e supranacional, enquanto a identificação nacional permanece estável (48% para o primeiro, 17% para o segundo e 34% para o terceiro). Os habitantes da Europa não se definem como europeus: eles se consideram acima de tudo espanhóis, franceses, gregos, suecos, estonianos, e assim por diante. Em comparação com as identidades nacionais, um pertencimento europeu fortemente reivindicado continua a ser a realidade de uma minoria.

---

63 Florian Pichler, 2012, *op. cit.*
64 Victor Roudometof e William Haller, 2007, *op. cit.*
65 Para chegar a esse resultado, os autores referem-se a questões de pertencimento. No European Values Study (EVS) 2008, por exemplo, a questão 69 do questionário é redigida da seguinte forma: "A qual das seguintes unidades geográficas você sente pertencer acima de tudo?" Ela é completada por outra pergunta (Q70), "E em segundo lugar?", que permite determinar a segunda identificação territorial. Para mais informações sobre os objetivos, o método e os resultados desse levantamento, veja <http://www.europeanvaluesstudy.eu>. Acesso em: 30 jan. 2018.
66 Loek Halman, Inge Sieben e Marga Van Zundert, *Atlas of European Values*, Leyde: Brill, 2012.

A União Europeia ainda não entrou nos corações e nas mentes de seus habitantes. "A bandeira ou o hino europeu não suscitam os mesmos sentimentos patrióticos que seus homólogos norte-americanos."[67]

Se tentarmos colocar a Europa em perspectiva em relação a outros continentes, os dados da World Values Survey 2005-2008 (wvs)[68] revelam que a grande maioria dos indivíduos em todo o mundo se considera também cidadão nacional. Em trinta dos 49 países pesquisados, a maioria absoluta "concorda plenamente" com o fato de se definir como cidadão nacional; nos países restantes, isso varia entre 49% e 23%. Fortes identidades globais são mais prevalentes nas sociedades não ocidentais, particularmente na África e no Sudeste Asiático. As identidades globais mais fracas são frequentes nas sociedades ocidentais (Austrália, Canadá, Japão e Suécia). Ao agregar esses resultados por continente, observa-se que a maior média de pertencimento cosmopolita é encontrada na África (40% dos entrevistados se declaram "cidadãos do mundo"), depois na Ásia (29%); América Central e América Latina (27%), América do Norte (25%) e Europa (24%) vêm em seguida[69]. Portanto, o continente europeu não é o mais cosmopolita em termos de pertencimento. Quanto à distribuição por país, o pertencimento cosmopolita oscila entre o mínimo de 13% (na China) e o máximo de 62% (no Mali). A média para todos os países é de 29%.

OS DETERMINANTES DO PERTENCIMENTO COSMOPOLITA

A idade é um dos fatores mais esperados entre os determinantes sociais do cosmopolitismo[70]. Em todos os trabalhos que se baseiam em questões

---

67 *Ibidem*, p. 5.
68 Para mais informações sobre os objetivos, o método e os resultados desse levantamento, veja <http://www.worldvaluessurvey.org/wvs.jsp>. Acesso em 30 jan. 2018.
69 Florian Pichler, 2012, *op. cit.*
70 Victor Roudometof e William Haller, 2007, *op. cit.*; Anna Olofsson e Susanna Öhman, "Cosmopolitans and Locals", *Current Sociology*, 2007, v. 55, n. 6, pp. 877-95; Florian Pichler, 2012, *op. cit.*

de pertencimento com o objetivo de operacionalizar a oposição entre cosmopolita e local, os jovens parecem ser mais cosmopolitas do que os adultos. A partir dessa informação, um estudo recente do European Values Study criou uma "pontuação de pertencimento cosmopolita", combinando as duas questões relativas às identificações geográficas contidas na pesquisa[71].

Um em cada quatro indivíduos com menos de 24 anos é cosmopolita, ao passo que um pouco mais de um em cada dez indivíduos com mais de 75 anos é cosmopolita. Até os 54 anos, a pontuação cosmopolita se mantém acima de 20% e depois diminui. Por outro lado, se quatro dos dez jovens menores de 24 anos obtiverem a menor pontuação cosmopolita, assim mesmo ainda são mais de um a cada dois para os indivíduos com mais de 75 anos. Quanto à variável gênero, 45% das mulheres jovens têm a pontuação cosmopolita mais baixa, em comparação com 40% dos homens jovens, que têm a maior porcentagem de pontuação cosmopolita (25% contra 22%).

Todos os trabalhos baseados na análise do pertencimento atestam isto: uma identificação supranacional é mais frequentemente declarada por indivíduos altamente escolarizados[72]. Os entrevistados com menor escolaridade geralmente são mais relutantes em considerar-se "cidadãos globais", enquanto aqueles com diploma universitário são

---

[71] Vincenzo Cicchelli, "Appartenances et orientations cosmopolites des jeunes Européens", *Agora*, Débats/Jeunesse, 2014b, número especial: "Jeunes Européens?", v. 67, n. 2, pp. 97-112. Uma escala de pertencimento (recodificada em pertencimento cosmopolita forte, médio e fraco) permite uma compreensão da identificação territorial mais ampla que a simples recodificação da questão sobre os pertencimentos infranacional, nacional e supranacional. Assim, para aqueles com menos de 34 anos que completaram seus estudos (população à qual se referem todos os dados citados neste exemplo), a distribuição é a seguinte: 43%, 34%, 23%.

[72] Victor Roudometof e William Haller, 2007, *op. cit.*, Anna Olofsson e Susanna Öhman, 2007, *op. cit.*, pp. 877-95; Florian Pichler, "Cosmopolitan Europe", *European societies*, 2009a, v. 11, n. 1, pp. 3-24.

mais inclinados a escolher esse pertencimento[73]. Nos jovens, 28% dos graduados em ensino superior registram pontuação alta em pertencimento cosmopolita, contra 20% dos que possuem menor formação. A integração social, sob a forma de emprego ou integração futura, também desempenha um papel importante. Como esperado, os estudantes têm a maior pontuação em pertencimento cosmopolita (28%), seguidos por jovens em atividade profissional (23%). Os jovens sem atividade (19%) e os que ficam em casa (17%) posicionam-se bem atrás.

Em termos de valores, representações e crenças dos jovens, constatam-se também disparidades significativas: a análise da variável referente ao voto político mostra que os jovens europeus que declaram ser de esquerda têm uma pontuação de pertencimento cosmopolita superior (29%) àqueles de direita (22%). Por outro lado, os não crentes têm uma pontuação ligeiramente maior que os crentes (24% contra 21%), mas, entre aqueles que declaram ter uma religião, os mais cosmopolitas são os hindus (61%), os judeus (49%) e os budistas (38%) – mesmo que esses números sejam pequenos. Esse resultado confirma o que se sabe sobre o efeito da religião no pertencimento cosmopolita: se os nacionais são mais católicos, ortodoxos e menos ateus, é porque o cosmopolitismo reflete uma atitude impregnada de laicidade e secularidade[74].

Segundo alguns autores, o cosmopolitismo é um estilo de vida tipicamente urbano[75]. É possível medi-lo entre os jovens europeus, para quem o tamanho da cidade faz as pontuações de pertencimento variarem: enquanto apenas 15% dos jovens que vivem em uma cidade com menos de 2 mil habitantes têm uma pontuação elevada, o número passa a 30% quando vivem em cidades de meio milhão ou mais de habitantes.

---

73 Florian Pichler, 2012, *op. cit.*
74 Victor Roudometof e William Haller, 2007, *op. cit.*
75 Gavin Kendall, Ian Woodward e Zlatko Skrbis, 2009, *op. cit.*

Embora não seja fácil interpretar a classificação dos países europeus em função da adesão dos jovens aos pertencimentos cosmopolitas[76], um agrupamento por grandes áreas geoculturais introduz maior coerência à questão. Na pesquisa de 1995 do International Social Survey Programme (ISSP), observou-se que os habitantes da Europa Ocidental não pareciam mostrar apego significativo a uma determinada localidade, ao contrário dos seus homólogos europeus do leste[77]. Essa diferença entre as áreas geográficas é novamente encontrada em 2008: 30% dos jovens ocidentais têm alta pontuação de pertencimento cosmopolita, contra 24% dos jovens do sul da Europa, 20% dos jovens do norte da Europa e 18% jovens do Leste Europeu.

Para resumir, os jovens europeus com alta pontuação de pertencimento cosmopolita seriam mais frequentemente integrados socialmente, possuiriam forte capital cultural, seriam mais do gênero masculino que feminino, viveriam em grandes cidades da Europa Ocidental, seriam preferencialmente não crentes e votariam à esquerda. Esses resultados também são encontrados no restante da população: os cosmopolitas são mais frequentemente jovens, menos frequentemente casados, mais escolarizados, e escontram-se estudando e empregados muito mais frequentemente que seus homólogos locais[78].

VER O MUNDO A PARTIR DO CÍRCULO DA HUMANIDADE

Além da descrição da morfologia dos pertencimentos, os estudos baseados nos levantamentos a respeito dos valores também estão interessados no papel desempenhado pelas orientações e atitudes

---

76 Observa-se uma curva que vai de um mínimo de 6% para a Polônia, 8% para a Turquia, 11% para a Bósnia e a Irlanda do Norte, até um máximo de 31% para Malta e Suíça, 42% para o Kosovo e 49% para Luxemburgo.
77 Victor Roudometof e William Haller, 2007, *op. cit.*
78 *Ibidem.*

cosmopolitas[79], sabendo que estas expressam formas específicas de experiência do mundo que também subentendem sua interpretação[80].

É possível tentar testar as atitudes cosmopolitas com o auxílio de cinco indicadores: a abertura à diversidade cultural, a confiança em pessoas culturalmente diferentes, a tolerância a essas pessoas, a importância atribuída a organismos reguladores transnacionais e a ausência do nacionalismo[81]. Florian Pichler chama os três primeiros indicadores de "orientação cosmopolita ética" e os dois últimos de "orientação cosmopolita política". Contrariamente aos pertencimentos, o cosmopolitismo ético é uma orientação muito mais difundida nos Estados Unidos, em muitos países europeus e na Austrália do que na Ásia e na maioria dos países africanos (com exceção de Burkina Faso, Mali e África do Sul). O mesmo vale para o cosmopolitismo político: a América do Norte e os países europeus tendem a ganhar maior pontuação do que o resto dos continentes (com exceção da América do Sul).

A orientação ética está fortemente correlacionada com o grau de liberdade de imprensa do país, seu desenvolvimento econômico e seu "índice de cosmopolitização" – conforme definido por Pippa Norris e Roland Inglehart[82] –, enquanto a orientação política parece muito mais relacionada com a globalização social e política do país. Com foco na Europa, registra-se uma forte variação em um índice de orientação cosmopolita elaborado *ad hoc*, obtido pela combinação de diferentes questões relacionadas às atitudes em relação a humanidade, imigração

---

79 Florian Pichler, "'Down-to-Earth' Cosmopolitanism", *Current Sociology*, 2009b, v. 57, n. 5, pp. 704-32.
80 Gerard Delanty, 2009, *op. cit.*
81 Florian Pichler, 2012, *op. cit.*
82 Este índice refere-se à permeabilidade das sociedades nacionais aos fluxos de informação transnacionais. Baseia-se em três indicadores: as medidas da liberdade de imprensa, do desenvolvimento econômico e da globalização (ver capítulo 5 de Pippa Norris e Roland Inglehart, *Cosmopolitan Communications*, Cambridge: Cambridge University Press, 2009).

e vizinhança[83]: em uma escala de 0 a 10, a Suécia obtém a maior pontuação (7,3), seguida pela Espanha (7,2) e por Portugal (7,1). Os poloneses (5,9), os eslovacos (5,6) e os lituanos (5,4) são os menos cosmopolitas no que tange às suas orientações.

Viver em uma sociedade cosmopolita torna os indivíduos mais confiantes em relação aos outros, o que significa que a exposição a fluxos de informação transnacionais não cria uma reação de isolamento nessas sociedades[84]. Por outro lado, os indivíduos que vivem em sociedades mais isoladas com pouca informação externa tendem a mostrar maior receio em relação a estrangeiros ou desconhecidos. As sociedades mais permeáveis aos outros, graças às redes de comunicação, às trocas comerciais e aos fluxos de informação, mostram-se mais confiantes. Trocando em miúdos: se o desenvolvimento econômico tem uma influência positiva sobre a confiança nos outros, essa é uma dinâmica que recebe maior impacto justamente da liberdade de imprensa e de expressão, bem como do pluralismo. Assim, "a abertura dos indivíduos a estrangeiros e a pessoas de outras religiões está associada ao uso da mídia e à permeabilidade da sociedade em que vivem"[85]. E, sem surpresa, uma orientação nacionalista mais fraca é encontrada em uma sociedade cosmopolita.

Continuando o exame das atitudes cosmopolitas em nível individual, observa-se que, na Europa, as pessoas com uma orientação cosmopolita fraca são mais propensas a expressar um sentimento de pertencimento local. Mais de 60% daqueles que não têm uma orientação cosmopolita afirmam que o lugar onde vivem é seu primeiro grupo geográfico de pertencimento. Apenas dois deles sentem que pertencem ao mundo em primeiro lugar[86]. Reciprocamente,

---

83 Florian Pichler, 2009a, *op. cit.*
84 Pippa Norris e Roland Inglehart, 2009, *op. cit.*
85 *Ibidem*, p. 193.
86 Florian Pichler, 2009b, *op. cit.*

uma maior orientação cosmopolita está fortemente associada a um pertencimento local muito fraco.

Referindo-se novamente aos jovens europeus[87], é possível utilizar a pontuação de pertencimento cosmopolita como variável independente para verificar se um pertencimento supranacional produz efeitos no modo como os entrevistados desenvolvem uma abertura, uma aceitação e uma solidariedade a indivíduos que não compartilham suas culturas e/ou que estão muito distantes dos seus círculos próximos de sociabilidade. Quais correlações são obtidas quando se testa a hipótese de um indivíduo que enxerga os seres humanos não do seu círculo imediato ou nacional, mas do círculo mais amplo, mais abstrato e universal da humanidade?

Para responder a essa pergunta, são necessários três indicadores da orientação cosmopolita: a) a existência ou não de um sentimento de hospitalidade e a gestão política da diferença cultural (abordadas por questões relacionadas à tolerância da imigração e à aceitação ou rejeição de vizinhos de cultura diferente e/ou pertencentes a minorias); b) a confiança em instituições com uma missão supranacional ou até mesmo universal (União Europeia, Otan, ONU), que permite avaliar a adesão a projetos políticos regulatórios supranacionais; c) a preocupação com o outro, medida pelo fato de se envolver ou não com as condições de vida de indivíduos fora dos círculos próximos de sociabilidade e de pertencimento (neste caso, os europeus ou a humanidade inteira).

Sabe-se que as orientações cosmopolitas estão positivamente correlacionadas com a escolaridade, a integração profissional e o tamanho da cidade[88]. Os indivíduos com mais escolaridade têm as maiores pontuações nessas áreas. A mesma associação é encontrada em indivíduos que têm emprego e vivem nas cidades.

O European Values Study permite testar cada relação entre o pertencimento e as dimensões da orientação pelas duas variáveis contextuais

---

87 Vincenzo Cicchelli, 2014b, *op. cit.*
88 Florian Pichler, 2012, *op. cit.*

– a formação do indivíduo e sua área geográfica de residência na Europa. Assim, independentemente da escolaridade e da área geográfica dos entrevistados, os jovens europeus com alta pontuação cosmopolita têm menos tendência a ter uma imagem negativa da imigração. Eles não associam aos fluxos migratórios a ameaça que os migrantes poderiam representar para a sociedade de acolhimento em termos de perda de emprego para os nacionais, aumento da criminalidade e falta de segurança, dissolução da cultura nacional e aumento dos impostos para a seguridade social. Da mesma forma, e independentemente da ação dessas duas variáveis de teste, os jovens europeus cosmopolitas se dizem menos preocupados com a presença de muçulmanos, trabalhadores imigrados ou estrangeiros e ciganos em sua vizinhança. Em seguida, ainda controlando essas variáveis, eles têm mais confiança nas instituições supranacionais com tendência a uma regulação universal. Finalmente, mantendo o mesmo controle, esses jovens se sentem mais preocupados com a vida de indivíduos que não vivem em seu círculo imediato de sociabilidade (os europeus ou toda a humanidade).

ALÉM DO *CONTINUUM*

Entre as abordagens que, no novo contexto da sociedade global, tornaram possível reformular as teorias cosmopolitas das décadas precedentes, a de Victor Roudometof[89] continua a ser das mais fecundas para trabalhar com as pesquisas sobre valores que tratam apenas indiretamente de questões relativas à socialização cosmopolita[90]. Entretanto, tal abordagem tem seus limites.

---

89 Victor Roudometof, 2005, *op. cit.*
90 Richard Sinnott, "An Evaluation of the Measurement of National, Subnational and Supranational Identity in Crossnational Surveys", *International Journal of Public Opinion Research*, 2006, v. 18, n. 2, pp. 211-23; Victor Roudometof, 2005, *op. cit.*

TIPOLOGIAS DOS PERTENCIMENTOS

Tentando verificar as hipóteses do autor, alguns trabalhos, também baseados no European Values Study ou na World Values Survey, criticaram a pertinência do indicador de "pertencimento" tal como é usado nos formulários. De fato, a partir dessa simples questão, é impossível inferir o sentido, o grau e a força do apego do indivíduo a realidades que, além de serem territoriais, são portadoras de identificações culturais[91]. A socialização cosmopolita não pode ser reduzida à oposição linear entre cosmopolitas e locais.

Outras abordagens, recusando o caráter exclusivo dos pertencimentos[92], permitiram ir mais longe. Uma pesquisa do componente australiano da World Values Survey (1995) cruzou as duas questões relacionadas aos pertencimentos[93], distinguindo quatro grupos: os "locais", cujo principal horizonte de identificação está situado abaixo da nação (19,5%); os "nacionalistas locais", que se caracterizam por uma forte identificação em nível nacional e local e cuja referência fundamental não ultrapassa o contexto da nação e exclui o mundo (58%); os "nacionalistas globais", que admitem fortes laços com o nível nacional e global e excluem qualquer pertencimento local (16%); os "locais globais", que manifestam apegos em nível local e global e conferem um lugar secundário à nação (6%). Não surpreendentemente, as identidades geográficas mais difundidas são locais e nacionais e precedem as identificações globais. Os resultados mostram que aqueles que endossam identidades múltiplas – os locais globais, neste caso – são mais tolerantes que aqueles que declaram uma identidade exclusiva – em nosso caso, os locais – em relação a vizinhos caracterizados por uma forte distância social[94].

---

91 Florian Pichler, 2009b, *op. cit.*
92 Tim Phillips, "Imagined Communities and Self-identity", *Sociology*, 2002, v. 36, n. 3, pp. 597-617.
93 "A qual das seguintes unidades geográficas você sente pertencer acima de tudo?" "E em segundo lugar?"
94 Exemplos: pessoas que bebem, pessoas com aids, consumidores de drogas, homossexuais, extremistas políticos, trabalhadores estrangeiros ou imigrantes, pessoas emo-

Anna Olofsson e Susanna Öhman[95] apontaram, por sua vez, que um indivíduo pode ser ao mesmo tempo apegado localmente no sentido geográfico e aberto a tradições culturais vindas de outros lugares, ou o inverso. Assim, elas sugerem um modelo bidimensional que remete à oposição geográfica entre o apego local e o apego global e à oposição entre recusa da abertura a culturas estrangeiras (atitude protecionista) e seu oposto. São identificados, pois, quatro grupos de indivíduos: os "protecionistas locais", os "globais abertos", os "protecionistas globais" e os "locais abertos". Essa tipologia permite distinguir as atitudes baseadas nas identificações geográficas daquelas referentes a questões mais sociais e culturais. Em relação às variáveis sociodemográficas, os "protecionistas locais" são geralmente pessoas idosas que vivem em áreas rurais, com pouca escolaridade e baixos salários; os "globais abertos" costumam ser jovens que vivem em cidades com alto nível de escolaridade; também são mais comumente mulheres e preferem votar em partidos liberais ou ligados à ecologia – indivíduos de origem estrangeira estão aqui sobrerrepresentados; entre os "protecionistas globais" há mais homens, com baixo nível de escolaridade e salário baixo, que votam com frequência nos social-democratas e são provenientes de áreas rurais ou pequenas cidades; os "locais abertos", que são mais frequentemente jovens e mulheres adultas que vivem em cidades, possuem alto nível de escolaridade e salários elevados.

ARTICULANDO OS PERTENCIMENTOS: O EXEMPLO EUROPEU
Mais fundamentalmente, a orientação cosmopolita nos convida a relativizar o nosso lugar em um mundo global, a situar-nos em relação às comunidades que nos rodeiam, a atravessar fronteiras territoriais e culturais.

---

cionalmente instáveis, pessoas com antecedentes criminais, membros de movimentos religiosos etc.
95 Anna Olofsson e Susanna Öhman, 2007, *op. cit.*

De acordo com alguns autores, uma orientação cosmopolita implica reconhecer que todos os indivíduos são simultaneamente *outsiders* e *insiders*[96], que podem ter "raízes" e "asas" ao mesmo tempo[97]. Da mesma forma, os atores sociais podem endossar múltiplas identidades e combinar diferentes escalas de pertencimento em função das situações e contextos. Como essa orientação pressupõe uma interpretação do local e do global, seus defensores devem poder manter certa lealdade a grupos particulares, como a família, os amigos e a comunidade, e um equilíbrio entre preocupações e reivindicações tanto universalistas quanto particularistas[98]. Ao forjar a noção de *rooted cosmopolitanism* (cosmopolitismo enraizado), Anthony Kwame Appiah[99] afirma:

> Nós, cosmopolitas, podemos ser patriotas, amar nossa pátria, não apenas os países onde nascemos, mas também aqueles onde crescemos e vivemos. Nossa lealdade à espécie humana – unidade tão ampla e abstrata – não nos impede de prestar atenção aos que estão mais perto de nós. A noção de cidadania mundial pode ter sentido na prática e na realidade[100].

Ainda de acordo com essa visão, o cosmopolita não é um indivíduo sem atributos[101], e sua existência "não se desenrola em uma monocultura cosmopolita, mas na afirmação de uma diversidade de formas de vida que se estimulam e se enriquecem mutuamente". Jeremy Waldron[102]

---

96 Chris Rumford, 2012, *op. cit.*
97 Ulrich Beck, 2004b, *op. cit.*, p. 147.
98 Paul Hopper, *Understanding Cultural Globalization*, Cambridge: Polity Press, 2007.
99 Anthony Kwame Appiah, "Cosmopolitan Patriots", *Critical Inquiry*, 1997, v. 23, n. 3, pp. 617-39.
100 *Ibidem*, p. 622.
101 Peter Coulmas, 1995 (1990), *op. cit.*, p. 300.
102 Jeremy Waldron, "What is Cosmopolitan?", *The Journal of Political Philosophy*, 2000, v. 8, n. 2, pp. 227-43.

observa que, especialmente para os indivíduos que vivem em cidades globais, esse contato difuso e diário com uma grande diversidade cultural possibilita viver no "mundo" enquanto habitam um lugar particular. Essa concepção particular do cosmopolitismo é bastante útil para contrariar as críticas endereçadas a uma abordagem muito frequentemente qualificada de "sonho geral" ou de utopia generosa, por causa de sua incapacidade de pensar o lugar que os indivíduos de carne e osso ocupam em um determinado espaço social[103].

O exemplo das identidades europeias é dos mais interessantes para traduzir essas considerações de forma empírica. Pode-se verificar em escala continental que o imperativo estrutural da interdependência das sociedades, a aproximação de culturas anteriormente distantes ou periféricas e a curiosidade e a abertura não se traduzem *ipso facto* e sistematicamente por uma identidade comum. Como vimos, a força do pertencimento europeu é, sem qualquer comparação, inferior à do pertencimento nacional. Mas, de tanto se concentrar na busca de um equivalente supranacional da identidade nacional, não existe o risco de entrar em um beco sem saída? De fato, uma identidade europeia cosmopolita pode ser vista menos como uma nova identidade *sui generis*, expressão do discurso oficial da União Europeia, do que como um processo reflexivo crescente sobre um estoque de identidades existentes, sejam elas pessoais, sejam elas nacionais ou supranacionais[104]. Mesmo que a identidade europeia seja tênue demais para ser comparada com a força integradora das nações, em algumas situações ela pode, em contrapartida, ser suficientemente inclusiva para funcionar como um contexto que transcende pertencimentos nacionais[105]. Numerosas

---

103 Nikos Papastergiadis, 2012, *op. cit.*, p. 196.
104 Gerard Delanty e Chris Rumford, *Rethinking Europe*, Londres: Routledge, 2005; e Gerard Delanty, "The Cosmopolitan Imagination", *British Journal of Sociology*, 2006, v. 57, n. 1, pp. 25-47.
105 Vincenzo Cicchelli, 2012, *op. cit.*

pesquisas tentaram ir além do indicador de exclusividade dos pertencimentos. Evitando opor os locais aos cosmopolitas, mostrando que essas atitudes são duas faces da mesma moeda[106], elas trazem à luz a complementaridade das dimensões nacionais e europeias do pertencimento. O cosmopolitismo dos jovens que viajam pela Europa e passam pelo menos seis meses no exterior é certamente caracterizado por uma forte inscrição em uma cultura infranacional ou nacional, mas também pelo fato de conduzir essa mesma cultura a um horizonte de universalidade que lhes permite cruzar os modos de existência e de pensamento de outros europeus. "Tentar transcender os pertencimentos nacionais sendo fortemente ligado ao país de origem é o que emerge do trabalho do indivíduo cosmopolita."[107]

A imersão nas sociedades dos vizinhos europeus pode ativar uma sensação de proximidade e levar a inscrições do eu em conjuntos culturais mais amplos. Uma análise tirada da pesquisa do Eurobarômetro[108] chega à mesma constatação. Os "cosmopolitas" (41% da amostra) são identificados como indivíduos que endossam várias afiliações (tanto infranacionais quanto nacionais ou supranacionais), ao passo que os "não cosmopolitas" (37%) declaram-se exclusivamente próximos de seus homólogos infranacionais ou nacionais. Como esperado, os cosmopolitas se identificam mais fortemente com a Europa do que aqueles que se sentem próximos das comunidades infranacionais e nacionais. Os cosmopolitas se referem mais do que os não cosmopolitas a motivações de natureza social, societal e cultural para justificar seu apego. Eles ainda cultivam uma "ideia europeia" inscrita em uma verdadeira comunidade de cidadãos europeus e estão menos interessados nos aspectos práticos, institucionais e instrumentais dessa inserção, tais como os direitos comuns e a moeda comum.

---

106 Rachel Thomson e Rebecca Taylor, 2005, *op. cit.*
107 Vincenzo Cicchelli, 2012, *op. cit.*, p. 252.
108 Florian Pichler, 2009b, *op. cit.*

❖ ❖ ❖

Todas as pesquisas mostram fortemente que o pertencimento nacional permanece entre os mais reivindicados pelos indivíduos[109], contrariamente ao que uma ideia ingênua do cosmopolitismo poderia sugerir. Nas pesquisas internacionais sobre os valores, nada indica que as orientações e tendências cosmopolitas estejam aumentando, tampouco que esteja surgindo um pertencimento a uma comunidade global[110]. Uma pesquisa qualitativa feita sobre uma grande amostra de jovens europeus que participam do programa de intercâmbio internacional Erasmus[111] confirma isso: o surgimento, entre os jovens entrevistados, de imaginários e de mecanismos supranacionais de socialização não tem como corolário o surgimento de uma identidade transnacional. A grande maioria deles não declara ser europeu, nem "cidadão do mundo" ou pertencente à sociedade global.

Esses resultados convergentes levantam duas questões. Por um lado, importa questionar o impacto dessa disjunção no plano político: como construir um mundo comum baseado em uma tendência dos indivíduos a aderir a orientações cosmopolitas separadas de um sentimento de pertencimento ao amplo círculo de humanidade – círculo esse que se supõe ser o referente último de qualquer aspiração a uma governança cosmopolita? Por outro lado, em vista da persistência dos pertencimentos locais/nacionais no mundo contemporâneo, que lugar ocupa o Estado-nação na produção das identidades? Como lembra David Held[112], essa instituição teve impacto muito forte na definição do pertencimento, chegando, após o desaparecimento dos grandes

---

109 Leslie Laczko, "National and Local Attachments in a Changing World System", *International Review of Sociology*, 2005, v. 15, n. 3, pp. 517-28.
110 Florian Pichler, 2012, *op. cit.*
111 Vincenzo Cicchelli, 2012, *op. cit.*
112 David Held, 2002, *op. cit.*

impérios, a unificar culturas locais dispersas em um determinado território. Muitas vezes esquecemos outra função importante cumprida pelo Estado-nação, que provavelmente contribuiu para o seu sucesso na criação das identidades nacionais: a capacidade de articular o particular (a nação, isto é, a matriz mais identitária de um país) com o universal (pela noção de cidadania)[113]. Em suma, a nação não foi incompatível com os valores mais modernos, pois conseguiu ser, na modernidade, "precisamente o tipo de sociedade global composta de pessoas que se consideram como indivíduos"[114].

Essas considerações têm como intuito um convite para entender melhor as razões subjacentes à persistência das identidades nacionais no mundo cosmopolita, sem remeter à sobrevivência de um passado de guerras, genocídios, perseguições e crimes de que foram incontestavelmente responsáveis o nacionalismo e os Estados-Nação. Os trabalhos sobre a socialização cosmopolita devem se debruçar sobre esse aparente paradoxo, explorando mais exaustivamente os desafios da socialização dos indivíduos nas sociedades com poderosos fenômenos transnacionais. Como é possível se tornar membro do mundo enquanto se é intensamente nacional?

Para concluir, a compreensão dos mecanismos da socialização cosmopolita a partir da oposição entre as duas extremidades de um *continuum* não nos ajuda muito a: a) compreender como os indivíduos articulam seus diferentes pertencimentos e enfrentam dimensões múltiplas e transnacionais da vida cotidiana; b) compreender como eles lidam com a questão da alteridade e da diferença cultural;

---

113 "Ao basear a legitimidade da ordem política sobre a cidadania, aberta em seu princípio a todos os indivíduos para além de seus apegos étnico-religiosos e suas diferenças sociais ou biológicas, [as sociedades modernas] evocam um princípio de inclusão em nome de valores universais; elas se referem a uma concepção universal dos direitos humanos que não se reduz aos do indivíduo na qualidade de membro de uma nação particular" (Schnapper, 1998, *op. cit.*, p. 73).
114 Louis Dumont, 1966, *op. cit.*, p. 379.

c) resolver o paradoxo aparente de uma abertura sem precedentes das fronteiras culturais e de seu fechamento; d) compreender a distância entre as diferentes dimensões da socialização. As próximas páginas serão dedicadas a explorar essas dimensões, até hoje ocultas, da socialização cosmopolita.

CAPÍTULO 6

AS FORMAS ELEMENTARES DO ESPÍRITO COSMOPOLITA

> *A comiseração natural que, perdendo de sociedade para sociedade quase toda a força que tinha de homem a homem, somente continua em algumas grandes almas cosmopolitas que ultrapassam as barreiras que separam os povos e que, a exemplo do ser soberano que as criou, abraçam toda a espécie humana em sua benevolência.*
>
> Jean-Jacques Rousseau[1]

Voltemos agora o olhar para o último elemento da edificação de uma relação cosmopolita com o mundo. Examinemos a socialização cosmopolita como um processo longo, sinuoso e inclusive reversível, às vezes até contraditório e não coerente, de aquisição eventual de um espírito por contatos e/ou encontros – imaginados, virtuais ou reais – com a alteridade, mais do que como o desenvolvimento de uma disposição ou a promulgação de uma propriedade.

UM PROCESSO REFLEXIVO

O processo reflexivo de construção de uma relação com a alteridade consiste em quatro casos principais, que nomeamos, respectivamente, de cosmoestética, cosmocultural, cosmoética e cosmopolítica[2]. Nós os distinguimos para fins analíticos, com o intuito de entender os mecanismos pelos quais os indivíduos produzem ou não discursos universalistas, mobilizam ou não repertórios cosmopolitas, participam ou não da elaboração de culturas e imaginários transnacionais nos diferentes campos da estética, cultura, ética e política.

---

1 *Discurso sobre a origem e os fundamentos da desigualdade entre os homens*, 1755.
2 Vincenzo Cicchelli, 2014a, *op. cit.*

SER E TORNAR-SE

Esta abordagem parte da ideia de que é possível entender os processos da socialização cosmopolita sem necessariamente se concentrar na identificação dos indivíduos em função de seu pertencimento a um ou outro tipo, cosmopolita ou local, mas sim apreendendo seus comportamentos e discursos como manifestações do *espírito*. Em vez de tentar identificar os atributos fixos ou estáveis dos cosmopolitas, tentemos entender em quais circunstâncias o cosmopolitismo se dá ao longo das trocas e interações cotidianas[3]. A socialização é, então, concebida como um processo complexo pelo qual os indivíduos colocam em andamento o espírito cosmopolita.

Ao contrário do capítulo anterior, que se concentra nos determinantes das identidades, supomos aqui que os indivíduos podem tanto *ser* cosmopolitas quanto *tornar-se* cosmopolitas. Na pesquisa já mencionada sobre os intercâmbios Erasmus[4], observou-se que os estudantes diferiram entre si em seu *quantum* específico de propensão ao cosmopolitismo e que, durante cada entrevista, havia momentos em que seu cosmopolitismo era mais facilmente identificado. Se fossem todos cosmopolitas ao menos em suas práticas e discursos, sua permanência no exterior seria vista como um teste para tentar tornar-se ainda mais assim. Estamos apostando que tal postura metodológica pode ser aplicada a contextos cotidianos – e não apenas a situações particulares de mobilidade internacional, em que ela pode ser percebida com mais clareza. As provas[5] de alteridade que permitem observar como um indivíduo desenvolve seu cosmopolitismo são variadas. Elas podem ir das práticas de consumo cultural às interações banais e cotidianas com indivíduos que afirmam ser testemunhas de outras culturas, e mesmo

---

3 Ian Woodward e Zlatko Skrbis, 2012, *op. cit.*
4 Vincenzo Cicchelli, 2012, *op. cit.*
5 Sobre a noção de teste, veja Martuccelli (2006).

às formas múltiplas de aceitação ou rejeição do outro, à cordialidade e à benevolência manifesta em relação ao outro, ao compromisso com a solidariedade, à hospitalidade e à generosidade, a sentimentos de compaixão e sofrimento a distância, e assim por diante.

O estudo das práticas permite verificar até que ponto os atores sociais são produtores cotidianos de cosmopolitismo. Tomemos o exemplo do esporte. Não é necessário esperar os grandes eventos esportivos internacionais para ter práticas globalizadas nessa área. Em todo lugar do planeta, há pessoas que jogam de forma profissional ou amadora futebol, *rugby* ou basquete; disputando com amigos ou estranhos, as pessoas participam plenamente da disseminação e implementação de culturas esportivas em escala mundial. Embora as modalidades e estilos de futebol sejam diferentes – não se joga da mesma maneira no Brasil, na Argentina, na Alemanha, na Inglaterra ou na Itália –, os jogadores aplicam as mesmas regras e torcem pelos mesmos grandes clubes internacionais (que nem sempre são de sua cidade ou de seu país), compram camisas, tênis e *shorts* das mesmas grandes marcas internacionais – Adidas, Nike, Puma etc. – e sonham repetir as façanhas das estrelas internacionais com o auxílio de inúmeras gravações disponíveis no YouTube ou no Dailymotion. Essas são atividades integradas em estruturas altamente interligadas, do nível local (clube do bairro, da cidade) aos níveis nacional e internacional (por intermédio das federações).

Antes de passar à descrição dos diversos processos de construção de uma relação cosmopolita com o mundo, vamos nos deter por um momento na questão propedêutica relativa às capacidades e virtudes pelas quais essa socialização se desenvolve. Quais ferramentas cognitivas, quais recursos identitários, quais qualidades morais possuem os indivíduos para viver e atuar em um mundo cosmopolita? Responder a essa pergunta permite abrir a caixa-preta das análises um tanto fixistas dos pertencimentos, recorrendo à reflexividade dos atores sociais.

CAPACIDADES...

Na literatura sobre o cosmopolitismo, encontram-se dois conjuntos de qualidades atribuídas aos indivíduos. Ao se referir às habilidades e aos conhecimentos desenvolvidos por esses atores para transitar entre códigos culturais, interpretar as diferenças, construir pontes entre grupos humanos, abrir portas, cruzar fronteiras e estabelecer diálogo, os autores tendem a fazer referência a capacidades cosmopolitas para viver em um mundo plural[6]. A expressão de virtudes cosmopolitas, por outro lado, é utilizada para entender o modo como o indivíduo vive em um mundo comum, inscrevendo-se no amplo círculo da humanidade comum[7].

A abordagem cosmopolita enfatiza as capacidades do indivíduo de atravessar as culturas por meio da escuta, do olhar, da reflexão e da intuição[8]. Definindo-se como propensa à abertura a outras culturas, valores ou estilos de vida, ela pressupõe entre os atores sociais um conjunto de aptidões para dominar os códigos produzidos em diferentes contextos. Sociólogos como Bronislaw Szerszynski e John Urry[9] não definem o cosmopolita contemporâneo "como um indivíduo capaz de transcender a oposição global-local ao viver em um universo cultural glocal"[10]? Ele seria dotado de uma forma de perspicácia decorrente do fato de "ter muitas casas e, portanto, estar a cada vez dentro e fora, de combinar privacidade e visão crítica do *outsider*, compromisso e desprendimento..."[11] Essa tendência também enfatiza a fluidez e a permeabilidade da identidade individual e a propensão a criar novas expressões culturais por meio de

---

6 Ian Woodward, Zlatko Skrbis e Clive Bean, 2008, *op. cit.*
7 Bryan S. Turner, 2001, *op. cit.*
8 Ulf Hannerz, 1990, *op. cit.*
9 Bronislaw Szerszynski e John Urry, "Cultures of Cosmopolitanism", *The Sociological Review*, 2002, v. 50, n. 4, pp. 461-81.
10 *Ibidem*, p. 471.
11 Zygmunt Bauman, "Franchir les frontières – ou avoir de nombreux chez soi?", *Tumultes*, 2005, v. 24, p. 88.

diferentes fontes. Longe de postular a coerência do eu por imersão em uma cultura única, homogênea e um tanto isolada, essa abordagem supõe nos indivíduos uma inventividade que lhes permita imaginar novas maneiras de viver a partir de materiais culturais heterogêneos[12] e, por conseguinte, "enriquecer a humanidade como um todo, renovando o estoque de recursos culturais nos quais outros podem se inspirar"[13]. Tendo a possibilidade de construir identidades ao mesmo tempo idiossincráticas e plurais, os indivíduos não poderiam ser definidos exclusivamente por apegos predeterminados e fixos a uma cultura, comunidade ou tradição particulares. "Temos que viver em mais de um desses universos para detectar a invenção humana por trás de qualquer estrutura imponente e aparentemente incompatível do universo."[14]

Sociólogos fizeram esforços para identificar o conjunto das capacidades que possibilitam a construção de uma relação cosmopolita com o mundo: a) a capacidade de visitar lugares, por mobilidade real ou virtual, realizada ou imaginada; b) a curiosidade pelos lugares e a aptidão para visualizá-los geográfica, histórica e antropologicamente; c) o desejo de correr riscos no encontro com os outros; d) a capacidade de situar a própria cultura (do ponto de vista histórico) e confrontá-la com as outras; e) as competências semióticas de interpretação das imagens variadas dos outros; f) a abertura a outras culturas e indivíduos e o desejo de apreciar certos elementos da linguagem e da cultura dos outros. O princípio unificador dessas capacidades é a consciência ocular, que identifica e torna sua a diferença cultural pelo acesso a um alto fluxo de imagens globais[15].

Um modelo mais sofisticado foi proposto por Hans-Herbert Kögler[16], que vê uma tripla vantagem em introduzir a noção de capacidade no

---

12 Samuel Scheffler, 2001, *op. cit.*
13 *Ibidem*, p. 112.
14 Zygmunt Bauman, 2005, *op. cit.*, p. 88.
15 Bronislaw Szerszynski e John Urry, 2002, *op. cit.*
16 Hans-Herbert Kögler, "Constructing a Cosmopolitan Public Sphere", *European Journal of Social Theory*, 2005, v. 8, n. 3, pp. 297-320.

estudo da construção de uma esfera pública cosmopolita. Primeiramente, as capacidades podem ser definidas como habilidades reais adquiridas por indivíduos reais, permitindo-lhes participar de uma política democrática. Em seguida, já que toda ação está intrinsecamente situada e ancorada nas estruturas de interação social, essa abordagem busca identificar os contextos favoráveis (ou não) para o surgimento dessas aptidões. Finalmente, a partir de um ponto de vista hermenêutico, ela nos autoriza a considerar as experiências políticas e sociais dos indivíduos como fontes de suas demandas normativas. Para esse autor, em um mundo cosmopolita, a competência dialógica deve se mostrar no confronto com a perspectiva mais estranha e contraintuitiva possível para o ator social. A experiência dialógica da alteridade é essencial para o desenvolvimento da autonomia reflexiva do eu em relação às suas próprias premissas culturais, uma vez que o encontro com o outro atua como um revelador dos próprios valores fundadores e compromissos normativos.

A identificação de valores e normas comuns remete à capacidade do ator social de seguir regras e princípios que potencialmente transcendem seu próprio horizonte cultural. Nessa perspectiva, ele não deve de modo algum escolher entre um apego etnocêntrico e a negação de sua cultura. Ele é considerado capaz de entender e interpretar seus valores, comparando-os com outras visões, outras regras e perspectivas. Essa habilidade reside no confronto de pontos de vista, processo ao longo do qual o indivíduo aprende a distinguir sua própria posição da posição de outros e a se referir a um assunto comum sob diferentes ângulos. Se o diálogo intercultural se baseia na demanda de reconhecimento do outro, então todas as partes envolvidas em tal troca situam-se em contextos culturais e sociais: torna-se crucial a possibilidade de transcender a própria perspectiva, de considerar o ponto de vista do outro.

... E VIRTUDES COSMOPOLITAS

Quanto à noção de virtude, foram os escritos de Bryan Turner[17] que lhe deram ares de nobreza. Essa palavra conserva o vestígio da orientação ética da corrente cosmopolita, como se evidencia pela forma como Turner a define e utiliza. Enquanto a competência é uma prova de habilidade e remete ao reconhecimento público de uma aptidão, a virtude se manifesta principalmente em uma obrigação moral "em relação a modelos mais tolerantes de contato intercivilizatório"[18]. Segundo Turner, o cosmopolita caracteriza-se em primeiro lugar por uma "distância irônica", que lhe permite alimentar dúvidas quanto à exclusividade das normas, valores e culturas ligados aos mundos sociais em que ele evolui. Graças à ironia, "a compreensão das outras culturas é assistida por uma distância intelectual da própria cultura nacional ou local"[19], e o indivíduo cultiva um ceticismo humanista em relação às grandes ideologias modernas, especialmente as nacionalistas. Além da ironia, a virtude cosmopolita consiste nos seguintes elementos que fazem do indivíduo um cidadão do mundo: a reflexividade e o respeito aos outros valores culturais; a consideração das outras culturas, em particular as culturas aborígenes; o compromisso ecumênico do diálogo com as outras culturas[20]. Preocupar-se com o desaparecimento das culturas humanas mais frágeis e rejeitar a homogeneização dos produtos culturais são sinais claros de um compromisso em favor de um mundo plural e de uma forte consciência cosmopolita. "A virtude cosmopolita requer autorreflexividade em relação a seu próprio contexto cultural e a outros valores culturais."[21] Em particular, o fato de associar a virtude

---

17 Bryan S. Turner, 2001, *op. cit.*
18 *Ibidem*, p. 132.
19 Bryan S. Turner, "Cosmopolitan Virtue, Globalization and Patriotism", *Theory, Culture & Society*, 2002, v. 19, n. 1-2, p. 57.
20 *Idem*, 2001, *op. cit.*
21 *Idem*, 2002, *op. cit.*, p. 57.

cosmopolita ao desprendimento irônico coloca em evidência um elemento essencial na apreciação dos deveres cosmopolitas: para reconhecer uma obrigação com a sua própria sociedade, o indivíduo não pode estar ligado a ela ou a seu próprio modo de vida, de tal forma que ele não estaria à altura de expandir seus horizontes morais incluindo neles aqueles que vivem fora de seu círculo social ou que não compartilham seu ponto de vista.

Além disso, esse componente da virtude cosmopolita encontra-se nas análises de mundanidade de Hannah Arendt[22]. A mundanidade é um modo particular de estar no mundo, que se refere à maneira como os indivíduos formam seus diversos vínculos com outras pessoas, grupos e convicções. De acordo com a interpretação de William Smith[23] sobre o trabalho da filósofa, ser mundano (*worldly*) implica ponderar sobre seus vínculos e apegos, cultivando certo tipo de distância ou de reflexividade.

No entanto, pode-se ter dúvida sobre a presença da ironia no catálogo moral do cosmopolita. É possível aceitar sem pestanejar a ideia de que, em um mundo híbrido, não há "lugar apropriado para as emoções reais ou calorosas"[24]? É difícil imaginar que a abertura à diversidade – "atributo eminentemente desejável"[25] que contribui implicitamente para desvalorizar ou mesmo rejeitar o homogêneo e o unitário – seja sentida com desprendimento. Em um trabalho sobre os encontros cosmopolitas[26], mostramos que a abertura é a qualidade associada ao desejo de aperfeiçoar a formação cosmopolita. Um indivíduo é aberto: a) se ele tem curiosidade em relação aos outros e à diferença cultural; b) se ele prova seu desejo de ser esclarecido, distinguindo entre o que lhe contam

---

22 William Smith, "Cosmopolitan Citizenship", *European Journal of Social Theory*, 2007, v. 10, n. 1, pp. 37-52.
23 *Ibidem*.
24 Bryan S. Turner, 2001, *op. cit.*, p. 149.
25 Viviana Fridman e Michèle Ollivier, "Ouverture ostentatoire à la diversité et cosmopolitisme", *Sociologie et sociétés*, 2004, v. 36, n. 1, p. 113.
26 Vincenzo Cicchelli, 2012, *op. cit.*

e o que ele constata com seus próprios olhos sobre uma cultura; c) se ele quer e sabe entrar em contato com os outros, se ele mostra sociabilidade e disponibilidade para compartilhar sua experiência, o que lhe dá um verdadeiro prazer; d) se ele admite ter aprendido após um encontro. Em suma, a abertura é uma aspiração necessária para adquirir *know--how*. Logo, esse processo não pode em nada ser vivenciado a distância e requer, ao contrário, envolvimento emocional e entusiasmo. O que dizer sobre as emoções relacionadas aos atos de consumo, à recepção de produtos culturais vindos do exterior, ao estabelecimento de uma solidariedade transnacional, a formas variadas de convivência política com a diferença cultural? Mesmo que as emoções tenham sido erroneamente subestimadas por muito tempo na sociologia – ao passo que sua função havia sido enfatizada pelos fundadores da disciplina –, elas são objeto, há pelo menos quarenta anos, de muita pesquisa e debate[27]. Em seu trabalho sobre "os sentimentos do capitalismo", Eva Illouz[28] expõe, por exemplo, o advento do *Homo sentimentalis* no mundo moderno, mostrando que existiria uma convergência entre o surgimento do capitalismo e o de uma cultura emocional, a qual, por sua vez, torna-se um pilar das estratégias de marketing e do funcionamento da sociedade de consumo. Veremos mais claramente o papel muito importante desempenhado pelas emoções nas páginas seguintes, quando examinaremos empiricamente quatro campos de orientação cosmopolita.

Além disso, fazer da ironia o principal componente da virtude cosmopolita não deixa de ser algo ambivalente. A ironia pode ajudar a alcançar a distância crítica em relação ao eu, facilitando assim uma maior abertura aos outros, mas também pode encorajar a introspecção e a apatia em vez da consciência do outro e do engajamento público. Um indivíduo que cultive essa virtude por si mesma poderia até escapar das

---

27 Massimo Cerulo, *Il sentire controverso*, Roma: Carocci, 2009.
28 Eva Illouz, *Les Sentiments du capitalism*, Paris: Seuil, 2006.

obrigações cosmopolitas. É por isso que William Smith[29] sugere introduzir outra virtude: a solicitude, que ele define como o interesse no que está acontecendo no mundo e o desejo de falar sobre isso com aqueles que compartilham esse interesse.

O ESPÍRITO COSMOPOLITA NA VIDA COTIDIANA

Uma "relação simbiótica"[30] liga o cosmopolitismo à ideia de abertura. Esta serve como princípio epistemológico para a orientação cosmopolita, fixando os limites de sua definição: "Fora da abertura está o espaço de tudo o que não é cosmopolita"[31]. É ainda mais curioso que essa ideia de abertura nunca tenha sido explicitamente discutida nos debates sobre o cosmopolitismo e que simplesmente seja suficiente evocá-la como se fosse uma evidência. Referem-se a ela mais como um princípio abstrato do que como uma ferramenta operacional, o que enfraquece seu alcance. Convém, então, acompanhar as manifestações do espírito do cosmopolitismo no cotidiano, tentando dirigir nosso olhar para a maneira pela qual a abertura em direção aos outros é próxima do fechamento.

AMBIVALÊNCIAS

A ambivalência é uma das características estruturantes do espírito cosmopolita. Levar em conta a onipresença de formas culturais diversificadas, distantes, às vezes perturbadoras, pode ajudar a compreender a relação ambígua que os indivíduos mantêm com a abertura. A inserção do eu numa humanidade comum é muitas vezes prejudicada pela existência das fronteiras culturais entre grupos étnicos e

---

29 William Smith, 2007, *op. cit.*
30 Zlatko Skrbis e Ian Woodward, 2011, *op. cit.*
31 *Ibidem*, p. 53.

sociais, pela percepção de ameaças e oportunidades associadas à globalização e pela importância atribuída ao local. Ainda que os entrevistados de uma pesquisa feita na Austrália tenham disposição favorável à globalização e se declarem ser tanto cidadãos de seu país como do resto do mundo, seus sentimentos mais positivos em relação ao mundo global remetem essencialmente às áreas do consumo, das escolhas pessoais de mobilidade e da abertura cultural[32]. Certa ansiedade aparece quando as pessoas são convidadas a se pronunciar sobre o impacto positivo da globalização na criação de empregos, na cultura australiana, na diversidade cultural, nos direitos humanos e na proteção ambiental. Preocupações em relação à sobrevivência da economia e da cultura nacionais podem limitar a abertura cosmopolita e repercutir na empatia e na hospitalidade em relação ao outro. Em uma pesquisa britânica, também se constatou que, no nível do consumo cultural, os entrevistados que apreciam produtos estrangeiros em grande parte preferem aqueles que lhes são próximos, provenientes especialmente dos Estados Unidos[33]. Aqui é a proximidade cultural que limita o horizonte cosmopolita. Esse mecanismo é encontrado no nível ético nas já citadas pesquisas europeias sobre valores (EVS): o grau de sensibilidade às condições de vida dos outros varia fortemente em função do círculo social, da família e dos amigos, superando de longe os vizinhos regionais, nacionais e europeus, assim como o resto do mundo[34].

Outras pesquisas mostram que os indivíduos parecem cada vez mais favoráveis aos contatos interculturais. Quando perguntados se se consideram mais abertos em relação aos outros, os entrevistados tendem a evitar responder negativamente, temendo passar uma imagem ruim de si

---

32 Zlatko Skrbis e Ian Woodward, 2007, *op. cit.*
33 Tony Bennett *et al.*, *Culture, Class, Distinction*, Londres: Routledge, 2009.
34 Loek Halman, Inge Sieben e Marga Van Zundert, 2012, *op. cit.*

mesmos[35]. Essa propensão à abertura é observada entre os jovens europeus[36]: 61% deles têm inclinação favorável à entrada de diferentes grupos étnicos em seu país[37]. Como outros grupos etários, os jovens europeus acreditam esmagadoramente que: a) os intercâmbios culturais deveriam ter maior importância no seio da União Europeia para que os cidadãos dos Estados-membros pudessem aprender mais uns com os outros e se sentir realmente europeus; b) esses mesmos intercâmbios deveriam servir para fortalecer a compreensão no mundo, mesmo quando há conflitos e tensões; c) a Europa, com sua cultura e seus valores antigos, estaria particularmente bem colocada para contribuir para uma maior tolerância em nível global. Porém, há mais jovens de 15 a 24 anos de idade (e, em menor grau, de 25 a 39 anos) em contato com as diferenças culturais do que outros grupos etários – seja por apreciar a culinária estrangeira, seja por comunicar-se via internet com estrangeiros, assistir a filmes em versão original, ter amigos em outros países (inclusive fora da Europa) ou ler jornais e livros em língua estrangeira[38].

Isso não impede que os indivíduos possam se declarar profundamente hostis à ideia de viver em sociedades multiculturais. Em uma pesquisa Ipsos realizada em janeiro de 2013 para o jornal *Le Monde*, 73% dos entrevistados acreditam que não é necessário recorrer à imigração para encontrar mão de obra na França; 70% dizem que há estrangeiros demais no país; 72% afirmam que não é normal as cantinas escolares servirem pratos diferentes conforme as convicções religiosas dos alunos; 62% declaram que hoje não se sentem mais em casa como antes; 57% sustentam que o racismo antibrancos é um fenômeno bastante difundido na França; 55% acreditam que, de modo geral, os

---

35 Luke Martell, "Cosmopolitanism and Global Politics", *The Political Quarterly*, 2011, v. 82, n. 4, pp. 618-27.
36 Vincenzo Cicchelli, 2011, *op. cit.*
37 Comissão Europeia, *EU Youth Report*, Bruxelles: União Europeia, 2009.
38 *Idem, Principaux résultats de l'enquête Eurobaromètre sur les jeunes en 2007*, Luxembourg: União Europeia, 2007.

imigrantes não fazem muitos esforços para se integrar. Estudos mostraram que

> o mesmo indivíduo pode apresentar simultaneamente disposição para a tolerância e a intolerância, sendo a prevalência de um sobre o outro dependente do meio, das informações recebidas e dos eventos recentes que o teriam marcado. Em outras palavras, a responsabilidade da mídia, das autoridades públicas e dos homens e mulheres políticos é maior. A maneira como se fala dos imigrantes e das minorias (o enquadramento) e a rapidez com que são defendidos e com que se luta contra a xenofobia são essenciais para evitar que os indivíduos (re)caiam em preconceitos[39].

Há, além disso, uma disjunção entre uma abertura ao consumo de experiências culturais globalizadas – que fornece aos indivíduos recursos exóticos pelos quais eles podem enriquecer e diversificar sua compreensão da alteridade e seus estilos de vida – e a determinação de que os consumidores exerçam formas de responsabilidade perante indivíduos física e/ou culturalmente distantes[40]. A apetência pela diversidade cultural e a atração pela abertura aos outros podem entrar em conflito com a obrigação de solidariedade e os deveres da hospitalidade.

Em vista desses elementos, consequentemente é possível, como o fazem Ian Woodward e Zlatko Skrbis[41], considerar a ambivalência associada à abertura ao outro como característica própria da retórica do cosmopolitismo comum, que se manifesta quando os indivíduos formulam juízos reflexivos e deliberativos sobre o impacto da globalização em suas

---

39 Nonna Mayer et al., "Un refus croissant de l'autre", em: Commission nationale consultative des droits de l'homme, *La Lutte contre le racisme, l'antisémitisme et la xénophobie. Année 2013*. Paris: La Documentation française, 2014, p. 164.
40 Paul Kennedy, 2010, op. cit.
41 Zlatko Skrbis e Ian Woodward, 2007, op. cit.

vidas. É por isso que o cosmopolitismo não pode ser considerado como um ideal-tipo de construção de uma relação com a alteridade, devendo ser encarado como um marco de referência para esse processo. É menos importante perguntar se os indivíduos se tornam mais ou menos abertos, mais ou menos cosmopolitas, do que questionar a reserva que eles têm na construção de suas relações com a diferença cultural. É pelo viés da ambivalência que se pode acompanhar a maneira pela qual eles se apoderam (ou não), em suas vidas diárias, das oportunidades oferecidas por um mundo cada vez mais aberto e interligado.

COMPONENTES

Consideremos agora os motivos que nos levaram a distinguir quatro manifestações do espírito cosmopolita, começando por dissipar eventuais mal-entendidos. Não se trata de conceder os louros ao *homo civicus* ou *politicus* – ou, na melhor das hipóteses, ao *viator* – nem de mandar às favas o *homo emptor*.[42]

No entanto, não é raro que os próprios pesquisadores exaltem uma figura em detrimento da outra. O acesso aos produtos culturais, às roupas e às culinárias do mundo encontra-se hoje a tal ponto facilitado que alguns autores pensaram ver nos supermercados e shoppings a metáfora de um cosmopolitismo banal, acessado através do consumo[43]. Embora os cosmopolitismos estético e cultural estejam onipresentes na vida cotidiana dos atores sociais[44], são sobretudo os cosmopolitismos ético e político aqueles valorizados na literatura em questão. Os primeiros são frequentemente associados de forma pejorativa à indústria cultural globalizada e a seus laivos consumistas, ao turismo e ao lazer,

---

42 Em latim, *homo civicus* significa homem cívico; *homo politicus*, homem político; *viator*, viajante; *homo emptor*, homem comprador. [N.E.]
43 Ulrich Beck, 2004b, *op. cit.*
44 Steven Vertovec e Robin Cohen, 2002, *op. cit.*

de modo que a familiaridade com as culturas do mundo é vista como "superficial ou cosmética"[45]. Os cosmopolitismos estético e cultural seriam até mesmo acusados de encerrar o outro em uma relação exótica, de reduzir a relação com a alteridade ao consumo de bens e mercadorias por compradores urbanos *blasés*, ávidos por descobertas culturais efêmeras e de baixo custo. Ao mencionar o debate acadêmico, muitas vezes apaixonado sobre essas questões, não subscrevemos essa hierarquização implícita[46]. Não se trata, de modo algum, de opor uma forma elevada de cosmopolitismo a outra, mais estreita, ou uma forma autêntica a outra superficial.

Contrariamente a uma visão ingênua, teleológica e normativa do mundo cosmopolita, os diferentes domínios não caminham necessariamente juntos. Como vimos nas páginas precedentes, é difícil considerar a cosmopolitização do mundo como tendência homogênea[47], tamanha é a carga de ambivalências que marca a relação com o outro. Por essa razão, parece-nos útil distinguir quatro formas elementares da relação cosmopolita com o mundo. A tensão que delas emana compõe a dialética entre universalismo e particularismo no fundamento da abordagem cosmopolita, como muitas vezes mencionamos. Além disso, essa distinção permite dar conta, no nível micro, de um paradoxo da socialização cujos mecanismos este livro tenta desvendar: a coexistência de identidades rígidas e porosas.

Assim, perfilam-se quatro figuras do espírito cosmopolita que remetem a muitas aprendizagens, modalidades de relação com a alteridade e inscrições do eu em uma humanidade comum. Cada uma dessas orientações expõe uma dimensão da experiência polimórfica que os

---

45 Monica Sassatelli, "Festivals, Museums, Exhibitions", em: Gerard Delanty (org.), *Routledge Handbook of Cosmopolitan Studies*, Londres: Routledge, 2012, p. 235.
46 Jennie Germann Molz, "Cosmopolitanism and Consumption", em: *The Ashgate Research Companion to Cosmopolitanism*, Farnham: Ashgate, 2011, pp. 33-52.
47 Florian Pichler, 2012, *op. cit.*

indivíduos têm no mundo cosmopolita. A identificação desses quatro casos foi possível graças a um elemento muitas vezes subestimado nos trabalhos sobre o cosmopolitismo. Os poderosos processos de globalização, amplamente analisados na primeira parte deste livro, transformaram profundamente a experiência da vida cotidiana. Isso se traduz da seguinte forma: a) na *estetização* dessa experiência, por causa da importância tomada pelo consumo cultural na definição do eu e na criatividade permitida pela ampla difusão de práticas amadoras; b) na sua *culturalização*, com o intenso retorno do exotismo – desconectado de sua atitude condescendente inicial e de sua matriz colonialista –, e na ampla vulgarização das realizações da antropologia cultural, bem como no acesso maciço às mobilidades turísticas e aos contatos com diferentes códigos culturais, inclusive por meio de reportagens, documentários etc.; c) na sua *eticização*, pelo viés da busca de uma vida boa, que seja compatível com a existência de imperativos de solidariedade com os outros, de responsabilidade com o planeta e as gerações futuras, e que esteja inscrita no amplo horizonte da humanidade comum; d) na sua *politização*, com o abandono gradual de uma concepção da democracia como mero exercício dos direitos eleitorais e o surgimento de práticas mais participativas de integração na *politeia* – o que remete a uma concepção menos estritamente jurídica da cidadania e desemboca em formas variadas de protesto e resistência, inclusive as populistas. Seria impossível compreender a socialização dos indivíduos no mundo cosmopolita sem essas quatro grandes transformações da vida cotidiana, que se tornou ela própria – como demonstraram Alvin Gouldner e Erving Goffman – o pilar da experiência social dos indivíduos.

Nas orientações cosmoestética e cosmocultural, o particular é o ponto de partida da relação cosmopolita com o mundo, sendo o universal alcançado pelo encontro entre culturas diferentes que têm todas a mesma dignidade. "O cosmopolitismo consiste em reconhecer e apreciar o outro como outro. E isso significa que ele não é nem completamente estranho, nem uma cópia verdadeira de si mesmo."[48] O indivíduo cosmopolita é visto como um ambidestro cultural, capaz de se mover entre códigos culturais – inventados ou reinventados, endurecidos sob formas que se pretendem puras ou fruto de uma hibridação – ou mesmo de se mostrar indiferente à diferença cultural[49]. O cosmopolita ambidestro não se mantém por muito tempo à beira de uma fronteira cultural; ele a atravessa. Tenta manter uma distância crítica em relação às culturas com as quais é confrontado para que possa atuar em cada uma delas sem sacrificar nenhuma.

Em contrapartida, as orientações cosmoética e cosmopolítica remetem a um universalismo *a priori*, inscrevem-se no sentimento de existência de uma humanidade comum, na aspiração de transcender as diferenças culturais. Pensar como cidadão do mundo significa referir-se a um pertencimento abstrato, deixando para trás os interesses particulares. Mas essa abstração muitas vezes é projetada no plano visual a partir de um ponto de vista superior que transcende lugares particulares, por uma visão global que apreende o mundo inteiro como o lugar primário da identificação[50]. Esse mecanismo se aplica *a fortiori*[51] à cidadania cosmopolita, na qual supõe-se que os indivíduos transcendam sua própria cultura.

---

48 Pierre Hassner, "Le Cosmopolitisme entre chaos et république", *Revue de Synthèse*, 2002, v. 123, n. 1, ENS, p. 198.
49 Vinay Dharwadker, "Diaspora and Cosmopolitanism", em: Maria Rovisco e Magdalena Nowicka (org.), *The Ashgate Research Companion To Cosmopolitanism*, Farnham: Ashgate, 2011, pp. 125-44.
50 Bronislaw Szerszynski e John Urry, 2006, *op. cit*.
51 *A fortiori*: de maneira mais específica, determinada. [N.E.]

COMPONENTES DO ESPÍRITO COSMOPOLITA

ORIENTAÇÕES DO ESPÍRITO COSMOPOLITA	PERSPECTIVA	MODO OPERATÓRIO	VIRTUDE PRINCIPAL	EMOÇÕES	APRENDIZADOS
Cosmoestética	O gosto do outro	Consumo	Abertura	Prazer, divertimento	Estéticos
Cosmocultural	A inteligência do outro	*Bildung*, formação de si	Descentramento	Surpresa, admiração	Culturais
Cosmoética	A preocupação com o outro	Compromisso, participação	Solidariedade	Compaixão, empatia	Éticos
Cosmopolítica	A vida em conjunto	Convívio	Hospitalidade	Benevolência, tolerância	Políticos

Cada uma dessas orientações do espírito cosmopolita se baseia: a) na identificação de uma perspectiva da ação em relação ao outro; b) num método operatório de gestão da relação com o outro; c) numa virtude principal na qual a ação é apoiada; d) numa dinâmica emocional que revele a experiência subjetiva da virtude e dê consistência à perspectiva e ao modo operatório; e) em aprendizagens variadas (tabela acima).

A ORIENTAÇÃO COSMOESTÉTICA

Em um mundo onde o heterogêneo está "a caminho de se tornar a estética universal da nova ordem mundial"[52], a orientação cosmoestética se manifesta em formas de curiosidade e atração por produtos e práticas

---

52 Laurier Turgeon, 2002, *op. cit.*, p. 230.

– tanto na produção artística e literária quanto no oferecimento museológico e cultural em amplo sentido, inclusive culinário e turístico – cujos códigos estão fora do cânone etnoestético do indivíduo. Tais práticas e produtos culturais exóticos podem ou não possuir conotações localizadas – reativadas e/ou inventadas – e sua circulação pode levar a uma hibridação com formas culturais locais[53]. O exotismo pode ser definido aqui como o desejo de consumir bens considerados significativamente distantes da norma e do gosto dominantes dentro de um determinado grupo social[54]. Das frutas estrangeiras à decoração, o exotismo e a diferença cultural são hoje considerados valores positivos[55]. Estamos acostumados a ver, lado a lado em restaurantes e supermercados, alimentos que antes eram raros, se não inacessíveis. Ulrich Beck[56] vê aí o principal ingrediente de um "cosmopolitismo culinário" que contribui para a construção da sociedade global. Os trabalhos de orientação cosmoestética, associados a uma forma de consumo, fazem uso abundante de exemplos tirados do turismo, da moda, da culinária e das bebidas para estudar os modos de pensar, as emoções e as práticas relacionadas ao acesso a esses produtos[57].

A literatura da área se refere ao consumo dos produtos culturais globalizados – e à sua recepção – como uma forma de prazer estético. A partir das obras, agora clássicas, de Ulf Hannerz[58] e John Urry[59], a cosmoestética passa a ser percebida como uma estrutura de sentimentos, sensações e emoções, um conjunto de competências e habilidades

---

53 Vincenzo Cicchelli e Sylvie Octobre, "A Cosmopolitan Perspective of Globalization", *Studies of Changing Societies*, 2013, v. 3, n. 7, pp. 3-23.
54 Douglas B. Holt, "Does Cultural Capital Structure American Consumption?", *Journal of Consumer Research*, 1998, v. 25, n. 1, pp. 1-25.
55 Ian Woodward e Zlatko Skrbis, 2012, *op. cit.*
56 Ulrich Beck, 2003a, op. cit.
57 Jennie Germann Molz, 2011, *op. cit.*
58 Ulf Hannerz, 1990, *op. cit.*
59 John Urry, *Consuming Places*, Londres: Routledge, 1995.

culturais, uma dimensão comum do funcionamento da vida cotidiana[60]. É possível completar essa definição, adicionando a ela o acesso aos bens culturais, o desenvolvimento de uma afirmação do eu através de todo tipo de modos de expressão e criatividade, para explicar o processo de aquisição do gosto do outro. Define-se então esse processo como um conjunto de capacidades para apreender e apropriar-se de – fazendo uso disso – objetos estéticos considerados culturalmente distantes. O conhecimento cultural e artístico associado a esse gosto constitui repertórios cujos conteúdos transnacionais favorecem a aquisição de uma cultura estética indispensável para se sentir à vontade, para se movimentar na sociedade global ou, em resumo, para habitá-la.

No entanto, é possível se perguntar se o desejo e a voracidade[61] que se manifestam no consumo das expressões culturais e artísticas alheias são, por si só, vetores de abertura cosmopolita. É necessário um passo para ir da construção de imaginários estéticos da alteridade à consciência do outro. A circulação transnacional dos produtos culturais pode encorajar emoções cosmopolitas sem por isso suscitar interesse ou compromisso real com os outros[62]. A longo prazo, a exposição contínua e difusa aos contatos interculturais poderia até mesmo produzir formas de habituação, inclusive de indiferença, e construir relações com a alteridade que não envolvem necessariamente a reflexividade. Portanto, importa conhecer melhor o conteúdo da aprendizagem através de produtos culturais transnacionais, por um lado, e por outro saber melhor se o consumo maciço da cultura popular tem algum impacto na compreensão do mundo global pelos indivíduos. A circulação dos produtos culturais serve para cultivar sentimentos cosmopolitas ou para reproduzir o *mainstream*?

---

60 Jennie Germann Molz, 2011, op. cit.
61 Oriel Sullivan e Tally Katz-Gerro, "The Omnivore Thesis Revisited", *European Sociological Review*, 2007, v. 23, n. 2, pp. 123-37.
62 Vincenzo Cicchelli e Sylvie Octobre, 2015, op. cit.

A ORIENTAÇÃO COSMOCULTURAL

Compartilhando com o caso anterior a curiosidade e o prazer, a orientação cosmocultural se expressa mais particularmente pelo desejo de aprender os códigos associados ao encontro com culturas particulares. Além da evasão exótica, o que está em jogo aqui é a compreensão do outro. De acordo com esta orientação, o ator social realiza a tarefa de relacionar as expressões de sua cultura de origem (valores, normas sociais, códigos de comportamento) com as expressões de uma cultura considerada diferente. O resultado possível desse processo é um descentramento do eu e uma relativização da própria cultura ou, ao contrário, a exaltação dela. Essa composição do espírito cosmopolita pode se manifestar naturalmente no momento do consumo de produtos culturais, mas é vista mais claramente durante as mobilidades internacionais, em particular no caso de jornadas de formação, de iniciação, através de um contato prolongado com a alteridade[63]. A imersão em outra cultura é menos uma tentativa de reduzir a complexidade do mundo do que o desejo de experimentá-lo em sua complexidade[64]. Mais que na orientação anterior, este processo pressupõe entre os atores sociais um conjunto de capacidades para dominar códigos culturais produzidos por diferentes contextos nacionais. O domínio se concentra em códigos culturalistas e não em códigos estéticos: enquanto os produtos culturais podem ser considerados a expressão de uma cultura grupal, étnica e nacional particular, bem como uma forma expressiva e uma linguagem relativamente autônomas (sendo, portanto, estetizados), os códigos culturais – normas, valores e estilos de vida – muitas vezes remetem, por *sinédoque*, a uma inserção social bem definida (sendo, portanto, culturalizados). Adquiridas por meio da comparação de traços culturais, as aptidões desta orientação cosmopolita permitem compreender

---

63 Vincenzo Cicchelli, 2008, *op. cit.*; Jean-Loup Amselle, 2013, *op. cit.*
64 *Idem*, 2012, *op. cit.*

o funcionamento da cultura do outro, orientar-se no entrelaçamento dos códigos culturais com os quais se entrou em contato e situar-se em uma escala de pertencimento. Resta saber se os contatos culturais, reais ou virtuais, contribuem para tornar tênues as fronteiras entre o eu e o outro – ou, ao contrário, para endurecê-las – e se esses processos levam à construção de pontes entre indivíduos que não compartilham as mesmas culturas. Obviamente, esses encontros não estão livres de incompreensões, mal-entendidos e erros de apreciação, podendo dar origem a juízos caricaturais, reativar estereótipos e produzir hierarquias de valor mais ou menos explícitas.

A ORIENTAÇÃO COSMOÉTICA

Observa-se a orientação cosmoética na preocupação com o outro, com base em um ideal de solidariedade transnacional. Além de suas conotações de estilo de vida fortemente urbano e sua exaltação da diferença cultural, a ideia de cosmopolitismo contém um imperativo ético: a impossibilidade de o ator social se evadir de sua responsabilidade em relação aos problemas do mundo. Essa composição do espírito cosmopolita é reconhecida em atores sociais por sua vontade de assumir obrigações morais em relação a outros seres humanos, inclusive aqueles culturalmente diferentes. No plano teórico é uma orientação claramente voluntarista: o patriotismo, como outros apegos locais, poderia ser um passo em direção ao cosmopolitismo, porque, durante suas trajetórias biográficas – e especialmente ao sair da infância –, os indivíduos podem desenvolver formas de lealdade cada vez mais amplas, para além da família, da comunidade e do entorno, não estando esses diferentes pertencimentos necessariamente em concorrência uns com os outros. Assim como não há razão para acreditar que a lealdade à própria família torna problemáticos a cidadania e o apego à comunidade política nacional, esta orientação pressupõe que a lealdade a um Estado-nação não exclui o reconhecimento do eu em uma humanidade comum – o que está, em princípio, no próprio fundamento da extensão do princípio da solidariedade para além das fronteiras nacionais[65]. No entanto, em um nível mais empírico, como os indivíduos conseguem manter uma responsabilidade cosmopolita baseada exclusivamente no critério da humanidade, sem referência a pertencimento étnico e religioso, nacionalidade, afiliação política ou posição social[66]?

A ORIENTAÇÃO COSMOPOLÍTICA

Com a orientação cosmopolítica, o que está em jogo é a forma como os indivíduos consideram: a) a coexistência com a pluralidade cultural, com a tolerância e a hospitalidade expressas em relação aos indivíduos de culturas diferentes; b) as políticas de gestão da imigração dentro das fronteiras nacionais e o estabelecimento de regulamentos políticos fora da soberania do Estado-nação.

O *modus operandi* da vida em conjunto cosmopolítica é a hospitalidade.

> O cosmopolitismo não espera que imperadores imponham casamentos arranjados, nem aparece como a graça de uma divindade superior. Ele começa com cada pequeno gesto de reciprocidade. [...] A hospitalidade baseada na existência de nenhuma expectativa pode parecer idealista, mas ela reside no princípio mais pragmático de que se poderia receber um estrangeiro mantendo a presunção de que ele ou ela pode ser um deus disfarçado[67].

---

65 Pauline Kleingeld e Eric Brown, "Cosmopolitanism", em: Edward Zalta, *Stanford Encyclopedia of Philosophy*, 2006. Disponível em: <http://plato.stanford.edu>. Acesso em: 9 jan. 2018.
66 Garrett Wallace Brown e David Held, *The Cosmopolitanism Reader*, Cambridge: Polity Press, 2010.
67 Nikos Papastergiadis, 2012, *op. cit.*, pp. 196-7.

Como o multiculturalismo não forneceu uma resposta satisfatória à questão da orientação a ser mantida diante da diferença cultural[68], é preciso se perguntar se os indivíduos contemporâneos compartilham a virtude da afabilidade para imaginar formas cosmopolitas do viver em conjunto em sociedades plurais. Eles concebem a hospitalidade como uma acolhida universal? Como compartilham espaços urbanos comuns apesar das diferenças étnicas[69]? Qual forma de abertura/fechamento em relação à imigração é observada? Que tipos de órgãos reguladores e de governança são aceitos e/ou reivindicados?

VIVER COMO COSMOPOLITA: ÁREAS

Para ilustrar nosso ponto de vista, apresentaremos quatro áreas de investigação de orientações cosmopolitas. Essas áreas não devem ser entendidas como posições fixas, que distribuiriam os indivíduos de uma vez por todas em classificações exclusivas, mas sim como exemplos de orientações a que se pode aderir em parte ou na íntegra, dependendo dos contextos. Nenhuma delas tem o intuito de representar uma orientação em sua forma pura. Esta exposição, que não é exaustiva, visa ajudar a entender o que significa viver como cosmopolita, mostrando como a pluralidade cultural é ou não reconhecida, exaltada e transcendida, tanto no plano estético-cultural como no étnico-político.

O GOSTO DO OUTRO

Conforme ficou estabelecido a partir do trabalho de alguns historiadores, uma dimensão afetiva do eu floresceu dentro de uma cultura cosmopolita construída através do consumo de bens exóticos. Mica Nava,

---

68 David A. Hollinger, *Postethnic America*. New York: Basic Books, 2002.
69 Elijah Anderson, *The Cosmopolitan Canopy*, New York: W. W. Norton, 2012.

em um trabalho frequentemente citado nas práticas da vida "cotidiana moderna global"[70], mostra como as londrinas de classe média puderam, no início do século XX, expressar uma consciência cosmopolita difusa ("uma estrutura cosmopolita de sentimentos") por meio do consumo de moda e de objetos decorativos internacionais. A historiadora enfatiza que esse tipo de consumo fez da diferença cultural uma fonte de interesse e prazer para essas mulheres. Embora concomitante com o nascimento da sociedade de consumo e inicialmente impulsionado pela busca de um *status* social desejável, esse fenômeno não perdeu seu potencial crítico. Mica Nava sugere que, mesmo em suas formas mais mundanas, as manifestações do estilo cosmopolita acompanharam grandes mudanças sociais nas mulheres, favorecendo seu distanciamento de orientações mais conservadoras. A existência de emoções relacionadas a práticas de compra revela, assim, dois elementos-chave: por um lado, a fluidez e a excitação associadas à vida urbana moderna – o que torna possível uma mobilidade física sem precedentes e múltiplos encontros com desconhecidos e estranhos; por outro, o advento de uma consciência tipicamente moderna, caracterizada pela disposição psíquica, social e visceral de entrar em contato com a novidade, com a diferença.

Essas emoções são sempre consideradas componentes essenciais da orientação cosmoestética e se encontram em todos os exemplos relacionados ao consumo de produtos exóticos. Ao longo das últimas décadas, em todo o mundo, e mais especialmente na Europa, houve uma explosão de festivais de arte e de música[71]. Vários fatores contribuíram para isso, como a globalização da cultura e os fenômenos migratórios, bem como a atenuação das distinções entre cultura legítima e popular

---

70 Mica Nava, *Visceral Cosmopolitanism*, Oxford: Berg, 2007, p. 89.
71 Liana Giorgi e Monica Sassatelli, "Introduction", em: Liana Giorgi, Monica Sassatelli e Gerard Delanty (org.), *Festivals and the Cultural Public Sphere*, Londres: Routledge, 2011, pp. 1-11.

pelo viés de maior diversificação dos produtos culturais e democratização dos gostos. O estudo dos festivais se revela uma excelente entrada para capturar uma das dimensões da orientação cosmoestética: a encenação da unicidade cultural nacional fundamenta-se de maneira ampla em elementos artísticos e estilísticos baseados voluntariamente na importação de fontes externas às tradições locais[72]. Logo, para entender essa dinâmica, é importante distinguir entre cosmopolitismo involuntário e cosmopolitismo intencional[73]. O primeiro estaria ligado à circulação de produtos fabricados pelas principais multinacionais da cultura, processo que é ao mesmo tempo fonte de hibridização entre as tendências musicais, artísticas e culinárias do mundo, e de persistência, ou mesmo de reinvenção, de formas de expressões locais. Esse cosmopolitismo é involuntário na medida em que os indivíduos não se envolvem conscientemente no encontro com o outro. E banal no sentido de que os consumidores não fazem uma compra reflexiva – ao contrário do que ocorre no cosmopolitismo intencional, que é reflexivo e voluntário. Os indivíduos que seguem esta outra orientação estão ativa e conscientemente implicados em práticas e consumos culturais, pelos quais transgridem as fronteiras de suas próprias culturas étnicas ou nacionais. De modo geral altamente escolarizados, esses cosmopolitas estão constantemente buscando atualizações, seguindo as últimas inovações culturais e tendências artísticas mais recentes, sobretudo aquelas que lhes parecem corresponder aos cânones estéticos em voga e que gostariam que fossem introduzidas nos produtos culturais de seus grupos etnonacionais.

No entanto, a orientação cosmoestética não poderia ser reduzida ao consumo cultural das classes média e alta cultas, que, por um

---

72 Motti Regev, 2007, *op. cit.*
73 *Idem*, "International Festivals in a Small Country", em: Liana Giorgi, Monica Sassatelli e Gerard Delanty (org.), *Festivals and the Cultural Public Sphere*, Londres: Routledge, 2011, pp. 108-23.

efeito de espelho, confirmaria a facilidade de viver em um mundo dominado pela circulação maciça de produtos culturais. Ainda são necessários estudos mais detalhados para descobrir como essa orientação se manifesta em indivíduos pertencentes às classes populares e especialmente entre os jovens descendentes de migrantes, cujas competências plurilinguísticas e cujo acesso a produtos provindos das sociedades de que eles ou seus pais se originam[74] fazem deles casos de cosmopolitismo muito distantes da imagem elitista que costuma se associar a esse fenômeno. Seu cosmopolitismo deve ser entendido a partir do estudo dos poderosos mecanismos de hibridação tornados possíveis por suas práticas culturais. Tomemos o caso do *rap* e do *raï*[75]: mesmo que os modelos originais que levaram ao nascimento desses gêneros musicais fossem claramente alógenos, eles se tornaram autônomos ao longo do tempo, para ocupar hoje um lugar muito importante na criação musical francesa. Esse é um exemplo perfeito de abertura a tradições estrangeiras que, através da mistura cultural, acabam integrando o patrimônio musical nacional[76].

Outros contatos cotidianos com a alteridade, à primeira vista bem banais, nutrem a orientação cosmoestética. A culinária é um exemplo impressionante. Enquanto há apenas alguns anos os pratos nacionais eram elementos fortes de inserção em uma determinada cultura, hoje prevalece uma dinâmica muito mais complexa. O orgulho que se sente pela própria culinária se articula com a forte valorização do prazer de consumir produtos culinários do mundo. A proliferação de restaurantes estrangeiros nos espaços urbanos – cadeias internacionais, restaurantes de *world food* ou de forte conotação étnica e local – é

---

74 A isso podem ser adicionados elementos como sua mobilidade – com viagens mais ou menos frequentes aos seus países de origem – e os contatos feitos com familiares e amigos que vivem no exterior.
75 *Raï* é um gênero de música popular folclórica típico da Argélia e do Marrocos. [N.E.]
76 Vincenzo Cicchelli e Sylvie Octobre, 2015, *op. cit.*

uma das encarnações mais visíveis da globalização. O acesso à culinária do outro é uma forma muito eficaz de contato com a heterogeneidade cultural. Estamos presenciando uma espécie de miniaturização do mundo em termos culinários: cidades como Londres, Paris, Nova York, Montreal, Tóquio e Buenos Aires podem ser chamadas de "torres de Babel de comidas nacionais" que permitem ter "o mundo no seu prato"[77]. Pela oferta da culinária internacional, elas se tornaram um "lugar para o consumo do mundo"[78], um microespaço de "contato idealizado com as culturas do mundo"[79]. Em uma pesquisa sobre restaurantes estrangeiros na cidade de Quebec, Laurier Turgeon revela as estratégias dos empresários para atender à demanda por uma cozinha "autêntica" preparada por estrangeiros "autênticos"[80]. Tudo é feito para combinar elementos exóticos da cultura estrangeira que vão seduzir o cliente com ingredientes da cultura local destinados a protegê-lo. Em contrapartida, os clientes procuram "a autenticidade da diferença, o exótico da experiência"[81] e, diversificando suas experiências ao frequentar uma grande variedade de restaurantes exóticos, eles se envolvem em uma forma de exploração do mundo a partir do consumo culinário. Este "é apresentado como um meio de aumentar a consciência e a compreensão do outro. Todos os clientes entrevistados mostram uma atitude positiva em relação à culinária estrangeira e querem saber mais sobre o país representado"[82].

Uma orientação cosmoestética também pode se manifestar no consumo de produtos de ampla difusão internacional. Com base em

---

77 Ian Cook e Philip Crang, "The World On a Plate", *Journal of Material Culture*, 1996, v. 1, n. 2, pp. 131-53.
78 Laurier Turgeon e Madeleine Pastinelli, "Eat the World", *Journal of American Folklore*, 2002, v. 115, n. 456, p. 265.
79 Laurier Turgeon, 2002, *op. cit.*, p. 225.
80 *Ibidem*, p. 221.
81 *Ibidem*, p. 224.
82 *Ibidem*, p. 225.

pesquisas qualitativas realizadas nos cafés das cadeias norte-americanas Second Cup e Starbucks em Toronto, Sonia Bookman[83] mostra que os contornos do cosmopolitismo comum são moldados pela interação entre marca e consumidores. Ao interagir com os contextos oferecidos por essas duas marcas, os consumidores contribuem para a criação de formas de cosmopolitismo "descontraído", casual. As estratégias de marketing dessas duas cadeias recorrem claramente às emoções do consumidor. A decoração e a atmosfera que elas criam em seus cafés são projetadas para capacitá-los a "construir experiências estéticas e emocionais intensas que, por sua vez, irão agregar valor à marca"[84]. Ao solicitar seu imaginário através de suas emoções, as marcas convidam o consumidor a se sentir cosmopolita, a expressar sentimentos cosmopolitas, a imaginar que tem conhecimento do mundo. Ele sente um prazer específico em consumir um café em um lugar que reflete a diferença cultural. Sentado ou em pé, esperando ser atendido ou passeando por alguns momentos no local, ele se familiariza com a história dos cafés do mundo por intermédio de cartazes, desenhos, poemas nas paredes, folhetos e livros deixados ali. Quando solicitados a comentar sobre esse aspecto, os consumidores evocam um "senso de diversidade global"[85]. Alguns se sentem "conectados com diferentes culturas e lugares do mundo por meio dessas viagens e gostos virtuais"[86]. A coleção de selos de café ou a compra de pacotes do produto lhes oferece experiências reflexivas de tipo turístico. No entanto, os consumidores mantêm uma distância irônica em relação a essas viagens virtuais, brincando com as possibilidades de encontros cosmopolitas oferecidas pelas marcas. Nesse processo, eles "exibem certa mundanidade (*worldliness*),

---

83 Sonia Bookman, "Feeling Cosmopolitan", em: Dale Spencer, Kewin Walby e Alan Hunt (org.), *Emotions Matter*, Toronto: University of Toronto Press, 2012; e "Branded Cosmopolitanisms", *Cultural Sociology*, 2013, v. 7, n. 1, pp. 56-72.
84 *Idem*, 2012, *op. cit.*, p. 245.
85 *Idem*, 2013, *op. cit.*, p. 62.
86 *Ibidem*.

expressando sentimentos cosmopolitas de deleite em encontros com a diferença e de abertura para outras culturas"[87].

Todavia, essa orientação cosmopolita apresenta limitações. Em primeiro lugar, mesmo que nos faltem dados exaustivos, a maioria dos estudos de campo aponta que, entre indivíduos de orientação cosmoestética, encontram-se mais frequentemente membros das classes sociais altas, para quem o consumo cosmopolita está a caminho de se tornar um padrão de bom gosto. Enquanto o cosmopolitismo tem a ambição de transcender as diferenças culturais, a ideologia consumista, típica da fase avançada do sistema capitalista contemporâneo, está prestes a criar novas divisões sociais em nome da abertura à alteridade preconizada por essa orientação. Para retomar o exemplo da alimentação, a capacidade de se localizar em um oceano de especialidades gastronômicas torna-se um marcador social, já que o público que tem mais facilmente acesso a uma grande variedade de restaurantes exóticos vive nos bairros mais ricos[88]. Essa é a razão pela qual alguns sociólogos insistem no fato de o cosmopolitismo ser um estilo de vida urbano e de o consumo cosmoestético ser mais visível em bairros "gentrificados" e abastados, onde o acesso a produtos culturais variados, internacionais e exóticos é mais comum[89]. É justamente nas cidades – especialmente nas cidades globais – que mais facilmente se encontra essa alteridade local favorável ao consumo cosmopolita. Essas cidades são cosmopolitas em parte porque estão mais integradas ao sistema comercial transnacional do que ao resto do contexto nacional, em parte porque florescem nelas "gostos, padrões de consumo e formas de lazer que derivam mais de uma cultura global emergente do que da cultura nacional"[90].

---

87 *Ibidem*, p. 63.
88 Jennie Germann Molz, "Eating Difference", *Space and Culture*, 2007, v. 10, n. 1, pp. 77-93.
89 Jon Binnie *et al.*, 2006, *op. cit.*
90 Robin Cohen, *Global Diasporas*, Londres: UCL Press, 1997, p. 167.

Para voltar ao exemplo dos festivais, podemos considerá-los como rituais pelos quais indivíduos das classes média e alta fortemente escolarizados glorificam e encenam o que é para eles o padrão estético do bom gosto contemporâneo. Esses eventos são semelhantes a "peregrinações culturais ao longo das quais onívoros cosmopolitas podem se unir com seus pares"[91]. Mesmo que o público bastante homogêneo dos festivais seja um domínio privilegiado para a compreensão dessa população, outros estudos sobre as práticas culturais confirmaram o caráter socialmente localizado dessa "abertura ostentatória à diversidade"[92]. Ela "reflete mais de perto os recursos culturais das classes mais escolarizadas, desde que ela apresente como desejáveis atitudes que lhes são mais facilmente acessíveis, em razão da maior diversidade de seus repertórios culturais"[93].

Devemos, por isso, considerar esses consumidores culturais como "onívoros cosmopolitas"[94]? Para responder a essa pergunta, lembremos primeiramente que o termo onívoro se refere a uma nova figura na sociologia da cultura que substituiu a mais antiga de "esnobe cultural". Enquanto o esnobismo se baseia na glorificação das artes e no desdém do entretenimento popular, a "onivoridade" é a capacidade de apreciar o estetismo de uma vasta gama de formas culturais, que abrangem as artes e toda uma variedade de expressões populares e folclóricas. O onívoro mostraria certa abertura de espírito que o predisporia a apreciar tudo[95]. A transformação do esnobe exclusivo em onívoro inclusivo seria vinculada a um movimento histórico de maior tolerância com aqueles que possuem valores diferentes[96]. O onívoro seria dotado da capacidade

---

91 *Ibidem*, p. 122.
92 Viviana Fridman e Michèle Ollivier, 2004, *op. cit.*, p. 109.
93 *Ibidem*.
94 Gavin Kendall, Ian Woodward e Zlatko Skrbis, 2009, *op. cit.*, p. 109.
95 Richard A. Peterson, "Understanding Audience Segmentation", *Poetics*, 1992, v. 21, n. 4, pp. 243-58.
96 Richard A. Peterson e Robert M. Kern, "Changing Highbrow Taste", *American Sociological Review*, 1996, v. 61, n. 5, pp. 900-7.

de identificar repertórios associados a símbolos ou formas estéticas que atravessam as fronteiras culturais. Esses traços, que recordam as virtudes cosmopolitas de abertura, não impedem de forma alguma o onívoro de acumular capital cultural associado a mecanismos de distinção. Se alguns elementos salientes do onívoro evocam aqueles esperados de um cosmopolita, as duas figuras não se sobrepõem. Segundo Richard Peterson, inventor do conceito de onivoridade, o cosmopolita seria, na realidade, uma figura particular na categoria maior dos onívoros.

Mesmo que o cosmopolitismo se refira a um gosto que transcende as fronteiras nacionais, a palavra "onivoridade" parece-nos mais apropriada porque subentende gostos que atravessam não apenas as fronteiras das nações, mas também aquelas classes sociais, dos gêneros, das etnias, das religiões, das idades ou outras fronteiras similares[97].

Mesmo que haja elementos onívoros na orientação cosmoestética, esta não pode ser reduzida à onivoridade. Não existem elementos para aprimorar a compreensão dessa socialização. Paralelamente à abertura, ao ecletismo e à propensão ao consumo, os mecanismos de construção do vínculo com a alteridade – objeto central da socialização cosmopolita – continuam desconhecidos. Como nos orientamos em direção ao outro? Que lugar lhe reservamos? Quais são os efeitos desse encontro? Além disso, se queremos que a adjetivação se torne heurística, é importante estudar a gênese dos gostos, das preferências e dos repertórios de ordem estética cosmopolita, para não fazer do cosmopolitismo estético a prerrogativa dos onívoros e verificar até que ponto um onívoro – indivíduo cujo consumo cultural é mais direcionado – também não poderia ter um consumo cosmopolita.

---

[97] Richard A. Peterson, "Le Passage à des goûts omnivores", *Sociologie et sociétés*, 2004, v. 36, n. 1, p. 159.

Em segundo lugar, entre as limitações da dimensão estética, permanece aberto o debate sobre sua contribuição para o cosmopolitismo. Para aqueles que minimizam sua importância, o cosmopolitismo estético não poderia produzir outros sentimentos senão os de natureza estética: não há garantia de que a extensão dos horizontes culturais, bem como o desenvolvimento de habilidades culturais e hermenêuticas, se traduzam pelo surgimento de um senso de responsabilidade em relação ao mundo cosmopolita[98]. Para outros autores, no entanto, a introdução da dimensão estética marca uma mudança importante na forma de considerar o cosmopolitismo, concebido inicialmente como uma abstração política e ética e agora entendido como um estilo de vida relacionado ao consumo. "A questão da cidadania global não gira apenas em torno do compromisso político ou da participação civil, mas também em torno de gostos cosmopolitas, estilos e padrões de consumo."[99] Nikos Papastergiadis está convencido de que um sentimento ético e político em relação ao outro não pode nascer sem um interesse mínimo em sua cultura. Ele acredita que o cosmopolitismo estético desempenha um papel fundamental, pois depende disso "a capacidade individual e coletiva de construir uma imagem do mundo"[100], com a arte e a cultura sendo menos consideradas uma representação da verdade do mundo do que um instrumento para imaginar sua realidade.

Sem negar a contribuição da orientação cosmoestética para a socialização em relação à alteridade, é possível enfatizar que ela não se baseia em um conhecimento organizado e estruturado, transmitido pela escola ou por outras instâncias de legitimação, mas sim em uma acumulação progressiva de encontros e consumos banais, muitas vezes experiências efêmeras e parciais, que desembocam em representações

---

98 John Tomlinson, 1999, *op. cit.*
99 Jennie Germann Molz, 2011, *op. cit.*, p. 37.
100 Nikos Papastergiadis, 2012, *op. cit.*, p. 94.

que podemos, como no Facebook, curtir ou não, compartilhar ou não[101]. Ao dirigir a outras culturas um olhar primeiramente estético – postulando, assim, que sua beleza decorre precisamente de sua diferença –, corremos o risco de reificar a alteridade, esquecendo os desafios da construção de uma relação com o outro[102]. Estudos sobre a clientela de restaurantes estrangeiros[103] mostraram que, ao contrário dos objetivos declarados, o puro prazer gustativo supera em grande parte o desejo de descobrir outra cultura por intermédio de sua gastronomia. Além disso, por querer se concentrar demais na descoberta compulsiva, esquecemos que por trás de qualquer forma de aprendizagem, incluindo a culinária, esconde-se um longo processo de habituação e integração de técnicas, códigos, habilidades. Paradoxalmente, esse encontro superficial com a diferença cultural – mantida pelo imperativo exótico de consumir *a diferença pela diferença* – contribui para perpetuar uma grande ignorância sobre uma cultura em particular. Laurier Turgeon[104] até mesmo se pergunta se os restaurantes estrangeiros não são uma "manifestação nova e mais moderna do colonialismo, praticado agora em casa"[105]. Em outras palavras, segundo esses críticos do cosmopolitismo estético, frequentar um restaurante estrangeiro corresponderia a uma forma pós-colonial de manter o outro na alteridade.

Como conclusão, pode-se estabelecer um vínculo entre a propagação da estética cosmopolita por meio do consumo de produtos culturais em escala global e o capitalismo consumista contemporâneo[106]. Assim, a orientação cosmoestética estaria inscrita na lógica cultural do

---

101 Vincenzo Cicchelli e Sylvie Octobre, 2015, *op. cit.*
102 Vince Marotta, 2010, *op. cit.*
103 Ghassan Hage, "At Home in the Entrails of the West", em: Helen Grace *et al.* (org.), *Home/world*, Annandale: Pluto Press, 1997, p. 99-153.
104 Laurier Turgeon, 2002, *op. cit.*
105 *Ibidem*, p. 228.
106 Jon Binnie e Beverley Skeggs, "Cosmopolitan Knowledge and the Production and Consumption of Sexualized Space", *The Sociological Review*, 2004, v. 52, n. 1, pp. 39-61.

funcionamento do capitalismo global, que consiste em colocar em cena e promover produtos culturais. Em vez de servir para criar laços entre estranhos, a alteridade é avaliada em termos de rentabilidade comercial. É essa rentabilidade que dá valor à cultura do outro e sentido ao contato com ele. Dada a tendência do mercado de integrar e explorar as diferenças culturais, pode-se perguntar se a aspiração cosmopolita de mais universalismo é passível de ser alcançada a partir de práticas consumistas.

A INTELIGÊNCIA DO OUTRO

A mobilidade, tão difundida no mundo contemporâneo[107], também é muito variada: viagens turísticas e profissionais, estágios e temporadas de estudo, viagens de treinamento e iniciação, expatriações e exílios. Essas mobilidades podem ser pontuais ou definitivas, ter uma estrutura linear de ida e volta ou circular, mais complexa – sem esquecer as formas mais antigas, mas ainda muito importantes, de diáspora[108]. As mobilidades também ganharam complexidade morfológica, porque não são mais somente de natureza física e corporal. Mais do que no passado, as viagens também são feitas pela mente e, mais particularmente, por imagens que poderosamente evocam paisagens naturais e urbanas, monumentos e modos de vida[109], transmitidas em todos os tipos de mídia. A novidade, no entanto, são as viagens virtuais[110]: transpondo distâncias geográficas, elas se tornaram possíveis graças ao surgimento de novas tecnologias da informação e da comunicação. Há 25 anos,

---

107 John Urry, 2006 (2000), *op. cit.*; Mathis Stock, "Il mondo è mobile", em: Jacques Lévy (org.), *L'Invention du monde*, Paris: Presses de Sciences Po, 2008, pp. 133-59.
108 Para uma retrospectiva extremamente detalhada do uso da palavra "diáspora", veja Stéphane Dufoix, *La Dispersion*, Paris: Éditions Amsterdam, 2012.
109 Bronislaw Szerszynski e John Urry, 2006, *op. cit.*
110 *Ibidem*.

Dick Hebdige[111] já apontava o papel desempenhado pela televisão nas viagens feitas pela imaginação. Hoje, uma quantidade enorme de antenas parabólicas permite que populações diaspóricas acessem informações, programas, reportagens e competições esportivas provindos de países considerados como seus lares originais. Essas mesmas tecnologias permitem que todos alimentem seu imaginário sobre países, áreas geográfico-culturais pelas quais eles sentem afinidade e/ou curiosidade. Quanto a SMS, mensagens instantâneas, redes sociais, jogos *on-line* e internet em geral, eles aumentaram drasticamente a comunicação à distância entre indivíduos[112].

Essa circulação crescente das pessoas e dos imaginários tem efeitos poderosos sobre o modo pelo qual os atores sociais ampliam sua consciência de globalidade, desdobram sua capacidade de comparar diferentes lugares e afiam seu imaginário da alteridade[113]. "Atualmente, existem poucas pessoas no mundo que não souberam recentemente que um amigo, um conhecido ou um colega estava a caminho de um novo destino ou de volta para casa, com todo um estoque de histórias e mundos possível."[114] Sem entrar nos detalhes de uma literatura já exponencial a respeito das formas de hibridação, miscigenação, mistura e criouzilação ligadas à migração[115], demoremo-nos um pouco nos trabalhos que destacaram o lugar liminar ocupado pelas diásporas – em particular os de Homi K. Bhabha[116] –, inspirados nos *subalternal studies* e nos estudos pós-coloniais. Os grupos diaspóricos não estão situados nem de um lado (a metrópole, o Ocidente), nem de outro (a colônia, o país de origem), mas em algum lugar intermediário. Esse lugar diferente que a diáspora ocupa, "o terceiro lugar", é fecundo para

---

111 Dick Hebdige, "Fax to the Future", *Marxism Today*, 1990, pp. 18-23.
112 Bronislaw Szerszynski e John Urry, 2006, *op. cit.*
113 *Ibidem*.
114 Arjun Appadurai, 2005 (1996), *op. cit.*, p. 32.
115 Stéphane Dufoix, *Les Diasporas*, Paris: PUF, 2003.
116 Homi K. Bhabha, *Les Lieux de la culture*, Paris: Payot, 2007 (1994).

a hibridação[117]. Longe de compartilhar uma visão positiva do "cosmopolitismo global"[118], Bhabha propõe um caso de cosmopolitismo baseado na hibridação. O "cosmopolitismo vernacular" penetra entre as tradições culturais e revela formas híbridas de vida e arte "que não têm existência prévia no mundo separado das culturas ou línguas únicas"[119]. É um cosmopolitismo que mede o progresso global em uma perspectiva minoritária.

As situações diásporicas também podem encorajar múltiplas afiliações nos indivíduos. É o que Peggy Levitt[120] mostra em um livro sobre as trocas estabelecidas entre um vilarejo dominicano, Miraflores, e um subúrbio de Boston, Jamaica Plain, povoado por migrantes dominicanos. A autora retraça os detalhes dessas vidas transnacionais para mostrar melhor como as ideias e as informações circulam entre as duas comunidades, cujos habitantes desenvolvem um sentimento de pertencimento a ambos os lugares. Vários estudos sobre os fenômenos migratórios na Europa[121] revelam que os indivíduos que experimentaram a mobilidade tendem a ter maior capital cosmopolita do que outros. Um deles, baseado em uma amostra de alemães, mostrava que a maior demanda de regulação institucional supranacional e a maior tolerância ou mesmo aceitação dos estrangeiros estão correlacionadas com o grau de investimento do indivíduo em práticas transnacionais[122].

---

117 *Ibidem*.
118 O cosmopolitismo global seria baseado em "ideias de progresso cúmplices de formas neoliberais de governança e de forças de mercado concorrentes". Ele celebraria "um mundo de culturas plurais e de povos situados na periferia, desde que produzam margens de lucro confortáveis nas sociedades metropolitanas" (Homi K. Bhabha, 2007 [1994], *op. cit.*, p. 14).
119 Homi K. Bhabha, 2007 [1994], *op. cit.*, p. 13.
120 Peggy Levitt, *The Transnational Villagers*, Oakland: University of California Press, 2001.
121 Ettore Recchi, *Senza frontiere*, Bologne: Il Mulino, 2013; Thomas Faist, Margit Fauser e Eveline Reisenauer, *Transnational Migration*, Cambridge: Polity Press, 2013.
122 Este índice de transnacionalidade é composto de três variáveis: o número de relações privadas transnacionais, o número de vezes que o entrevistado esteve no exterior

As viagens e os deslocamentos turísticos podem ser analisados a partir da relação com o desejo exótico de abertura para o mundo e, assim, entendidos como a expressão de uma orientação cosmoestética por meio do contato físico. Enfatizou-se a importância da dimensão sensorial durante a mobilidade[123]. A visão, o olfato, a audição, o tato e o paladar são fortemente solicitados ao longo dessas viagens. É através do encontro concreto com a alteridade que o cosmopolitismo é experimentado e exibido. No romance autobiográfico dedicado à sua longa permanência em Bombaim, o australiano Gregory David Roberts descreve seu primeiro contato com a cidade nestes termos:

> No primeiro dia, a primeira coisa que notei em Bombaim foi um cheiro um pouco diferente. Eu podia senti-lo antes mesmo de ver ou ouvir o que quer que fosse da Índia, conforme caminhava pelo corredor que levava do avião ao aeroporto. Fiquei entusiasmado e extasiado com o cheiro desse primeiro minuto em Bombaim[124].

A viagem tem ainda outra dimensão, que não é de natureza estética: a da compreensão do outro em comparação com a própria cultura, do descentramento por imersão em outro sistema simbólico, do retorno a si por fricção com a diferença cultural. Nossos contemporâneos parecem ter esquecido que, ao longo dos séculos, as opiniões ficaram divididas sobre a utilidade da viagem e que "a Europa e suas sociedades não deixaram de lutar contra a errância, com eficácia variável, e de acompanhar o movimento histórico para fixar, limitar e controlar os

---

nos doze meses anteriores à pesquisa e o tempo total passado no exterior por períodos de pelo menos três meses. Cf. Steffen Mau, Jan Mewes e Ann Zimmerman, "Cosmopolitan Attitudes through Transnational Social Practices?", *Global Networks*, 2008, v. 8, n. 1, pp. 1-24.
123 David Le Breton, *La Saveur du monde*, Paris: Éditions Métailié, 2006; John Urry, 2006 (2000), *op. cit.*
124 Gregory David Roberts, *Shantaram*, New York: St Martin's Press, 2007.

homens"[125]. Embora, ao longo da história, todas as formas de mobilidade tenham sido expressas na Europa[126] e no resto do mundo, foi preciso muito tempo para que a ideia da viagem como experiência formadora por excelência se impusesse[127]. Foi especialmente a partir do final do século XVIII que ela se tornou um dos meios privilegiados para aperfeiçoar a formação dos jovens provindos das classes dominantes – o que era conhecido nos países anglo-saxões como o Grand Tour. Antes de entrar na idade adulta, o jovem, geralmente acompanhado por um tutor, devia conhecer países como a Itália e a Grécia e, na segunda metade do século XIX, Istambul, norte da África e Oriente Próximo. A viagem aparece como "a base da construção de uma identidade de circulação que se expressa de maneira particularmente rica no cosmopolitismo"[128].

Alguns aspectos dessa mobilidade ainda perseguem nosso imaginário da viagem juvenil. Livros e filmes mostram essas experiências, nas quais predominam: a) a dialética da descoberta de si e do encontro com os outros, em um ambiente longe de casa; b) a importância do sentimento de incompletude no seu local para justificar a necessidade de ir a outros lugares, para viver outra coisa, para alargar o alcance das possibilidades. Aprender em contato com os outros é o que a viagem deveria garantir aos que partem. Se as vantagens reais podem ser discutidas, nossa cultura, sem dúvida, construiu, em torno dessa experiência, um imaginário duradouro que é, ele próprio, parte integrante da experiência. O estupor civilizatório provocado pelas grandes explorações já não é apropriado hoje[129]. Ele foi substituído pelo espanto pessoal

---

125 Daniel Roche, "Voyages, mobilités, lumières", *Revue de synthèse*, 2002, v. 123, n. 1, p. 20.
126 Henriette Asséo, "Le Principe de circulation et l'échec de la mythologie transeuropéenne", *Revue de synthèse*, 2002, v. 123, n. 1, pp. 85-110.
127 Daniel Roche, 2003, *op. cit.*
128 *Idem*, 2002, *op. cit.*, p. 19.
129 Stephen Greenblatt, *Ces merveilleuses possessions*, Paris: Les Belles Lettres, 1996 (1991).

diante da diferença cultural. É nesse elemento emocional que reside a inteligência do outro[130]. Hoje, a mobilidade geográfica é óbvia[131] tanto nos espíritos quanto nos fatos. Muitas são as virtudes atribuídas aos deslocamentos. As viagens, em particular, abririam a mente, ensinariam a lidar com os códigos do *savoir-vivre* em um ambiente internacional. Tornou-se lugar-comum achar que

> todo o conhecimento do mundo, ou pelo menos seus elementos indispensáveis, poderia ser dado pela realização de um percurso, desde que este leve para bem longe, no que diz respeito à distância e à intensidade da curiosidade. E essa intensidade supõe a reversibilidade do olhar, que, quando é exercido sobre o outro com a atenção necessária, terá, assim se espera, a flexibilidade de se voltar para si mesmo e para seu ambiente familiar, a ponto de tornar esse ambiente estranho. Pois é a partir desse sentimento de estranheza que a distância crítica desejável pode se instaurar em relação à sua cultura de origem[132].

Este é o credo de nossas sociedades contemporâneas: a viagem deve garantir aos que partem que se aprenda a partir do contato com os outros, descentrando-se de si mesmo.

A expressão do *Bildung* cosmopolita foi proposta para definir os contornos da socialização durante uma viagem de aperfeiçoamento[133]. Essa noção contém tanto a ideia de formação global como a de ponte, de abertura para os outros. Isto é enfatizado pelo germanista e teórico da tradução Antoine Berman: a tradução está estruturalmente inscrita no *Bildung*, um processo de ampliação, uma passagem do particular

---

130 Vincenzo Cicchelli, 2012, *op. cit.*
131 Mathis Stock, 2008, *op. cit.*
132 Gérard Cogez, *Les Écrivains voyageurs au XXe siècle*, Paris: Seuil, 2004, p. 208.
133 Vincenzo Cicchelli, 2012, *op. cit.*

ao universal cuja essência é lançar o "mesmo" em uma dimensão que o transformará. É também uma experiência da alteridade do mundo, "prova da alteridade, formação do eu pela prova da alteridade"[134].

Nos intercâmbios Erasmus, semelhantes a viagens de formação[135], os alunos fazem do tempo passado no local (pelo menos seis meses) uma das condições fundamentais para atingir os objetivos que definiram para sua estadia no exterior. Eles esperam aguçar o olhar sobre o outro, conhecer melhor sua própria cultura, experimentar uma possível mudança de si. São poucos os que vivem como desertores ou exilados (duas figuras típicas da condição do estrangeiro). O estudante Erasmus não poderia ser considerado um imigrante que foge de seu país e que busca asilo e hospitalidade no país anfitrião.

Essa viagem esperada, às vezes desejada, assumida plenamente, não protege o viajante das dificuldades do contato com uma realidade pouco ou nada familiar. Uma situação diferente, codificada a cada vez como "estranha", "bizarra", obriga o observador a um retorno crítico à sua própria cultura. Por comparação sistemática entre o familiar e o desconhecido, a estadia Erasmus é um momento privilegiado de reflexividade para os atores sociais. Em suma, esta situação de liminaridade social e de *estranhamento*[136] cognitivo e emocional leva os alunos a se tornarem etnólogos da sociedade de acolhimento e da sociedade de origem, empurrando-os para um trabalho de decodificação culturalista[137]. Ela envolve várias dimensões da experiência individual; permite descobrir o plural, dando espaço para o outro na definição do eu. Nessa pesquisa, os entrevistados implementam um raciocínio cosmopolita. A heterogeneidade fundamental das sociedades europeias é o que está subjacente ao interesse de seus conhecimentos. É pelo fato de elas

---

134 Antoine Berman, *L'Épreuve de l'étranger*, Paris, Gallimard, 1984, p. 75.
135 Vincenzo Cicchelli, 2012, *op. cit.*
136 Sobre os usos desta palavra (*estrangement*), veja Vincenzo Cicchelli, 2012, *op. cit.*
137 Vincenzo Cicchelli, 2008, *op. cit.*

terem diferenças específicas que seu conhecimento no local torna possível aperfeiçoar seu *Bildung*. Para que se tornem homens e mulheres da Europa do século XXI, esses jovens acreditam que precisam aprender a conhecer a cultura dos seus vizinhos conforme um movimento tripartite: explicar seu comportamento, orientar-se nas sociedades europeias e saber situar seu pertencimento em diferentes escalas (infranacional, nacional, supranacional). O resultado final desse processo é a aquisição de um *savoir-faire* cosmopolita que lhes permite demonstrar novas habilidades práticas para administrar a vida cotidiana em um país estrangeiro.

Mecanismos similares de relação do eu com o outro são encontrados em uma pesquisa realizada por Jennie Germann Molz[138] sobre os *food travellers*, pessoas que viajam com fins culinários. Ao associar fortemente a alimentação com a diferença cultural de que ela se torna símbolo, o turismo gastronômico proporciona aos indivíduos inúmeras oportunidades de acessar a alteridade em sua dimensão mais exótica. A autora está interessada nos efeitos que a estranheza da comida tem nos viajantes e na maneira de acomodá-la, apresentá-la e consumi-la, especialmente entre aqueles que circulam pelo mundo. Esses viajantes fazem de seus corpos o veículo da abertura para a alteridade. Ao provar uma grande variedade de pratos estrangeiros ao longo de sua jornada, eles "literalmente incorporam as características cosmopolitas da curiosidade audaciosa, da vontade de correr riscos e do desejo de consumir a diferença"[139]. Isso inclui comer alimentos que eles antes consideravam indigestos, sujos ou mesmo impróprios para consumo, ficar doente, perder ou ganhar peso. Em vez de consumir produtos que já conhecem para sentir que estão em casa quando longe de seus países de origem, eles procuram por produtos muito afastados de seus gostos para experimentar o descentramento. Ao associar a comida a lugares bem específicos, esses viajantes reativam uma geografia imaginada da

---

138 Jennie Germann Molz, 2007, *op. cit.*
139 *Ibidem*, p. 85.

alteridade que diferencia os lugares de acordo com sua culinária; eles aprendem a reconhecer sabores diferentes.

Como para a orientação precedente, alguns limites podem ser enunciados. Em primeiro lugar, a mobilidade não garante de forma alguma o desenvolvimento ou a aquisição de uma orientação cosmocultural. Às vezes, a mobilidade é inteiramente centrada na descoberta do eu, em processo que pode ser autônomo em relação ao conhecimento do outro. Esse pode ser o caso do turismo xamânico, ao longo do qual o consumo de plantas psicotrópicas deve fornecer

> o acesso a esses padrões espirituais enterrados em cada indivíduo, que se supõem testemunhar uma origem tanto pessoal como coletiva. Para retornar à origem, às origens – para operar uma verdadeira "retrovolução" –, esse parece ser, de fato, o objetivo deste tipo de exploração levando a um novo começo[140].

Em seguida, o profundo interesse pelo outro por parte dos estudantes Erasmus pode ser interpretado com discernimento como a característica fundamental da orientação cosmocultural, que também se traduz no desejo de encontros diversificados. Todavia, observam-se entre os alunos entrevistados[141] tanto a expressão de certo entusiasmo pela ideia de descobrir outra cultura quanto, muito mais inesperadamente, uma irritação em relação a comportamentos dos locais, com quem acabam se recusando a conviver. No *corpus* das entrevistas, não é raro encontrar imagens estereotipadas da cultura local e até mesmo certa relutância em relação ao desejo inicial de conhecê-la – o que vai de encontro às promessas da viagem de formação. Os discursos dos jovens entrevistados também são pontuados por dúvidas sobre a possibilidade de ampliar seu círculo de pertencimento, o que até leva alguns a reafirmar sua identidade nacional.

---

140 Jean-Loup Amselle, 2013, *op. cit.*, p. 8.
141 Vincenzo Cicchelli, 2012, *op. cit.*

Em suma, se o espírito cosmopolita é construído a partir da tomada de consciência da necessidade de contato com outros, ele não exclui, por outro lado, decepções e reviravoltas. Ele não se confunde de modo algum com um amor incondicional pelo outro, nem implica uma dissolução dos pertencimentos nacionais. Os juízos que constituem a orientação cosmocultural podem ser instáveis e o aprendizado, restar inacabado.

A PREOCUPAÇÃO COM O OUTRO

A empatia cosmopolita, entendida como capacidade de entender os sentimentos e as emoções de indivíduos que podem pertencer a círculos sociais muito distantes do seu próprio, desempenha um papel fundamental na orientação cosmoética, como veremos em alguns estudos de campo.

Da mesma forma que Benedict Anderson[142] apontou o papel da imprensa e dos romances no desenvolvimento de "comunidades imaginadas" que estavam na base do nacionalismo do século XIX, Lynn Hunt[143] mostrou a importância da difusão de uma literatura sentimental, no século XVIII, no nascimento da "empatia imaginada", na mudança de perspectiva sobre a humanidade que estava na origem da invenção dos direitos humanos. Ao prosseguir na exploração da subjetividade – iniciada de várias maneiras durante o Renascimento e com o protestantismo –, os romances sentimentais suscitaram novas emoções e sensações e impuseram definitivamente a ideia moderna de que a força e a riqueza da vida interior eram as fontes da individualidade. O imaginário literário do século XVIII reforçou a noção de uma comunidade baseada em indivíduos autônomos e empáticos, capazes de se referir a valores universais superiores cujo horizonte de sentido situava-se bem além dos laços familiares e comunitários, das afiliações religiosas e dos pertencimentos

---

142 Benedict Anderson, 1996 (1983), *op. cit.*
143 Lynn Hunt, *L'Invention des droits de l'homme*, Genebra: Markus Haler, 2013.

nacionais. Para que os direitos humanos finalmente se tornassem uma evidência entre os contemporâneos de Jefferson e Lafayette, Mirabeau e Saint-Just, era necessário que os indivíduos desenvolvessem, menos por experiências pessoais e mais pela mediação da leitura, uma nova sensibilidade que podia englobar toda a espécie humana. Graças a romances como *A nova Heloísa* (1761), de Jean-Jacques Rousseau, os leitores aprenderam a estender sua empatia para além de seus entes mais próximos. Pelo viés da leitura, a identificação com os personagens ultrapassou os limites tradicionais entre as classes sociais. Dessa forma, os leitores puderam imaginar seus contemporâneos como semelhantes, seres humanos que sentiam as mesmas emoções. Sem esse longo aprendizado, o conceito de igualdade não poderia ter se tornado um dos valores centrais da modernidade ocidental.

Inesperadamente, atitudes cosmoéticas foram descobertas no campo do consumo. Os encontros interculturais tornados possíveis por essas práticas podem modificar o olhar dos consumidores e promover o surgimento de uma consciência do mundo como um todo[144]. Os consumidores podem até ir além das oportunidades oferecidas por marcas internacionais como Starbucks ou Second Cup: às vezes eles expressam os valores cosmopolitas do compromisso ético, demonstrando consciência global e senso de responsabilidade perante o planeta, os quais se traduzem por seu ceticismo quanto à capacidade dessas marcas de cumprir esse dever. Para alguns entrevistados[145], uma ética da responsabilidade deveria ser integrada às práticas comerciais, já que atualmente apenas se impõe um custo adicional para vender – de forma muito lucrativa – produtos a um preço ainda maior.

É possível, no entanto, perguntar-se se os sentimentos cosmopolitas associados ao consumo podem despertar o interesse pelos grandes problemas do mundo, autorizar compromissos em nome de noções

---

144 Jennie Germann Molz, 2011, *op. cit.*, p. 48.
145 Sonia Bookman, 2012, *op. cit.*

cosmopolitas centrais – como os direitos humanos ou a justiça global – e promover a solidariedade.

Existe um potencial de transformação nas causas baseadas no consumo, ou o consumo "ético", "empático", constitui uma tendência para preservar o *status quo*? Existe alguma chance de que um programa cosmopolita pela justiça social global seja desenvolvido graças ao consumo? Ou os objetivos cosmopolitas devem ser necessariamente alcançados fora do regime de consumo?[146].

Respostas a essas questões podem ser trazidas pelos trabalhos sobre consumo alternativo e movimentos relacionados. A *alterconsommation* reside na ideia de uma cidadania responsável e no exercício da "responsabilidade diante das consequências sociais e ambientais do ato de consumir"[147]. A contribuição maiúscula da cadeia alimentar para a degradação ambiental e para o aquecimento global está se tornando um dos principais argumentos no impulso de mudar fundamentalmente o mercado da produção e do consumo de alimentos.

Outras áreas mostram como essa sensibilidade ética se manifesta (ou não) por formas de compromisso com o mundo. Comecemos por evocar a compaixão em relação a seres humanos desconhecidos e estrangeiros antes de nos debruçarmos sobre as mobilizações transnacionais de indignação.

A importância da compaixão suscitada por eventos trágicos foi destacada por Gérôme Truc[148] em sua análise das reações aos ataques terroristas em Madri em 2004. O autor parte da ideia de que se trata de uma emoção plural e mostra que aos diferentes registros emocionais

---

146 Jennie Germann Molz, 2011, *op. cit.*, p. 48.
147 Geoffrey Pleyers, "Présentation", *Réseaux*, 2013, v. 181, n. 5, p. 18.
148 Gérôme Truc, "Le Cosmopolitisme sous le coup de l'émotion", *Hermès*, 2006, v. 46, n. 3, pp. 189-99.

correspondem outros tantos públicos, cada um conferindo ao acontecimento um significado diferente, que poderá entrar em concorrência com outros quanto à maneira de interpretar o acontecimento e de reagir a ele. A partir do estudo de um vasto *corpus* de mensagens escritas por desconhecidos para as vítimas dos ataques, ele constata que cada público constrói com as vítimas um tipo de proximidade, na qual reside sua lógica de compaixão. Quando os indivíduos se referem à cidade de Madri ou ao pertencimento nacional, eles adotam um "registro comunitarista". Em contrapartida, o "registro universalista" é o dos autores de mensagens que apelam para uma humanidade comum. O segundo tipo de mensagem assume traços cosmopolitas na medida em que expressa a compaixão de um ser singular em relação a uma vítima singular. É um cosmopolitismo

> do coração, carregado de uma presença, expandido de uma singularidade humana para outra, o que não se reduz a um universalismo da razão. Esse cosmopolitismo não reside no conteúdo de uma mensagem que, em última instância, é improvável que seja lida por uma vítima, mas simplesmente no fato de se dirigir a essa pessoa que é estranha e de entregar-lhe o coração como faria com um amigo[149].

Em um trabalho sobre as lógicas de conexão com o mundo[150], perguntamo-nos sobre a maneira pela qual jovens adultos franceses expressam sua preocupação com o outro quando acontecimentos como desastres nucleares e ambientais atingem as pessoas, mesmo que geográfica ou culturalmente distantes. Para entender como os indivíduos desenvolvem uma consciência ética cosmopolita, separamos o temor, a compaixão, a empatia e a indignação dos jovens entrevistados de sua vontade

---

149 *Ibidem*, p. 198.
150 Vincenzo Cicchelli, "Se rattacher au monde", em: Nicole Gallant e Diane Farmer (org.), *L'Engagement des jeunes dans diverses sphères de leur vie* (no prelo).

de traduzir esses sentimentos em ações individuais e/ou coletivas. Observam-se neles duas maneiras de falar sobre o mundo contemporâneo. A primeira baseia-se na sua experiência com os vínculos comuns de proximidade, vizinhança, pertencimento e cultura. A segunda repousa em considerações mais abstratas e universais. A primeira refere-se a uma visão "de baixo", aquela oriunda do apego a uma comunidade próxima, enquanto a segunda corresponde a uma visão "de cima", proveniente da identificação com uma humanidade comum. O raciocínio cosmopolita do tipo ético se manifesta quando a humanidade é considerada um ator por inteiro, independentemente de qualquer consideração sobre as diferenças culturais entre os grupos humanos. Esse raciocínio foi testado nos entrevistados a partir do recebimento da notícia de um acontecimento específico: o desastre nuclear em Fukushima, no Japão, em março de 2011. Os jovens entrevistados usam extensivamente o registro da universalidade para dizer o que sentem em relação ao desastre. Todos mostram compaixão imediata pelas populações afetadas, mas o argumento da universalidade ("todos estamos no mesmo barco") permite acima de tudo um poderoso retorno reflexivo sobre o eu. Segundo eles, esse acontecimento deve permitir repensar o lugar da energia nuclear na produção de eletricidade na França. Apesar de tudo, haveria uma diferença em termos de impacto emocional entre desastres que ocorrem nas proximidades (como a explosão da fábrica AZF em Toulouse, em 2001) e aqueles que acontecem bem longe das fronteiras nacionais.

As emoções desempenham um papel fundamental na propagação de movimentos de protesto transnacionais[151]. A partir de dezembro de 2010, os "movimentos das praças"[152] floresceram em muitos países do

---

151 Tova Benksi e Lauren Langman, "The Effects of Affects", *Current Sociology*, 2013, v. 61, n. 4, pp. 525-40.
152 Geoffrey Pleyers e Marlies Glasius, "La résonance des 'mouvements des places'", *Socio*, 2013, n. 2, pp. 59-79.

Mediterrâneo (Tunísia, Egito, Israel, Grécia, Turquia, Espanha, Portugal, Itália), na Europa (França, Irlanda) e nos Estados Unidos. A indignação está fortemente associada ao surgimento desses movimentos, que também exploram os recursos fornecidos pela *web*. Prosperam aí "redes de indignação"[153], graças às quais se opera a "passagem do espaço privado e virtual para o espaço público das praças"[154]. O impacto do movimento espanhol dos Indignados e o sucesso internacional do livro de Stéphane Hessel, *Indignai-vos!*[155], contribuíram, provavelmente, para espalhar o uso da noção de indignação nas análises desse fenômeno. Hessel recorda no livro que seu engajamento político teve como bases a resistência à barbárie nazista e a construção do futuro democrático da nação francesa. Um vínculo de causalidade é claramente estabelecido entre o sentimento de revolta e a própria revolta, sendo a indignação o motor do engajamento. Todavia, no caso dos movimentos das praças, ela não é o único catalisador. Os estudos mostram que o protesto também é a expressão emocional da forte deterioração nas condições de vida e da destruição social dos jovens, cujo futuro parece mais sombrio que o de seus pais. A gravidade da crise econômica provavelmente suscitou críticas sobre a gestão dos governos[156]. Resultado disso, a precarização de uma porção crescente da população provocou sentimentos de raiva contra os dirigentes, de ansiedade diante do futuro e de humilhação por se sentir ignorada. As reações emocionais predispõem o indivíduo a aceitar certos esquemas explicativos adaptados às circunstâncias e a considerar alternativas. "A raiva e a indignação em relação às elites não só podem motivar o agrupamento e a participação; podem sobretudo

---

153 Manuel Castells *apud* Geoffrey Pleyers, 2013, *op. cit.*, p. 8.
154 Geoffrey Pleyers, 2013, *op. cit.*, p. 10. Em 15 de junho de 2011, na Grécia, a partir de convocação feita via Facebook inspirada nos Indignados da Espanha, milhares de pessoas foram para as principais praças do país para expressar sua indignação contra o governo e o sistema político. [N.E.]
155 Stéphane Hessel, *Indignez-vous!*, Montpellier: Indigène Éditions, 2010.
156 Tova Benksi e Lauren Langman, 2013, *op. cit.*

proteger o eu dos sentimentos de vergonha e humilhação."[157] A participação nas manifestações de protesto também pode fornecer uma "variedade de recompensas agradáveis, que vão desde o senso de comunhão até a reafirmação do próprio valor e dignidade"[158].

Embora não seja possível inscrevê-los na mesma lógica[159], todos esses movimentos compartilham pontos em comum muito interessantes[160]. Eles se tornam os portadores dos ideais de uma "democracia mais profunda e mais direta, da afirmação da dignidade de cada um e de uma equidade social e econômica que leve a outras concepções e outras práticas nas relações econômicas"[161]. Assim, "articulando de perto as considerações socioeconômicas e culturais, esses indignados exigem uma reformulação da nossa maneira de conceber e praticar a emancipação, a cidadania, a democracia, a dignidade e a justiça social"[162]. Todos compartilham certas características transnacionais e seu êxito é assegurado por uma mobilização em nome de valores que se tornaram universais, que são o apoio de uma aspiração a viver em uma "sociedade decente"[163]. A participação tem a ver com uma democracia direta, é feita *in situ*, ou em contato constante, por intermédio de redes e fóruns sociais, com outros protestos ocorrendo em paralelo, perto ou a distância.

No entanto, os estudos sobre a orientação cosmoética possuem algumas lacunas. David A. Hollinger observa que a questão da solidariedade só surge quando os indivíduos têm a oportunidade de escolher, quando

---

157 *Ibidem*, p. 530.
158 *Ibidem*, p. 531.
159 Seria preciso destacar a diferença de perspectiva nessas lutas por um futuro melhor entre países já democráticos – em que parte da população protesta contra a usura e a deterioração da democracia institucional e representativa – de outros cujos habitantes lutam pela instauração de regimes democráticos.
160 Geoffrey Pleyers e Marlies Glasius, 2013, *op. cit.*
161 *Ibidem*, p. 75.
162 *Ibidem*.
163 Avishai Margalit, *La Société décente*, Paris: Climats, 1999.

podem "exercer uma forma de influência sobre os 'nós' que eles podem ajudar a constituir"[164]. A solidariedade é um exemplo de afiliação eletiva, quando alguns indivíduos estão mais confiantes do que outros na força da unidade do grupo a que pertencem e no qual se engajam, e são mais capazes de se afastar do contexto proximal para imaginar laços de solidariedade mais abstratos. Como tão bem diz Ilija Trojanow em seu romance *O colecionador de mundos*: "Se estivéssemos perto de todos, de quem nós cuidaríamos, com quem sofreríamos? O coração do homem é um recipiente com capacidade finita – ao contrário do divino, princípio infinito"[165]. As pesquisas futuras deveriam investigar mais o modo como essas formas de solidariedade são exercidas em um contexto que ultrapassa os laços sociais de proximidade. Como chegar a um compromisso de tipo cosmopolita, entendido como uma ação que tem como inscrição última a humanidade inteira? Em que condições, ao englobar o círculo da humanidade, o indivíduo pode experimentar um sentimento tal que ele chegue a considerar sua responsabilidade com o outro uma resposta irrecusável, intransferível e irrescindível?

Colocar em evidência horizontes cosmoéticos deve nos convidar a reconsiderar a existência de um percurso ideal (uma espécie de "carreira cosmopolita"), cujas etapas poderiam ser assim definidas esquematicamente: a) sentir-se tocado, afetado pelo que está acontecendo no mundo; b) sentir-se não apenas interessado, mas também envolvido – isto é, ter uma relação especial com o que está acontecendo ("isto me diz respeito, não posso escapar"); c) fazer esforços, implicar-se, mobilizar-se – ou seja, obter informações, reagir, discutir, agir para resolver o problema, ajudar. A natureza exigente e teleológica desse percurso poderia levar a desvalorizar as duas primeiras etapas em favor da última, a passagem ao ato, a mobilização. Em vez de se concentrar nas barreiras ao engajamento e ao compromisso, seria conveniente também procurar

---

164 David A. Hollinger, 2006, *op. cit.*, p. 12.
165 Ilija Trojanow, *Le Collectionneur de mondes*, Paris: Libretto, 2011.

entender o que sensibiliza os indivíduos em um acontecimento que ocorre longe de suas fronteiras nacionais. Como se criam as proximidades em relação às populações afetadas por desastres humanitários e ambientais e por atos terroristas? Essas proximidades são formadas com base em uma experiência vivida, uma história comum?

No caso dos desastres naturais, a humanidade ou a saúde do planeta não são suficientes para desencadear a passagem ao ato individual[166]. A maioria dos jovens franceses entrevistados sobre o desastre nuclear de Fukushima declara doar dinheiro, de forma pontual, durante crises humanitárias. Eles excluem outras formas de mobilização, colocando a compaixão e a intervenção pessoal em níveis separados. Eles reconhecem que a intervenção nacional por si só é insuficiente e defendem a união internacional como a solução ideal. A ideia de que os atos individuais não têm alcance eficaz é encontrada em trabalhos sobre o consumo ético[167]. Embora um dos desafios para os consumidores alternativos seja a luta contra as mudanças climáticas e o desenvolvimento de uma solidariedade global, "o êxito limitado do consumo ético deve-se, principalmente, ao fato de os consumidores permanecerem relutantes em levar em conta a responsabilidade pessoal pelas consequências de suas escolhas de consumo"[168].

De forma mais geral, a dificuldade de se engajar remete à fragilidade do compromisso, típica das sociedades modernas. Num texto incisivo, Michelle Perrot[169] lembra que

> o vassalo compromete-se com seu senhor pela confissão, texto escrito, que sela sua palavra e sua fé, seu vínculo de subordinação pessoal a um senhor que ele não pode trair sem crime. No exército,

---

166 Vincenzo Cicchelli, no prelo, *op. cit.*
167 Geoffrey Pleyers, 2013, *op. cit.*
168 *Ibidem*, p. 22.
169 Michelle Perrot, "La Cause du peuple", *Vingtième siècle*, 1998, n. 60, pp. 4-13.

o voluntário compromete-se por um tempo determinado que não pode ser rompido sem deserção, ao passo que o religioso que faz seus votos promete à sua ordem e à sua Igreja – e, por meio deles, a Cristo – pobreza, castidade, obediência, a saber, a total oblação do corpo e do espírito. Seus votos só podem ser "liberados" por seus superiores. Vergonha do padre sem batina e sem honra[170].

Em todos os três casos, o compromisso implica

a duração, a renúncia à própria vontade, a subordinação a um poder superior, a dedicação a uma causa que lhe dá significado, mas aqui sempre mediada. Finalmente, o engajamento é pessoal; é o ato voluntário de um indivíduo que se vincula, e muitas vezes de forma solene e pública[171].

Essas inscrições pressupõem no indivíduo formas de identificação e fidelidade com instituições em troca de reconhecimento. Todavia, é permitido questionar se as instituições contemporâneas podem continuar a funcionar com forte lealdade dos atores sociais. Os exemplos citados por Michelle Perrot não dizem nada sobre a capacidade das instituições de suscitar fidelidade na forma de reconhecimento do dever cumprido. Richard Sennett[172] se pergunta precisamente como cultivar lealdades e compromissos mútuos dentro de instituições que são deslocadas ou perpetuamente remodeladas. Aqui, o compromisso não deve tanto contrariar a inconstância dos seres humanos e de suas paixões, mas a impossibilidade de as instituições contemporâneas oferecerem formas de regulação e socialização capazes de perpetuar nos indivíduos a sensação de dever cumprido. Segundo Sennett, as características do novo espírito

---

170 *Ibidem*, p. 5.
171 *Ibidem*.
172 Richard Sennett, 2000 (1998), *op. cit.*

do capitalismo – e principalmente a ênfase dada às noções de projeto e flexibilidade – acabam gerando uma corrosão do caráter do ator social.

A instabilidade deve ser a norma, o empresário de Schumpeter tornou-se o ideal de qualquer um. A corrosão do caráter pode ser uma consequência inevitável. O "passo de longo prazo" desorienta a ação de longo prazo, distorce os laços de confiança e compromisso e dissocia a vontade do comportamento[173].

A VIDA EM CONJUNTO

Os campos que ilustram a questão cosmopolítica da vida em conjunto estão tentando, cada um à sua maneira, responder a algumas questões. Quais seriam as consequências da atitude de não querer considerar os estrangeiros – ou aqueles que, vivendo perto de nós, nos parecem distantes no plano cultural – como indivíduos que fazem parte de nossa comunidade, nossa sociedade, nosso mundo, de uma humanidade comum[174]? Quais seriam as consequências do endurecimento das identidades, da construção de barreiras, da exclusão do outro de sua própria identidade? Quais seriam as consequências de recusar a hospitalidade aos estrangeiros? Para responder a isso, vamos começar com a versão que o ilustre helenista Jean-Pierre Vernant[175] dá para o mito do retorno incógnito de Dionísio a Tebas e dos infortúnios ocorridos após ele ter sido colocado em ostracismo pelos habitantes da cidade. Disfarçado de mulher e, além disso, assumindo os traços de um "meteco oriental" seguido por um cortejo de mulheres bêbadas, ele coloca a hospitalidade dos tebanos à prova, confrontando-os com a imagem que eles têm da alteridade: a de um deus itinerante, errante e vagabundo, um deus de

---

173 *Ibidem*, pp. 38-9.
174 Gavin Kendall, Ian Woodward e Zlatko Skrbis, 2009, *op. cit.*
175 Jean-Pierre Vernant, 1999, *op. cit.*

lugar nenhum e de todos os lugares, narra Vernant. As mulheres de Tebas são enfeitiçadas pelo deus rejeitado e matam os soldados; Agave, a rainha-mãe, vítima de um sonho alucinante, abusada por Dionísio, desmembra seu próprio filho, o rei Penteu, brandindo sua cabeça decapitada na ponta do tirso e mostrando-a triunfalmente ao pai dela, Cadmo. Ao preço de sofrimentos inauditos, os tebanos entendem que sua alegação de pureza provocará atos de monstruosidade enquanto o outro – diferente deles – não tiver sido pensado e incluído em sua identidade. A moral é clara para Jean-Pierre Vernant: não reconhecer e aceitar a sua parte de alteridade, projetá-la em outros escolhidos como bodes expiatórios e demonizá-los, excluindo-os da humanidade comum, tudo isso cria "identidades monstruosas". Citemos esta bela passagem:

> O retorno de Dionísio para casa, em Tebas, esbarrou na incompreensão e suscitou tragédias por tanto tempo que a cidade foi incapaz de estabelecer uma ligação entre o povo do país e o estrangeiro, entre os sedentários e os viajantes, entre sua vontade de ser sempre a mesma, de permanecer idêntica a si mesma, de se recusar a mudar, e, por outro lado, o estrangeiro, o diferente, o outro. Enquanto não há nenhuma possibilidade de ajustar esses opostos, uma coisa terrível acontece: aqueles que encarnavam o apego incondicional ao imutável, proclamando a permanência necessária dos valores tradicionais frente ao que é diferente deles, ao que os coloca em questão e os obriga a assumir um olhar diferente, são esses mesmos, os identitários, os cidadãos gregos seguros de sua superioridade, que caem na alteridade absoluta, no horror e no monstruoso. [...] O horror vem projetar-se sobre a face daquele mesmo que não soube dar seu lugar ao outro[176].

Mais do que as outras, a orientação cosmopolítica é fortemente sensível às variações nacionais na forma de conceber a integração do outro no

---

176 *Ibidem*, pp. 190-1.

corpo social, a convivência com as minorias e, de modo mais amplo, o acolhimento e a hospitalidade. A pluralidade cultural é identificada, reconhecida e valorizada de modo muito diferente no republicanismo francês, no *melting pot* norte-americano e nos sistemas multiculturais canadense, australiano ou britânico. Também é certo que a extensão dos debates públicos sobre imigração e as respostas políticas ao gerenciamento da diferença cultural no espaço público dependem em grande parte das histórias coloniais e migratórias de cada país.

Há momentos em que a questão do viver em conjunto se coloca com mais acuidade. Durante a segunda metade do século XIX nos Estados Unidos, os problemas relacionados à recepção de populações percebidas como não autóctones (os irlandeses) por nativos americanos (das primeiras ondas migratórias inglesas) emergiram rapidamente de forma violenta. *Gangues de Nova York*, obra do jornalista Herbert Asbury publicada em 1927, relata confrontos sangrentos no bairro de Five Points do Baixo Manhattan, entre bandos criminosos irlandeses e norte-americanos, estes reivindicando a posse exclusiva do lugar em nome da anterioridade da instalação de seus antepassados em solo americano[177]. Na França também foram registradas inúmeras agressões contra operários belgas e italianos no final do século XIX. É possível recordar os trágicos acontecimentos de agosto de 1893 em Aigues-Mortes, onde houve o massacre de operários italianos em um duplo contexto de crise – questionamento da sociedade tradicional, depressão econômica, forte pressão migratória – e de construção do sentimento nacional sob a liderança das elites da Terceira República[178].

Sem dúvida, foi com o crescimento dos conflitos étnicos em um mundo globalizado que duas questões importantes surgiram nos debates públicos recentemente, no seio das sociedades europeias e

---

177 O roteiro do filme homônimo de Martin Scorsese (2002), que obteve uma indicação ao Oscar de Melhor Roteiro Original, foi inspirado muito livremente nesse romance.
178 Gérard Noiriel, *Le Massacre des Italiens*, Paris: Fayard, 2010.

ocidentais. Elas relacionam-se com: a) por um lado, os imperativos de ajuda, as políticas de acolhimento, o dever de hospitalidade em relação às populações migrantes em nome do respeito pelos direitos humanos e de uma humanidade comum; b) por outro, a aceitação da pluralidade dos modelos culturais dentro de uma mesma comunidade nacional, com o reconhecimento do valor da diversidade cultural.

Entre todas as noções que foram mobilizadas para designar a realidade plural das sociedades contemporâneas e as políticas que permitem estabelecer a diversidade dentro de uma comunidade nacional, o multiculturalismo tem sido, sem dúvida, o mais discutido. "Se o nacionalismo fosse o dominante cultural e político do mundo moderno, o multiculturalismo se manifestaria como o do mundo pós-moderno."[179] Polissêmico, o multiculturalismo deu origem a uma proliferação de usos. Sem nos demorar na diversidade de significados que lhe são atribuídos, insistamos nas críticas que lhe são dirigidas pela orientação cosmopolita. Foi provavelmente David Hollinger[180] quem mais contribuiu para que surgisse no debate intelectual a questão da etnicização da sociedade norte-americana. O historiador critica o multiculturalismo por se basear em princípios muito vagos para dar a seus defensores a possibilidade de concordar com uma definição mínima, não sendo seu vocabulário suficientemente preciso para delimitar a variedade de problemas a serem tratados. Desse ponto de vista, o multiculturalismo se assemelha a muitos outros movimentos que evocaram as aspirações e ansiedades de um determinado período, mas se mostra incapaz de enfrentar os desafios com os quais as sociedades contemporâneas são confrontadas, em razão da generalidade dos compromissos que eles exigem. Hollinger distingue duas formas de gestão política da pluralidade cultural e da integração social da diferença. A primeira remete a uma valorização extrema de particularismos. Para retomar uma definição consensual, o

---

179 Dimitris Parsanoglou, 2004, *op. cit.*, p. 3.
180 David A. Hollinger, 2002, *op. cit.*

multiculturalismo seria o compromisso de "reconhecer, manter, respeitar e valorizar as diferentes culturas que coexistem dentro de um espaço territorial definido, seja a nação, seja a cidade, a região, o município ou qualquer outra sociedade"[181]. Uma versão ainda mais radical desse multiculturalismo, que pode levar a conflitos etnonacionais, reside nas reivindicações da tribo e da nação. Como vimos no caso das derivas do diferencialismo cultural (capítulo 3), o que está em jogo para os defensores de tal multiculturalismo é a preservação de identidades coletivas primárias, homogêneas e permanentes, ancoradas em uma memória comum e voltadas para sua sobrevivência[182].

A essa primeira concepção, Hollinger[183] opõe outra, cosmopolítica, que ignora os particularismos radicais que encerram cada cultura em sua especificidade. O multiculturalismo cosmopolita residiria em uma concepção individualista e voluntarista da identidade, na qual cada indivíduo comporia, a partir dos diversos elementos de seu patrimônio cultural e dos repertórios cosmopolitas disponíveis, uma identidade *sui generis*.

> O cosmopolitismo levaria, então, ao surgimento *ex nihilo*[184], de acordo com os acidentes da história e da geografia, de novas comunidades étnicas ou culturais. Para Hollinger, o multiculturalismo cosmopolita é infinitamente preferível à posição pluralista, uma vez que implica uma profunda integração social e reduz o potencial de conflito entre coletividades étnicas, raciais ou culturais[185].

Os partidários do pluralismo se concentram nas fronteiras que separam os grupos e muitas vezes atuam como porta-vozes dos direitos culturais

---

181 Comissão Europeia, 2009, *op. cit.*
182 Viviana Fridman e Michèle Ollivier, 2004, *op. cit.*
183 David A. Hollinger, 2002, *op. cit.*
184 *Ex nihilo*: a partir do nada. [N.E.]
185 Viviana Fridman e Michèle Ollivier, 2004, *op. cit.*, p. 115.

das minorias[186]. O cosmopolitismo e o pluralismo certamente têm em comum a promoção da tolerância, a abertura ao outro e o reconhecimento da diversidade, a tal ponto que se poderia quase confundi-los. Mas o cosmopolitismo é mais orientado para o indivíduo. Ele supõe que o indivíduo seja capaz de endossar múltiplas afiliações e de se reconhecer em comunidades amplas. O pluralismo é mais conservador, orientado para grupos preexistentes. Ele atribui a cada indivíduo uma identidade principal dentro de uma comunidade considerada singular. Enquanto os pluralistas estão mais preocupados com a proteção e a perpetuação das culturas de grupos já bem definidos e estabelecidos, os cosmopolitas estão mais inclinados a "encorajar a formação voluntária de novas comunidades de amplo alcance"[187]. Os cosmopolitas estão muito interessados na novidade, ao passo que o foco pluralista é a preservação do antigo.

Nas sociedades contemporâneas, que enfrentam profundas clivagens internas, a questão da etnicidade opera no princípio da performatividade, da profecia autorrealizadora. Jean-Loup Amselle se pergunta se a França não tem atualmente um verdadeiro mercado do particularismo, do fragmento, que serve aos interesses dos construtores de etnicidade. De acordo com esse autor, os governantes devem enfrentar o problema da "multiplicação de reivindicações identitárias contraditórias em um contexto de globalização e de existência de 'diásporas'"[188]. Devido ao declínio do republicanismo com seu modelo universalista e assimilacionista, ao surgimento de uma concepção separatista e rígida dos pertencimentos que alimenta todo tipo de fundamentalismo religioso e étnico, a sociedade francesa sofreu um endurecimento das identidades. Para contrariar esse movimento, Amselle lembra a necessidade urgente de defender a ideia de uma humanidade comum cujos diferentes segmentos não param de se misturar.

---

186 David A. Hollinger, 2006, *op. cit.*
187 *Idem*, 2002, *op. cit.*, p. 231.
188 Jean-Loup Amselle, 2008, *op. cit.*, p. 7.

As culturas do mundo são, desde o início dos tempos, objeto de uma contínua fusão, de modo que as suturas atuais apenas incidem sobre produtos "remendados", resultado de colagens anteriores, e não sobre segmentos originários de culturas primordiais. De certa forma, um *patchwork* de *patchwork*...[189].

Na fase de exacerbação das identidades, de ensimesmamento e de retorno de fundamentalismos de todos os tipos que a França atravessa, é importante não esquecer as virtudes do universalismo republicano – reconhecendo as dificuldades de sua aplicação. Em vez de ir na direção do multiculturalismo à francesa, seria preferível, segundo Amselle, orientar-se na direção de um multipertencimento privado no contexto anônimo da cidadania francesa. A posição universalista não implica a negação de reconhecimento das identidades particulares; em contrapartida, rejeita as pretensões à universalidade das reivindicações particularistas. Uma postura que respeite os direitos humanos e a humanidade comum requer desvendar a dinâmica histórica de enrijecimento das identidades particulares a fim de melhor "proteger o que há de universal em cada um de nós"[190].

Como o multiculturalismo não pode enfrentar os desafios representados pelas sociedades plurais moldadas pelos fenômenos transnacionais, parece urgente dar à vida em conjunto uma virada mais cosmopolita. Três argumentos apontam nessa direção[191]. Em primeiro lugar, a ideia de que os grupos étnicos possam ser considerados culturalmente distintos do grupo majoritário da sociedade de acolhimento parece agora obsoleta. A perspectiva cosmopolita mostra-se cética quanto à possibilidade de separar claramente os locais dos não locais, os nativos dos estrangeiros, os autóctones dos alóctones. Em seguida, torna-se

---

189 *Ibidem*, p. XXII.
190 *Ibidem*, p. 179.
191 Gerard Delanty, 2009, *op. cit*.

necessário tratar as questões altamente sensíveis da discriminação institucional e do racismo no cotidiano. Finalmente, a criação de comunidades multiculturais é um desafio que demanda uma perspectiva mais ampla que a adotada pelas políticas nacionais de gestão de grupos minoritários. A realidade multicultural contemporânea é composta de migrações globais e mistura das populações. É por isso que, segundo Gerard Delanty[192], uma perspectiva centrada no cosmopolitismo multicultural deve envolver a instauração de um diálogo entre os grupos sociais que transcenda as comunidades locais e nacionais, para conciliar a diversidade com uma cultura comum compartilhada na esfera pública. O substrato normativo inclusivo da orientação cosmopolita pleiteia a realização de uma cultura comum, mas esta só pode nascer se tanto os nativos como os migrantes se envolverem resolutamente na transformação interna da cultura local. "Esta concepção cosmopolita do multicultural vai muito além das abordagens convencionais liberais e comunitárias, por abrir a possibilidade de alcançar a unidade pela diversidade."[193]

Vamos ilustrar essa posição teórica com o auxílio de duas pesquisas de campo realizadas nas cidades. O espaço urbano, como demonstrou Simmel, é aquele onde se desenvolve um cosmopolitismo de proximidade e onde os indivíduos convivem permanentemente com a diversidade cultural[194].

Partindo dos estudos de sociólogos urbanos sobre os sentimentos de temor, desconfiança e suspeita que podem guiar os comportamentos individuais no espaço público – principalmente em relação aos membros de minorias ou aos estrangeiros –, Elijah Anderson[195] interessou-se

---

192 *Ibidem*.
193 *Ibidem*, p. 133.
194 Elijah Anderson, "The Cosmopolitan Canopy, Being Here and Being There", *Annals of the American Academy of Political and Social Science*, Londres: Sage, 2004, v. 595, pp. 14-31.
195 Elijah Anderson, 2012, *op. cit*.

por ambientes urbanos capazes de oferecer aos passantes, consumidores e residentes meios suscetíveis de derrubar esses sentimentos. Tendo efetuado uma etnografia minuciosa de vários bairros de Filadélfia, o autor revela a existência do que chama de "coberturas cosmopolitas" (*cosmopolitan canopies*). Em particular, ele observou durante vários anos os comportamentos dentro de um famoso centro comercial no centro da cidade, o Reading Terminal Market, e outros lugares desse tipo onde se passeia ou se faz uma pausa no interior de um espaço relativamente fechado, isolado da rua. Depreende-se desse estudo que a possibilidade oferecida por esses centros comerciais para consumir no local, fazer compras, sentar-se ao lado de desconhecidos, encarar-se mutuamente, ouvir as conversas dos outros e começar espontaneamente uma conversa pode contribuir para reduzir as tensões raciais e fortalecer os laços intercomunitários. Em um país como os Estados Unidos, marcado pela forte persistência de tensões inter-raciais[196], a existência de tais espaços de encontro, diálogo e intercâmbio não deve ser subestimada. Sob os auspícios protetores da cobertura cosmopolita, comunidades instantâneas de desconhecidos pertencentes a diferentes grupos étnicos podem se formar. Sentados à mesa dos cafés e restaurantes que servem todo tipo de comida, os visitantes têm a sensação de frequentar lugares seguros e agradáveis, propícios à confiança mútua, que lhes permitem atravessar barreiras étnicas e se considerar membros de uma comunidade da cidade. A grande diversidade de especialidades oferecidas lhes dá a sensação de participar de uma espécie de festival de comida étnica. Pode-se ver, por exemplo, uma mulher asiática desfrutar de uma pizza enquanto, ao lado dela, um executivo branco se regala com um prato de couve e frango frito e uma família italiana come *sushi*. Consumir o alimento dos outros está longe de ser uma atividade anódina; isso contribui para humanizar o estrangeiro, força cada um a deixar a dimensão abrangente, abstrata e inquietante da estranheza.

---

196 Nikhil Pal Singh, *Black Is a Country*, Cambridge: Harvard University Press, 2005.

Desde o momento em que os indivíduos se tornam próximos por compartilhar essas experiências, algumas barreiras tendem a cair. Os muitos balcões de restaurantes que servem almoço também ajudam os desconhecidos a interagir, já que seus cotovelos se tocam durante a refeição. Em alguns desses balcões, em particular, parece que a norma é mesmo falar com estranhos[197].

Outras pesquisas revelam que os estabelecimentos de comida estrangeira constituem microespaços que permitem contatos interculturais. São lugares desterritorializados onde os clientes podem consumir a cultura alheia sem ter que se preocupar com um passaporte ou uma carteira de identidade[198]. Uma prática comum em restaurantes asiáticos na cidade de Quebec consiste em convidar os clientes a se servir de um mesmo prato colocado no meio da mesa. Os restaurantes étnicos reforçariam a tendência contemporânea de fazer dos restaurantes em geral lugares de afabilidade e construção da vida em conjunto[199]. Em resumo, as coberturas cosmopolitas dão aos indivíduos de qualquer origem a oportunidade de se envolver espontaneamente em uma etnografia agradável dos costumes dos outros. Um modelo de civilidade emerge de tais contextos, o qual às vezes pode ser transposto para outros espaços públicos. Quando os visitantes do Reading Terminal Market deixam o espaço para voltar a seus bairros, eles compartilham sua experiência com amigos, contam-lhes sobre a atmosfera cosmopolita que experimentaram e sobre as descobertas que puderam fazer ali.

Outra área é ainda mais propícia para tratar a questão da hospitalidade. Trata-se do direito concedido às pessoas que vêm do exterior de se estabelecer em espaços sobre os quais os residentes acreditam ter direitos antigos de posse. Tomemos o caso do estrangeiro recentemente instalado,

---

197 Elijah Anderson, 2004, *op. cit.*, p. 17.
198 Laurier Turgeon, 2002, *op. cit.*
199 Joanne Finkelstein, *Dining Out*, Cambridge: Polity Press, 1989.

que não é, portanto, nem um vizinho, nem um residente de longa data. "Seja viajante, seja migrante, o estrangeiro é sempre o emissário de outra cidade e é temido como tal. Ele está, além disso, em desvantagem por causa do distanciamento e, portanto, sempre na posição de requerente", observa Anne Gotman em seu livro sobre a hospitalidade[200]. Andrea Voyer[201] fez um trabalho meticuloso de observação da maneira pela qual a inclusão de estrangeiros se deu na cidade de Lewiston, no estado norte-americano do Maine. O ponto de partida de seu estudo é uma notícia local: uma carta aberta divulgada em outubro de 2002 pelo prefeito da época, dirigindo-se à comunidade somali. A chegada em massa e repentina de imigrantes somalis nos meses anteriores à publicação dessa carta – em uma cidade que tem a maior porcentagem de brancos nos Estados Unidos – levou o prefeito a pegar na caneta e pedir aos recém-chegados sua cooperação, para evitar criar nos residentes locais um sentimento de saturação nos planos financeiro, físico e emocional. "Este grande afluxo não poderia continuar sem um resultado negativo para cada um de nós", advertiu[202]. Assim, ele chamou essa nova comunidade ao exercício de maior responsabilidade, a fim de reduzir sua pressão sobre as finanças municipais. Essa exortação a que não tirassem proveito da generosidade dos residentes locais provocou agitação na cidade e, em geral, no estado e no resto do país. Associações mobilizaram-se para defender a posição do prefeito, outros protestaram e demonstraram indignação diante dessas declarações, consideradas xenófobas.

Andrea Voyer mudou-se para Lewiston para observar durante vários anos as interações entre a comunidade somali e os outros moradores. Ela acompanhou os esforços da cidade para desmentir as declarações do prefeito e, ao longo dos anos seguintes, para incluir global

---

200 Anne Gotman, *Le Sens de l'hospitalité*, Paris: PUF, 2001, p. 56.
201 Andrea Voyer, *Strangers and NeigHBOrs*, Cambridge: Cambridge University Press, 2013.
202 *Ibidem*, p. 2.

e suavemente a comunidade somali. Sem restituir a integralidade das análises da autora, vamos insistir no interesse da "sociologia cultural da inclusão do imigrante" que ela propõe. Partindo da hipótese de que os processos culturais têm forte impacto nas dinâmicas da hospitalidade, ela tenta mostrar a ligação entre os discursos públicos e a ação social em Lewiston. A autora analisa o processo de inclusão dos imigrantes somalis segundo três eixos principais: a) a criação de fronteiras simbólicas inclusivas em relação aos recém-chegados – em Lewiston, o processo de inclusão funcionou graças à ideia de que a comunidade somali possuía diferenças culturais desejáveis e aceitáveis e à rejeição de qualquer discurso opositor; b) a difusão de uma epistemologia e uma práxis da hospitalidade – enquanto a primeira tenta identificar a desordem social na rejeição do outro, a segunda empenha-se em promover o estabelecimento de boas práticas que garantam da melhor forma uma convivência entre comunidades culturalmente distantes, com o objetivo de promover a solidariedade com os imigrantes, desenvolvendo práticas, dispositivos institucionais e políticas públicas em nível local; c) o estabelecimento de um "sistema de procedimentos disciplinares" que permitiu aos indivíduos internalizar os discursos sobre a abertura aos outros, a importância do contato e a insistência na humanidade comum dos membros ampliados da comunidade da cidade por meio de todo tipo de encontro, curso e evento. Esses três elementos forneceram estruturas para "a constituição moral de uma comunidade acolhedora"[203] e contribuíram para a realização de identidades individuais e grupais marcadas pela probidade, resolutamente antirracistas. Se, por um lado, os custos e os benefícios desse processo de inclusão não foram necessariamente distribuídos com equidade, por outro, essa interação entre comunidade de acolhimento e comunidade estrangeira nunca chegou a assumir as características de um jogo de soma zero. Uma nova identidade surgiu entre os imigrantes somalis

---

203 *Ibidem*, p. 193.

por hibridação; ela se baseou nos valores norte-americanos de trabalho árduo, fé, importância familiar e autossuficiência econômica. No entanto, essa identidade construída por assimilação não resultou no apagamento de traços culturais próprios à comunidade somali. Esses traços eram valorizados desde que se apresentassem como calorosos e facilmente assimiláveis.

A orientação cosmopolítica que, ainda mais que as outras, pressupõe nos indivíduos o desejo de aceitar e transcender a diferença cultural, possui alguns limites. Assim, é preciso levar em consideração alguns de seus elementos que vão contra seus objetivos. Já vimos, na primeira parte deste livro, a dinâmica de rejeição dos outros no funcionamento do mundo cosmopolita. O isolamento identitário assume aspectos multifacetados e inesperados. Assim, em nível individual, um forte interesse pela diversidade cultural coexiste com: a) formas tão fortes de fechamento que chegam até à recusa do outro – principalmente de grupos étnicos particulares[204]; b) a disseminação, nos discursos públicos, de uma retórica xenófoba e o forte retorno e/ou o surgimento de formas rígidas de islamofobia e antissemitismo[205]; c) a introdução há mais de uma década, em muitos países europeus, de partidos populistas cujos programas se concentram frequentemente na luta contra a imigração, contra a ampliação da União Europeia e contra a expansão da integração política comunitária.

Nessa paisagem de enrijecimento das identidades e de aumento da intolerância, pensemos um pouco na recusa do outro, que se observa de forma crescente na França, como confirmam incontestavelmente as mais recentes pesquisas. Em 2013, pelo quarto ano consecutivo, o índice longitudinal de tolerância diminuiu, e essa "diminuição afeta desde então todas as minorias e se estende a grupos sociopolíticos que

---

204 Mayer et al., 2014, op. cit.
205 Robert Fine e Christine Achinger, European Societies, edição especial: "Antisemitism, Racism, and Islamophobia", 2012, v. 14, n. 2.

até agora resistiam à 'tentação xenófoba'"[206]. Nós "estamos assistindo a uma certa liberação da palavra, à midiatização de discursos intolerantes que, de outra forma, permaneceriam confinados aos estratos mais polarizados da população"[207]. As categorias mais escolarizadas não são imunes a essa crispação xenófoba. "Assim, desde 2009, a tolerância daqueles que têm formação em nível superior caiu 16 pontos e a dos menos escolarizados, 15 pontos."[208] Significativamente, a recusa a conceder o direito de voto a estrangeiros para as eleições locais aumentou de um terço para dois terços da amostra; "a proporção daqueles que julgam serem os estrangeiros 'numerosos demais' também aumentou cerca de 30 pontos desde 2009, chegando hoje a três quartos"[209].

A dinâmica da opinião pública francesa foi abalada pela estratégia da Frente Nacional, que soube habilmente apresentar-se não só como defensora – como se poderia esperar – da nação francesa, mas também da República. A insistência de Marine Le Pen na laicidade e na igualdade de gênero – direitos garantidos pela República e assimilados a traços identitários da nação – levou a uma concepção étnico-identitária da cidadania que contradiz fortemente as missões universais da República, cujas leis devem ser menos assimiladas à expressão dos valores de uma comunidade nacional do que a um dispositivo que permita a indivíduos de culturas diferentes conviver no respeito das referidas leis. O universalismo republicano é, assim, reduzido ao particularismo nacional. Essa sobreposição intencional dos dois planos aumenta a etnicização da sociedade francesa e o isolamento comunitário que ela declara combater, dividindo-a ainda mais em grupos opostos,

---

206 "O Índice de Tolerância Longitudinal foi criado em 2008 de acordo com o método elaborado pelo cientista político norte-americano James Stimson. Seu objetivo é medir de maneira sintética a evolução temporal da opinião pública em matéria de tolerância à diversidade" (Mayer *et al.*, 2014, *op. cit.*, p. 159).
207 Mayer *et al.*, 2014, *op. cit.*, p. 161.
208 *Ibidem*, p. 163.
209 *Ibidem*, p. 169.

inassimiláveis. Ela se alimenta das teses declinistas e reacionárias do fim da nação e, por conseguinte, do fim da civilização europeia.

◆ ◆ ◆

De qual educação e de qual cultura os indivíduos precisam para ser cidadãos, assalariados, empresários, viajantes, tomadores de decisão e habitantes do mundo cosmopolita? Tentamos trazer alguns elementos para responder a essas questões neste capítulo, levando em consideração quatro processos principais: a) a formação de um sistema de gostos e aversões em relação a produtos culturais internacionais; b) a comparação reflexiva entre dois ou mais códigos culturais; c) a formação de éticas universalistas; d) a coexistência de diferentes grupos humanos em grandes comunidades. Esses processos são pensados como elementos-chave de uma socialização cujo resultado é a produção de um indivíduo que vive em um mundo plural e comum – um mundo que ele tenta, tanto quanto possível, dominar em sua vida cotidiana. As manifestações do espírito cosmopolita nos permitem trabalhar com um cosmopolitismo bem compreendido, enraizado na experiência vivida dos atores sociais, que se apoia numa dinâmica emocional complexa e pode chegar a formas de aprendizagem – que não deixam de ser, no entanto, parciais, instáveis e eventualmente reversíveis.

Segundo Gérôme Truc, "o cosmopolitismo relaciona a socialização cotidiana com o que é feito para além da sociedade, o horizonte da humanidade"[210]. Para operacionalizar essa tensão entre o particular da experiência cotidiana e o universal da humanidade, propusemos definir a socialização cosmopolita como o trabalho, realizado pelo ator social, de seu processo de adequação – imperfeito, inacabado, criativo – com as principais injunções do mundo cosmopolita. Nós empreendemos a

---

210 Gérôme Truc, 2005, op. cit., p. 77.

dupla investigação de "uma maneira de ser e estar no mundo" e "da construção de uma identidade para si"[211]. Contrariamente aos pensamentos utópicos às vezes elaborados pelos teóricos do cosmopolitismo, a socialização cosmopolita deve compreender os contornos da condição humana em um mundo cosmopolita[212].

---

[211] Jeremy Waldron, 2000, *op. cit.*, p. 227.
[212] Catherine Lu, "The One and Many Faces of Cosmopolitanism", *The Journal of Political Philosophy*, 2000, v. 8, n. 2, pp. 244-67.

CONCLUSÃO DA SEGUNDA PARTE

SOCIALIZAÇÃO COSMOPOLITA E TIPOS HUMANOS IDEAIS

Um esforço maior certamente deve ser feito em futuras pesquisas empíricas. À maneira de um Weber ou de um Sennett, conviria perguntar-se que tipo humano estaria em sintonia com as características do mundo cosmopolita. Em *A educação do homem moderno*, Eugenio Garin[1] examina os fundamentos humanistas da educação no Renascimento, uma educação que pretendia ser uma resposta à escolástica medieval. Provavelmente, é impossível escrever um livro como esse a propósito dos tempos contemporâneos. Não temos o distanciamento necessário para fazê-lo. Nossos saberes são demasiado numerosos, dispersos, abertos. Acima de tudo, abandonamos a própria ideia de poder integrá-los em um todo, como foi o caso até o Iluminismo e o idealismo alemão. Na ausência de materiais adequados, contentemo-nos em propor algumas pistas sobre os tipos humanos associados a cada orientação do espírito cosmopolita.

Para a orientação cosmoestética, sabe-se que o elogio da diversidade é uma configuração-chave de uma nova forma de cultura legítima baseada na "transformação do ideal da pessoa culta, em consonância com as exigências de um mundo globalizado, onde as classes e as culturas não são mais estanques nem homogêneas, e predominam as noções de flexibilidade e de adaptação à mudança"[2]. Se, na concepção

---

1 Eugenio Garin, *L'Éducation de l'homme moderne*, Paris: Hachette, 2003.
2 Viviana Fridman e Michèle Ollivier, 2004, *op. cit.*, pp. 115-6.

clássica do homem culto, o fato de estar familiarizado com as obras da cultura erudita ocidental estava na base de sua relação com o mundo, "a pessoa culta do novo milênio, por sua vez, seria aquela que conhece e que ama, mesmo de maneira superficial, uma mistura eclética de formas artísticas provindas de universos culturais tradicionalmente considerados distintos"[3]. Enquanto a exclusão esnobe era um marcador eficaz de *status* para uma classe *wasp*[4] relativamente homogênea e bem definida que proclamava que "o homem branco tinha a pesada tarefa de levar a civilização para o resto do mundo" e que estabelecia, se necessário, sua dominação pela força, "a inclusão onívora parece mais bem adaptada a um mundo cada vez mais global, gerenciado por aqueles cujo sucesso se deve em parte ao respeito que nutrem pelas expressões culturais dos outros"[5].

No que diz respeito à orientação cosmocultural, as entrevistas realizadas junto aos jovens vinculados ao programa Erasmus[6] nos ensinam que, se o sentimento de familiaridade está na base de um pertencimento cultural, esse mesmo sentimento não pode, por sua vez, ser considerado como o único critério de julgamento da realidade em um mundo caracterizado por maior interconexão das culturas. Como foi observado, no mundo contemporâneo "a unicidade cultural não é incompatível com a abertura em relação às pessoas, lugares e experiências de diferentes culturas"[7]. Existem dinâmicas que tornam possíveis tanto o apego a um pertencimento quanto a vontade de se reconhecer em conjuntos mais amplos. Esses jovens viajantes abraçam o ideal do

---

3 *Ibidem.*

4 *Wasp*: sigla em inglês para "branco anglo-saxão protestante" (*white anglo-saxon protestants*), usada para denominar o grupo historicamente dominante na sociedade norte-americana.

5 Richard A. Peterson e Robert Kern, 1996, *op. cit.*, p. 153.

6 Vincenzo Cicchelli, 2012, *op. cit.*

7 Robert Fine e Vivienne Boon, "Introduction: Cosmopolitanism", *European Journal of Social Theory*, 2007, v. 10, n. 1, p. 12.

indivíduo que domina a arte de cultivar uma cultura da diferença e, ao mesmo tempo, mantém um forte anseio pela universalidade.

Por que o constrangimento, ou mesmo a culpa, surgem entre os entrevistados quando eles têm a sensação de se revelar pouco sensíveis aos grandes acontecimentos internacionais que afetam os seres humanos, como os atentados, os desastres ambientais e naturais? Que forma de reconhecimento é exigida do entrevistador quando perguntas relativas à preocupação com o outro devem ser respondidas? O ideal humano do indivíduo que adota uma orientação cosmoética seria o seguinte[8]: ele seria competente no plano geopolítico, apresentaria certa solicitude e manifestaria uma forma de preocupação com um outro distante cultural e geograficamente. Alguns atores sociais fazem questão de mostrar que compartilham o mesmo sentimento de horror com outras pessoas, validando, assim, a dimensão ética da experiência do sofrimento a distância. O contrário seria, em contrapartida, um indivíduo cínico que não demonstraria nenhuma forma de sensibilidade pelo destino dos seres humanos.

O último tipo humano desejável, associado à orientação cosmopolítica, remete, por sua vez, à aprendizagem dessa postura de afabilidade e de civilidade em relação aos outros, o que pode levar à hospitalidade. Quando os indivíduos têm uma experiência positiva e reiterada do outro, essa circunstância acaba por se tornar aquilo que eles esperam[9]. A cobertura cosmopolita funciona, então, como um lugar onde as diferenças culturais são ao mesmo tempo altamente valorizadas e transcendidas. A exposição reiterada ao desconhecido e à alteridade leva à possibilidade de desenvolvimento mental, emocional e social. A etnografia espontânea dos costumes dos outros serve como base cognitiva e cultural para o aprendizado de um comportamento civilizado em público. Apresentando-se como indivíduos preparados para a afabilidade, os residentes

---

8 Vincenzo Cicchelli, no prelo, *op. cit.*
9 Elijah Anderson, 2012, *op. cit.*

de determinado local podem interagir e aprender algo admirável sobre os habitantes de sua cidade. Acrescentemos ainda um último elemento do ideal humano da orientação cosmopolítica, retomando a bela resposta dada por Danielle Allen a um jornalista que lhe perguntou o que os cidadãos deveriam fazer na primeira década do século XXI. A autora afirmou da forma mais clara possível: "Perguntar-se, quando interagem com estrangeiros, se os trataram como se fossem amigos"[10].

---

10 "An interview with Danielle S. Allen, author of *Talking to Strangers: Anxieties of Citizenship since Brown v. Board of Education*" (2004). Disponível em: <http://press.uchicago.edu/Misc/Chicago/014665in.html>. Acesso em: 21 ago. 2018.

CONCLUSÃO

A SOCIOLOGIA COSMOPOLITA COMO PROJETO

> *Ser cosmopolita no significa ser indiferente a un país y ser sensible a otros. Significa la generosa ambición de ser sensible a todos los países y todas las épocas, el deseo de eternidad, el deseo de haber sido muchos...*
> Jorge Luis Borges[1]

Cada grande tradição sociológica foi gerada em uma configuração sócio--histórica específica. É o caso da sociologia clássica[2] e, mais recentemente, das sociologias da modernidade e da pós-modernidade, do indivíduo e da subjetividade[3]. Este livro torna sua a convicção – compartilhada por grandes autores como Arjun Appadurai, Ulrich Beck, Manuel Castells, Saskia Sassen e John Urry, citados abundantemente nestas páginas – de que a sociedade global é o pano de fundo de inúmeros fenômenos que caracterizam a época contemporânea. A principal ambição do livro foi trazer conhecimento sobre uma importante corrente da literatura sociológica anglo-saxônica e internacional que pede por uma renovação da sociologia. Preservar um amplo uso dos conceitos clássicos da disciplina (em particular os de Marx, Durkheim, Weber e Simmel), mas dando-lhes um conteúdo apropriado, adaptado ao mundo contemporâneo, é uma das principais contribuições da sociologia cosmopolita defendida por autores como Daniel Chernilo, Vittorio Cotesta, Gerard Delanty, David Inglis, Robert Fine, Massimo

---

1 "Ser cosmopolita não significa ser indiferente a um país e ser sensível a outros. Significa a generosa ambição de ser sensível a todos os países e a todas as épocas, o desejo de eternidade, o desejo de ter sido muitos..." *Borges en Sur*, Buenos Aires: Emece, 1999, p. 327.
2 Robert Nisbet, 1984 (1966), *op. cit.*
3 Danilo Martuccelli, *Sociologies de la modernité*, Paris: Gallimard, 1999.

Pendenza, Chris Rumford, Zlatko Skrbis, Bryan Turner, Ian Woodward e muitos outros.

Pensado e escrito na esteira do cosmopolitismo, este livro não pretende ser um manifesto em favor dele. Querer propagar um credo sociológico separado da tradição da disciplina enfraqueceria o alcance da proposta. O objetivo não é de modo algum fazer do cosmopolitismo um ponto sem volta para qualquer análise sociológica contemporânea, mas sim confrontar-nos com as contribuições mais recentes do vasto *corpus* de teorias, conceitos e ferramentas metodológicas provindos dos *global studies* – corrente que constitui a principal novidade das ciências sociais nos últimos trinta anos. A visão cosmopolita é considerada por seus defensores como uma ferramenta para escrever a grande narrativa da globalização. Embora ainda se encontre em forma de rascunho, e apesar das diferenças de sensibilidade entre seus autores, essa narrativa baseia-se em três exigências: a) a consideração dos processos de globalização que criaram as condições para que o cosmopolitismo, como pensamento filosófico e aspiração ético-política, possa se tornar uma perspectiva integralmente sociológica; b) a confrontação com o legado do pensamento cosmopolita construído em torno do reconhecimento da diferença cultural e da inserção em uma humanidade comum; c) a ambição da teoria social cosmopolita de traduzir sociologicamente a complementaridade matricial na tensão metodológica entre universalismo e particularismo.

Inscrevendo-se nessa tripla exigência, este livro não se contentou em analisar um conjunto diversificado de pensadores clássicos e contemporâneos que trabalharam para o reconhecimento de um campo relativamente recente e fecundo da sociologia; tentou, em vez disso, continuar os esforços dos melhores deles para oferecer esclarecimentos tanto conceituais quanto factuais sobre o mundo cosmopolita, consubstancialmente plural e comum. O desejo de munir-se de ferramentas conceituais específicas e de métodos suscetíveis de tornar operacional o neocosmopolitismo, que muitas vezes é demasiado abstrato, é compartilhado por muitos autores. O que se ganha em introduzir os fundamentos da abordagem cosmopolita na compreensão da globalização? Para responder a essa pergunta, distinguiram-se dois níveis de análise. Uma primeira parte do livro tratou da questão do advento de um mundo cosmopolita, debruçando-se sobre a produção de narrativas e imaginários cosmopolitas. A segunda parte foi dedicada à experiência dos atores sociais do mundo contemporâneo por meio do estudo de sua socialização.

Esse caminho nos pareceu fecundo para dar continuidade ao esforço de superar mal-entendidos associados ao cosmopolitismo, frequentemente considerado idealista e obsoleto – superação essa que é, provavelmente, o legado mais valioso do trabalho de Ulrich Beck.

> Alguns argumentam que o nacionalismo é mesquinho e limitado, mas prático, útil, alegre e confortável; o cosmopolitismo, por outro lado, é grande e esplêndido, mas um tanto vasto demais para os seres humanos – a ideia é magnífica, mas, no fundo, continua a ser apenas uma ideia.[4]

A comprovação da visão cosmopolita pelo estudo da construção de imaginários globalizados e da maneira pela qual os indivíduos vivem cotidianamente no mundo cosmopolita reside numa filiação weberiana. Para parafrasear Max Weber e suas considerações sobre o capitalismo, o espírito do cosmopolitismo não poderia ser confundido com o próprio cosmopolitismo. É desse espírito do cosmopolitismo que buscamos compreender os fundamentos – em termos de imaginário e de experiência desse imaginário –, investigando-os tanto "por cima", segundo uma abordagem macro, quanto "por baixo", segundo uma abordagem micro. Partimos da ideia de que, se as práticas cosmopolitas mais classificadoras e elitistas continuassem sendo a prerrogativa das classes sociais mais

---

4 Ulrich Beck, 2011a, *op. cit.*, p. 1348.

favorecidas, seria mais do que necessário investigar as manifestações variadas de um cosmopolitismo "banal", "comum", "cotidiano".

A sociologia cosmopolita não é mais uma abordagem encantada e utópica do mundo contemporâneo nem tem uma entrada elitista e ideológica. Em vez de se esforçar para entender o modelo "puro", os pesquisadores deveriam examinar mais seriamente as diversas manifestações de um modelo "impuro" do cosmopolitismo, nos casos intermediários disponíveis para o observador[5]. É por isso que, para concluir esta reflexão, duas considerações merecem ser apresentadas.

Primeiramente, pode-se perguntar qual será o destino do espírito cosmopolita. É muito provável que sua difusão corresponda ao surgimento de uma nova sensibilidade, como já aconteceu na história – quer se pense no amor, quer na subjetividade, nos direitos humanos. Mas é possível duvidar seriamente de que se trate de um novo capítulo do longo processo de civilização descrito por Norbert Elias. Como escreve Peter Coulmas: "Quanto a saber se esse processo, frequentemente interrompido, mas sempre continuado, chegará ou não ao ponto considerado até hoje como utópico de uma união de toda a humanidade, é uma questão futura que não precisamos elucidar aqui"[6]. De fato, no nível factual, o mundo cosmopolita é dual e nada prova que suas características mudarão substancialmente num futuro próximo. Mesmo para os partidários do cosmopolitismo, seria ilusório considerar esse ideal de vida como a superação de qualquer outra forma de viver em conjunto nas sociedades contemporâneas.

Em segundo lugar, também é possível questionar o que impede os indivíduos de serem cidadãos do mundo em uma sociedade global. Fazer do apego às identidades e às culturas particulares o bode expiatório dessa incompletude seria ao mesmo tempo ingênuo, perigoso e de má-fé. Ingênuo, porque sabemos quanto, em um mundo global, a busca

---

5 Ulrich Beck, 2011a, *op. cit.*
6 Peter Coulmas, 1995 (1990), *op. cit.*, p. 12.

pela identidade e as exigências de uma cultura própria continuam a ser necessidades humanas profundamente enraizadas; perigoso, pois a negação do pluralismo pode levar ao surgimento de fundamentalismos que exacerbam os particularismos e minam a construção de um mundo comum; de má-fé, pois a proposição cosmopolita baseia-se precisamente na ideia de que um particularismo bem compreendido continua a ser a melhor maneira de construir o universal.

O cosmopolitismo aqui ilustrado remete ao trabalho de tensionamento de sua própria cultura e da cultura do outro com a finalidade de alcançar um horizonte de universalidade. Todas as pesquisas mobilizadas nesta obra postulam que ninguém poderia experimentar o mundo se não tivesse experimentado um lugar, que ninguém pode libertar-se de uma cultura se ela não lhe for familiar e que, se cada um se deparar com a escolha de atravessar (ou não) as fronteiras que o separam dos outros, não há necessidade de fingir que elas acabarão por desaparecer por encantamento. Para entender os mecanismos do cosmopolitismo tal como ele é vivido hoje pelos indivíduos, uma dupla dialética foi proposta: na primeira, que remete aos pertencimentos, o movimento da transcendência para o círculo último de afiliação da humanidade comum não pode ignorar a ancoragem do indivíduo nos contextos proximais de sentido; na segunda, mais centrada na hermenêutica da alteridade, o lugar ocupado pelo outro na definição do eu remete tanto aos mecanismos de validação da identidade pelo outro quanto ao reconhecimento da alteridade do outro.

Portanto, a abordagem cosmopolita proposta articula-se em torno dessas duas tensões que se esperam heurísticas e não aporéticas; postulando que o princípio da inclusão não vai contra a diversidade, esta obra entusiasma-se com o pensamento de que a pluralidade deve estar na base da cosmópolis contemporânea.

REFERÊNCIAS BIBLIOGRÁFICAS

AGNEW, John. "The History of States and Their Territories". *Geopolitics*, 2005, v. 10, n. 1, pp. 184-7.
_____. *Globalization and Sovereignty*. Lanham: Rowman & Littlefield, 2009.
ALBROW, Martin. *The Global Age: State and Society Beyond Modernity*. Cambridge: Polity Press, 1996.
AMSELLE, Jean-Loup. *Logiques métisses: anthropologie de l'identité en Afrique et ailleurs*. Paris: Payot, 1990.
_____. *Branchements: anthropologie de l'universalité des cultures*. Paris: Flammarion, 2001.
_____. *L'Occident décroché: enquête sur les post-colonialismes*. Paris: Stock, 2008.
_____. *Rétrovolutions*. Paris, Stock, 2010.
_____. "Au nom des peuples: primitivismes et postcolonialismes". *Critique*, 2012, n. 776-7, v. 1, pp. 165-77.
_____. *Psychotropiques: la fièvre de l'ayahuasca en forêt amazonienne*. Paris: Albin Michel, 2013.
ANDERSON, Benedict. *L'Imaginaire national: réflexions sur l'origine et l'essor du nationalism*. Paris: La Découverte, 1996 (1983).
ANDERSON, Elijah. "The Cosmopolitan Canopy, Being Here and Being There: Fieldwork Encounters and Ethnographic Discoveries". *Annals of the American Academy of Political and Social Science*. Londres: Sage, 2004, v. 595, pp. 14-31.
_____. *The Cosmopolitan Canopy: Race and Civility in Everyday Life*. New York: W. W. Norton, 2012.
ANHEIER, Helmut K.; ISAR, Yudhishthir Raj. *Cultures and Globalization: Cultural Expression, Creativity and Innovation*. Londres: Sage, 2010.
ANTWEILER, Christophe. *Inclusive Humanism: Anthropological Basics for a Realistic Cosmopolitanism*. Göttingen: V&R Unipress, 2012.
APPADURAI, Arjun. *Après le colonialisme: les conséquences culturelles de la globalization*. Paris: Payot, 2005 (1996).
_____. *Géographie de la colère: la violence à l'âge de la globalization*. Paris: Payot, 2009 (2006).

_____. *Condition de l'homme global*. Paris: Payot, 2013.

APPIAH, Anthony Kwame. "Cosmopolitan Patriots". *Critical Inquiry*, 1997, v. 23, n. 3, pp. 617-39.

_____. *Pour un nouveau cosmopolitisme*. Paris: Odile Jacob, 2006 (2005).

ARCHIBUGI, Daniele. *La Démocratie cosmopolitique: sur la voie d'une démocratie mondiale*. Paris: Éditions du Cerf, 2009 (2004).

ARKOUN, Mohamed; MAÏLA, Joseph. *De Manhattan à Bagdad: au-delà du Bien et du Mal*. Paris: Desclée de Brouwer, 2003.

ARRIGHI, Giovanni. *The Long Twentieth Century: Money, Power, and the Origins of Our Times*. Londres: Verso, 1994.

_____. "Globalization, State Sovereignty, and the 'Endless' Accumulation of Capital". 1997. Disponível em: <https://www.binghamton.edu/fbc/archive/gairvn97.htm>. Acesso em: 19 abr. 2018.

ASSÉO, Henriette. "Le Principe de circulation et l'échec de la mythologie transeuropéenne". *Revue de synthèse*, 2002, v. 123, n. 1, pp. 85-110.

BALIBAR, Étienne. *Nous, citoyens d'Europe? Les frontières, l'État, le peuple*. Paris: La Découverte, 2001.

BALTA, Paul. "Alexandrie: éloge du cosmopolitisme". *Confluences Méditerranée*, 1994, n. 10, pp. 41-50.

BARTH, Fredrik. "L'Identité pathane et sa préservation". *Labyrinthe*, 2000 (1969), pp. 48-65.

BAUMAN, Zygmunt. "The Making and Unmaking of Strangers". *Postmodernity and its Discontents?* Cambridge: Polity Press, 1997.

_____. "Franchir les frontières – ou avoir de nombreux chez soi?". *Tumultes*, 2005, v. 24, pp. 79-90.

BAXANDALL, Michael. *L'Œil du Quattrocento: l'usage de la peinture dans l'Italie de la Renaissance*. Paris: Gallimard, 1985 (1972).

BECK, Ulrich. *World Risk Society*. Cambridge: Polity Press, 1999.

_____. "The Cosmopolitan Perspective: Sociology of the Second Age of Modernity". *The British Journal of Sociology*, 2000, v. 51, n. 1, pp. 79-105.

_____. "Rooted Cosmopolitanism: Emerging from a Rivalry of Distinctions". Em: BECK, Ulrich; SZNAIDER, Natan; WINTER, Rainer (org.). *Global America?* Liverpool: Liverpool University Press, 2003a, pp. 15-29.

_____. "Toward a New Critical Theory with a Cosmopolitan Intent". *Constellations*, 2003b, v. 10, n. 4, pp. 453-68.

_____. "La Vérité des autres: une vision cosmopolitique de l'altérité". *Cosmopolitiques*, 2004a, v. 8, pp. 157-84.

_____. "The Cosmopolitan Turn". Em: GANE, Nicholas (org.). *The Future of Social Theory*. Londres: Continuum, 2004b, pp. 143-66.

_____. *Qu'est-ce que le cosmopolitisme?* Paris: Aubier, 2006a (2004).

_____. "Living in the World Risk Society: A Hobhouse Memorial Public Lecture Given on Wednesday 15 February 2006 at the London School of Economics". *Economy and Society*, 2006b, v. 35, n. 3, pp. 329-45.

_____. "The Cosmopolitan Condition: Why Methodological Nationalism Fails". *Theory, Culture & Society*, 2007, v. 24, n. 7-8, pp. 286-90.

_____. "Critical Theory of World Risk Society: A Cosmopolitan Vision". *Constellations*, 2009, v. 16, n. 1, pp. 3-22.

_____. "Cosmopolitanism as Imagined Communities of Global Risk". *American Behavioral Scientist*, 2011a, v. 55, n. 10, pp. 1346-61.

_____. "Living and Coping With World Risk Society". *Globernance*, 2011b. Disponível em: <http://https://globernance.org/u-beck-living-and-coping-with-world-risk-society/?lang=-en>. Acesso em: 8 jan. 2018.

_____. "Ulrich Beck: The Necessity of a Cosmopolitan Outlook". Entrevista. *European Alternatives*, 8 jan. 2015 (2010). Disponível em: <https://euroalter.com/2015/ulrich-beck-the-necessity-of-a-cosmopolitan-outlook>. Acesso em: 8 jan. 2018.

BECK, Ulrich; GRANDE, Edgar. *Cosmopolitan Europe*. Cambridge: Polity Press, 2007a.

_____; GRANDE, Edgar. "Cosmopolitanism: Europe's Way Out of Crisis". *European Journal of Social Theory*, 2007b, v. 10, n. 1, pp. 67-85.

_____; GRANDE, Edgar. "Varieties of Second Modernity: The Cosmopolitan Turn in Social and Political Theory and Research". *The British Journal of Sociology*, 2010, v. 61, n. 3, pp. 409-43.

_____; LÉVY, Daniel. "Cosmopolitanized Nations: Re-imagining Collectivity in World Risk Society". *Theory, Culture & Society*, 2013, v. 30, n. 2, pp. 3-31.

_____; SZNAIDER, Natan. "Unpacking Cosmopolitanism for the Social Sciences: A Research Agenda". *The British Journal of Sociology*, 2006, v. 57, n. 1, pp. 1-23.

BENDA, Julien. *La Trahison des clercs*. Paris: Grasset, 2003 (1927).

BENNETT, Tony *et al*. *Culture, Class, Distinction*. Londres: Routledge, 2009.

BENSKI, Tova; LANGMAN, Lauren. "The Effects of Affects: The Place of Emotions in the Mobilizations of 2011". *Current Sociology*, 2013, v. 61, n. 4, pp. 525-40.

BERGER, Peter. *Comprendre la sociologie: son rôle dans la société moderne*. Paris: Resma, 1973 (1963).

_____; BERGER, Brigitte. *Sociology: A Biographical Approach*. Londres: Penguin Books, 1975.

_____; KELLNER, Hansfried. "Le Mariage et la construction de la réalité". *Dialogue*, 1988, n. 102, pp. 6-23.

_____; LUCKMANN, Thomas. *La Construction sociale de la réalité*. Paris: Méridiens Klincksieck, 1986 (1966).

BERMAN, Antoine. *L'Épreuve de l'étranger: culture et traduction dans l'Allemagne romantique*. Paris, Gallimard, 1984.

BHABHA, Homi K. *Les Lieux de la culture: une théorie postcoloniale*. Paris: Payot, 2007 (1994).

BINNIE, Jon; SKEGGS, Beverley. "Cosmopolitan Knowledge and the Production and

Consumption of Sexualized Space: Manchester's Gay Village". *The Sociological Review*, 2004, v. 52, n. 1, pp. 39-61.

_____ et al. "Grounding Cosmopolitan Urbanism: Approaches, Practices and Policies". Em: _____ et al. (org.). *Cosmopolitan Urbanism*. Londres: Routledge, 2006, pp. 1-34.

BIRNBACHER, Dieter. *Responsabilité envers les générations futures*. Paris: PUF, 1994 (1988).

BLOSSFELD, Hans-Peter; KLIJZING, Erik; MILLS, Melinda; KURZ, Karin (org.). *Globalization, Uncertainty and Youth in Society*. Londres: Routledge, 2005.

BOOKMAN, Sonia. "Feeling Cosmopolitan: Experiential Brands and Urban Cosmopolitan Sensibilities". Em: SPENCER, Dale; WALBY, Kewin; HUNT, Alan (org.). *Emotions Matter: A Relational Approach to Emotions*. Toronto: University of Toronto Press, 2012.

_____. "Branded Cosmopolitanisms: 'Global' Coffee Brands and the Co-Creation of 'Cosmopolitan Cool'". *Cultural Sociology*, 2013, v. 7, n. 1, pp. 56-72.

BOON, Vivienne; DELANTY, Gerard. "Cosmopolitanism and Europe: Historical Considerations and Contemporary Applications". Em: RUMFORD, Chris (org.). *Cosmopolitanism and Europe*. Liverpool: Liverpool University Press, 2007, pp. 19-38.

BOURGUIGNON, François. *La Mondialisation des inégalités*. Paris: Seuil, 2012.

BRAUDEL, Fernand. *La Méditerranée: l'espace et l'histoire*. Paris: Flammarion, 2009 (1949). [Ed. bras.: *O espaço e a história no Mediterrâneo*. São Paulo: Martins Fontes, 1988.]

BREVIGLIERI, Marc; CICCHELLI, Vincenzo. "Comprendre la catégorie d'adolescent dans les societés mediterranéennes". Em: BIDART, Claire. *Devenir adulte aujourd'hui: perspectives internationals*. Paris: L'Harmattan, 2006, pp. 71-85. Disponível em: <http://lodel.ehess.fr/gspm/docannexe.php?id=1500>; acesso em: 21 ago. 2018.

BROCK, Gillian; BRIGHOUSE, Harry (org.). "Introduction". Em: *The Political Philosophy of Cosmopolitanism*. Cambridge: Cambridge University Press, 2005, pp. 1-9.

BROWN, Garrett Wallace; HELD, David. *The Cosmopolitanism Reader*. Cambridge: Polity Press, 2010.

BRUCKNER, Pascal. *Le Vertige de Babel: cosmopolitisme ou mondialisme*. Paris: Arléa, 2000.

BURAWOY, Michael. "The Global Turn: Lessons From Southern Labor Scholars and Their Labor Movements". *Work and Occupations*, 2009, v. 36, n. 2, pp. 87-95.

BURUMA, Ian; MARGALIT, Avishai. *L'Occidentalisme: une brève histoire de la guerre contre l'Occident*. Paris: Climats, 2006 (2004).

CAILLE, Alain; DUFOIX; Stéphane. *Le Tournant global des sciences sociales*. Paris: La Découverte, 2013.

CALHOUN, Craig. "The Class Consciousness of Frequent Travellers: Toward a Critique of Actually Existing Cosmopolitanism". *South Atlantic Quarterly*, 2002, v. 101, n. 4, pp. 869-97.

_____. "'Belonging' in the Cosmopolitan Imaginary". *Ethnicities*, 2003, v. 3, n. 4, pp. 531-68.

_____. *Nations Matter: Culture, History, and the Cosmopolitan Dream*. Londres: Routledge, 2007.

CAMPBELL, Joseph. *Le Héros aux mille visages*. Toulouse: Oxus, 2010 (1949) [Ed. bras.: *O herói de mil faces*. São Paulo: Pensamento, 1995.]
CARROUE, Laurent. *Géographie de la mondialisation*. Paris: Armand Colin, 2007.
CASELLI, Marco. *Trying to Measure Globalization: Experiences, Critical Issues and Perspectives*. Dordrecht: Springer, 2012.
CASSANO, Franco. *La Pensée méridienne*. Arles: Éditions de l'Aube, 2005 (1996).
CASTELLS, Manuel. *La Galaxie Internet*. Paris: Fayard, 2002 (2001).
_____. *The Power of Identity*. Hoboken: Wiley-Blackwell, 2010. (*The Information Age: Economy, Society, and Culture*, v. 2.) [Ed. bras.: *O poder da identidade*. São Paulo: Paz e Terra, 2008.]
_____. *Communication et pouvoir*. Paris: Éditions de la Maison des sciences de l'homme, 2013 (2009).
CERULO, Massimo. *Il sentire controverso: introduzione alla sociologia delle emozioni*. Rome: Carocci, 2009.
CHANDA, Nayan. *Au commencement était la mondialisation*. Paris: Éditions du CNRS, 2010 (2008).
CHEAH, Pheng. "What is a World? On World Literature as World-Making Activity". Em: DELANTY, Gerard (org.). *Routledge Handbook of Cosmopolitan Studies*. Londres: Routledge, 2012, pp. 138-49.
CHERNILO, Daniel. "Social Theory's Methodological Nationalism: Myth and Reality". *European Journal of Social Theory*, 2006, v. 9, n. 1, pp. 5-22.
_____. "A Quest for Universalism: Reassessing the Nature of Classical Social Theory's Cosmopolitanism". *European Journal of Social Theory*, 2007a, v. 10, n. 1, pp. 17-35.
_____. *A Social Theory of the Nation State*. Londres: Routledge, 2007b.
_____. "Cosmopolitanism and the Question of Universalism". Em: DELANTY, Gerard (org.), *Routledge Handbook of Cosmopolitanism Studies*. Londres: Routledge, 2012, pp. 38-46.
CICCHELLI, Vincenzo. *La Construction de l'autonomie*. Paris: PUF, 2001.
_____. "Des identités meurtrières aux identités plurielles: quand autrui est une composante de soi". Em: BREVIGLIERI, Marc; CICCHELLI, Vincenzo (org.). *Adolescences méditerranéennes: l'espace public à petits pas*. Paris: L'Harmattan; Injep, 2007, pp. 409-45.
_____. "Connaître les autres pour mieux se connaître: les séjours Erasmus, une Bildung contemporaine". Em: DERVIN, Fred; BYRAM, Michael (org.). *Mobilités académiques*. Paris: L'Harmattan, 2008, pp. 101-24.
_____. "Comparaison et regard cosmopolite". Entretien réalisé par Chantal De Linares. *Agora. Débats/Jeunesse*, 2009, v. 52, n. 2, pp. 21-34.
_____. "Les Politiques de promotion des mobilités juvéniles en Europe". *Informations sociales*, 2011, v. 165-6, n. 3, pp. 38-45.
_____. *L'Esprit cosmopolite: voyages de formation des jeunes en Europe*. Paris: Presses de Sciences Po, 2012.
_____. "How Do People Engage with Globalisation? A Cosmopolitan Socialisation

Approach". Em: COTESTA, Vittorio; CICCHELLI, Vincenzo; NOCENZI, Mariella (org.). *Global Society, Cosmopolitanism and Human Rights*. Newcastle upon Tyne: Cambridge Scholars Publishing, 2013a, pp. 198-210.

_____. *L'Autonomie des jeunes: questions politiques et sociologiques sur le monde étudiant*. Paris: La Documentation française, 2013b.

_____. "Living in a Global Society, Handling Otherness: An Appraisal of Cosmopolitan Socialization". *Quaderni di Teoria Sociale*, 2014a, n. 14, pp. 217-42.

_____. "Appartenances et orientations cosmopolites des jeunes Européens". *Agora. Débats/Jeunesse*, 2014b, número especial: "Jeunes Européens: quelles valeurs en partage?", v. 67, n. 2, pp. 97-112.

_____. "Se rattacher au monde: considérations propédeutiques à l'analyse de l'engagement cosmopolite des jeunes adultes". Em: GALLANT, Nicole; FARMER, Diane (org.). *L'Engagement des jeunes dans diverses sphères de leur vie: réflexions théoriques et conceptuelles* (no prelo).

CICCHELLI, Vincenzo; TRUC, Gérôme. *De la mondialisation au cosmopolitisme*. Paris: La Documentation française, 2011.

CICCHELLI, Vincenzo; OCTOBRE, Sylvie. "A Cosmopolitan Perspective of Globalization: Cultural and Aesthetic Consumption among Young People". *Studies of Changing Societies: Comparative and Interdisciplinary Focus*, 2013, v. 3, n. 7, pp. 3-23.

_____; OCTOBRE, Sylvie. "Sur le cosmopolitisme esthétique chez les jeunes". *Le Débat*, 2015, v. 183, n. 1, pp. 101-9.

CICCHELLI-PUGEAULT, Catherine; CICCHELLI, Vincenzo. *Les Théories sociologiques de la famille*. Paris: La Découverte, 1998.

COGEZ, Gérard. *Les Écrivains voyageurs au Xxe siècle*. Paris: Seuil, 2004.

COHEN, Anthony. "La Tradition britannique et la question de l'autre". Em: SEGALEN, Martine (org.). *L'Autre et le semblable*. Paris: CNRS, 1989, pp. 35-51.

COHEN, Robin. *Global Diasporas: An Introduction*. Londres: UCL Press, 1997.

COLE, Ken. "Globalization: Understanding Complexity". *Progress in Development Studies*, 2003, v. 3, n. 4, pp. 323-38.

COMISSÃO Europeia. *Principaux résultats de l'enquête Eurobaromètre sur les jeunes en 2007*. Luxembourg: União Europeia, 2007.

_____. *EU Youth Report*. Bruxelles: União Europeia, 2009. Disponível em <http://www.iuventa.sk/files/2009_youth_report_eu.pdf>. Acesso em: 21 ago. 2018.

COOK, Ian; CRANG, Philip. "The World On a Plate: Culinary Culture, Displacement and Geographical Knowledges". *Journal of Material Culture*, 1996, v. 1, n. 2, pp. 131-53.

COSGROVE, Denis. *Apollo's Eye*. Baltimore: Johns Hopkins University Press, 2001.

COTESTA, Vittorio. *Sociologia dello straniero*. Roma-Bari: Laterza, 2002.

_____. *Images du monde et société globale*. Québec: Presses de l'Université Laval, 2006.

_____. *Les Droits humains et la société globale*. Paris: L'Harmattan, 2009.

_____. *Global Society and Human Rights*. Leiden: Brill, 2012.

_____. "Simmel on Global Society". Em: PENDENZA, Massimo (org.). *Classical Sociology Beyond Methodological Nationalism*. Leyde: Brill, 2014, pp. 27-41.

_____; CICCHELLI, Vincenzo; NOCENZI, Mariella. *Global Society, Cosmopolitanism and Human Rights*. Newcastle upon Tyne: Cambridge Scholars Publishing, 2013.

COULMAS, Peter. *Citoyens du monde: une histoire du cosmopolitisme*. Paris: Albin Michel, 1995 (1990).

COUSSY, Jean. "Causes économiques et imaginaires économiques de la régionalisation". *Cultures et Conflits*, 1996, v. 21-2, n. 1, pp. 347-72.

DARMON, Muriel. *La Socialisation*. Paris: Armand Colin, 2011.

DAYAN-HERZBRUN, Sonia; TASSIN, Étienne (org.). "Citoyennetés cosmopolites", *Tumultes*, 2005, v. 24.

DE BLIJ, Harm. *The Power of Place: Geography, Destiny, and Globalization's Rough Landscape*. Oxford: Oxford University Press, 2009.

DEBRAY, Régis. *Éloge des frontiers*. Paris: Gallimard, 2010.

DELANTY, Gerard. "The Cosmopolitan Imagination". *British Journal of Sociology*, 2006, v. 57, n. 1, pp. 25-47.

_____. *The Cosmopolitan Imagination: The Renewal of Critical Social Theory*. Cambridge: Cambridge University Press, 2009.

_____. (org.) *Routledge Handbook of Cosmopolitanism Studies*. Londres: Routledge, 2012.

_____; KUMAR, Krishan (org.) *The Sage Handbook of Nations and Nationalism*. Londres: Sage, 2006.

_____; RUMFORD, Chris. *Rethinking Europe: Social Theory and the Implications of Europeanization*. Londres: Routledge, 2005.

DETIENNE, Marcel. *Apollon, le couteau à la main*. Paris: Gallimard, 1998.

DHARWADKER, Vinay. "Diaspora and Cosmopolitanism". Em: ROVISCO, Maria; NOWICKA, Magdalena (org.). *The Ashgate Research Companion To Cosmopolitanism*. Farnham: Ashgate, 2011, pp. 125-44.

DOUKI, Caroline; MINARD, Philippe. "Histoire globale, histoires connectées: un changement d'échelle historiographique?" *Revue d'histoire moderne et contemporaine*, 2007, n. 54, 4 bis, pp. 7-21.

DUBAR, Claude. *La Socialisation: construction des identités sociales et professionnelles*. Paris: Armand Colin, 1991.

DUBET, François. *Sociologie de l'expérience*. Paris: Seuil, 1994.

DUFOIX, Stéphane. *Les Diasporas*. Paris: PUF, 2003.

_____. *La Dispersion: une histoire des usages du mot diáspora*. Paris: Éditions Amsterdam, 2012.

DUMONT, Louis. *Homo hierarchicus: essai sur le système des castes*. Paris: Gallimard, 1966.

DYE, Thomas. "The LocalCosmopolitan Dimension and the Study of Urban Politics". *Social Forces*, 1963, v. 41, n. 3, pp. 239-46.

EDER, Klaus. "Europe's Borders: The Narrative Construction of the Boundaries of Europe". *European Journal of Social Theory*, 2006, v. 9, n. 2, pp. 255-71.

EISENSTADT, Shmuel. *Fundamentalism, Sectarianism and Revolutions*. Cambridge: Cambridge University Press, 2000.

_____. *Comparative Civilizations and Multiple Modernities*. Leiden-Boston: Brill, 2003.

ELIAS, Norbert. *La Société des individus*. Paris: Fayard, 1991 (1983) [Ed. bras.: *A sociedade dos indivíduos*. Rio de Janeiro: Zahar, 1994.]

_____; SCOTSON, John L. *Logiques de l'exclusion*. Paris: Fayard, 1997 (1965).

ESPING-ANDERSEN, Gøsta. *Les Trois mondes de l'État-providence*. Paris: PUF, 2007.

_____. "Genealogies of the Global". *Theory Culture & Society*, 2006, v. 23, n. 2-3, pp. 387-92.

FAIRBANK, John King. *Trade and Diplomacy on the China Coast: The Opening of Treaty Ports, 1842-1854*. Stanford: Stanford University Press, 1953.

FAIST, Thomas; FAUSER, Margit; REISENAUER, Eveline. *Transnational Migration*. Cambridge: Polity Press, 2013.

FEATHERSTONE, Mike. "Cosmopolis: An Introduction". *Theory, Culture & Society*, 2002, v. 19, n. 1-2, pp. 1-16.

FINE, Robert. "Taking the 'Ism' Out of Cosmopolitanism: an essay in reconstruction". 2003, pp. 451-70. Disponível em: <http://journals.sagepub.com/doi/pdf/10.1177/13684310030064005>. Acesso em: 8 jan. 2018.

_____. *Cosmopolitanism*. Londres: Routledge, 2007.

_____. "The Two Faces of Universality: Antisemitism and Reflective Cosmopolitanism". Em: MARINOPOULOU, Anastasia (org.). *On Cosmopolitan Modernity*. Francfort: Peter Lang, 2015.

_____; ACHINGER, Christine (org.). *European Societies*, edição especial: "Antisemitism, Racism, and Islamophobia", 2012, v. 14, n. 2.

_____; BOON, Vivienne. "Introduction. Cosmopolitanism: Between Past and Future". *European Journal of Social Theory*, 2007, v. 10, n. 1, pp. 5-16.

_____; CHERNILO, Daniel. "Between Past and Future: The Equivocations of the New Cosmopolitanism". Em: SARAT, Austin; EWICK, Patricia (org.). *Studies in Law, Politics, and Society*. Amsterdam: Elsevier, 2004, pp. 25-44.

_____; COHEN, Robin. "Four cosmopolitan moments". Em: COHEN, Robin; VERTOVEC, Steven (org.). *Conceiving Cosmopolitanism: Theory, Context And Practice*. Oxford: Oxford University Press, 2002, pp. 137-64.

FINKELSTEIN, Joanne. *Dining Out: A Sociology of Modern Manners*. Cambridge: Polity Press, 1989.

FRIDMAN, Viviana; OLLIVIER, Michèle. "Ouverture ostentatoire à la diversité et cosmopolitisme: vers une nouvelle configuration discursive?". *Sociologie et sociétés*, 2004, v. 36, n. 1, pp. 105-26.

FRIEDMAN, Thomas. *La Terre est plate: une brève histoire du XXIe siècle*. Paris: Perrin, 2010 (2005).

GALLAND, Olivier. "Introduction: une nouvelle classe d'âge?". *Ethnologie française*, 2010, v. 40, n. 1, pp. 5-10.

_____; LEMEL, Yannick. *Valeurs et cultures en Europe*. Paris: La Découverte, 2007.

GARIN, Eugenio. *L'Éducation de l'homme moderne: la pédagogie de la Renaissance (1400-1600)*. Paris: Hachette, 2003.

GASTAUT, Yvan. "Le Cosmopolitisme, un univers de situations". *Cahiers de l'Urmis*, 2002. Disponível em <http://journals.openedition.org/urmis/21?lang=fr>. Acesso em: 9 jan. 2018.

GECAS, Viktor. "Contexts of Socialization". Em: *Social Psychology: Sociological Perspectives*. New York: Basic Books, 1981, pp. 165-99.

GERMANN MOLZ, Jennie. "'Getting a Flexible Eye': Round-the-World-Travel and Scales of Cosmopolitan Citizenship". *Citizenship Studies*, 2005, v. 9, n. 5, pp. 517-31.

_____. "Eating Difference: The Cosmopolitan Mobilities of Culinary Tourism". *Space and Culture*, 2007, v. 10, n. 1, pp. 77-93.

_____. "Cosmopolitanism and Consumption". Em: *The Ashgate Research Companion to Cosmopolitanism*. Farnham: Ashgate, 2011, pp. 33-52.

GIDDENS, Anthony. *Les Conséquences de la modernité*. Paris: L'Harmattan, 1994 (1990). [Ed. bras.: *As consequências da modernidade*. São Paulo: Editora Unesp, 1991.]

_____. *Runaway World: How Globalization is Reshaping Our Lives*. Londres: Profile, 1999. [Ed. bras.: *Mundo em descontrole: o que a globalização está fazendo de nós*. Rio de Janeiro: Record, 2000.]

GIORGI, Liana; SASSATELLI, Monica. "Introduction". Em: GIORGI, Liana; SASSATELLI, Monica; DELANTY, Gerard. *Festivals and the Cultural Public Sphere*. Londres: Routledge, 2011, pp. 1-11.

GLENN, H. Patrick. *The Cosmopolitan State*. Oxford: Oxford University Press, 2013.

GÖLE, Nilufer. "Snapshots of Islamic Modernities". *Daedalus*, 2000, v. 129, n. 1, pp. 91-117.

_____. *Musulmanes et modernes: voile et civilisation en Turquie*. Paris: La Découverte, 2003.

GOODY, Jack. *L'Islam en Europe: histoire, échanges, conflits*. Paris: La Découverte, 2004 (2003).

GOTMAN, Anne. *Le Sens de l'hospitalité: essai sur les fondements sociaux de l'accueil de l'autre*. Paris: PUF, 2001.

GOULDNER, Alvin. "Cosmopolitans and Locals: Toward an Analysis of Latent Social Roles, I". *Administrative Science Quarterly*, 1957, v. 2, n. 3, pp. 281-306.

_____. "Cosmopolitans and Locals: Toward an Analysis of Latent Social Roles, II". *Administrative Science Quarterly*, 1958, v. 2, n. 4, pp. 444-480.

GREEN, Nancy. "Classe et ethnicité, des catégories caduques de l'histoire sociale?". Em: LEPETIT, Bernard (org.). *Les Formes de l'expérience: une autre histoire sociale*. Paris: Albin Michel, 1995, pp. 165-86.

GREENBLATT, Stephen. *Ces merveilleuses possessions: découvertes et appropriation du Nouveau Monde au XVIe siècle*. Paris: Les Belles Lettres, 1996 (1991).

GRUZINSKI, Serge. "Les Pirates chinois de l'Amazone. Sur les traces de l'histoire globale". *Le Débat*, 2009, v. 154, n. 2, pp. 171-9.

HABERMAS, Jürgen. *Après l'État-nation: une nouvelle constellation politique*. Paris: Fayard, 2000 (1998).

HAGE, Ghassan. "At Home in the Entrails of the West". Em: GRACE, Helen *et al.* (org.). *Home/world: Space, Community, and Marginality in Sydney's West*. Annandale: Pluto Press, 1997, pp. 99-153.

HALMAN, Loek; SIEBEN, Inge; VAN ZUNDERT, Marga. *Atlas of European Values: Trends and Traditions at the Turn of the Century*. Leyde: Brill, 2012.

HANNERZ, Ulf. "Cosmopolitans and Locals in World Culture". *Theory, Culture & Society*, 1990, v. 7, n. 2-3, pp. 237-51.

_____. "Notes on the Global Ecumene". Em: ROBERTSON, Roland; WHITE, Kathleen E. (org.). *Critical Concepts in Sociology*. Londres: Routledge, 2003 (1989), pp. 223-32.

HARTOG, François. *Mémoires d'Ulysse: récits sur la frontière en Grèce Ancienne*. Paris: Gallimard, 1996.

HASSNER, Pierre. "Le Cosmopolitisme entre chaos et république". *Revue de Synthèse*, 2002, v. 123, n. 1, pp. 193-9.

HEBDIGE, Dick. "Fax to the Future". *Marxism Today*, 1990, pp. 18-23.

HELD, David. "National Culture, the Globalization of Communications and the Bounded Political Community". *Logos. A Journal of Modern Society and Culture*, 2002, v. 1, n. 3, pp. 1-17.

_____. "Principles of Cosmopolitan Order". Em: BROCK, Gillian; BRICKHOUSE, Harry (org.). *The Political Philosophy of Cosmopolitanism*. Cambridge: Cambridge University Press, 2005, pp. 10-27.

_____. *Cosmopolitanism: Ideals and Realities*. Cambridge: Polity Press, 2010.

_____; MCGREW, Anthony. "Globalization at Risk?". Em: HELD, David; MCGREW, Anthony (org.). *Globalization Theory: Approaches and Controversies*. Cambridge: Polity Press, 2007, pp. 1-11.

_____ *et al. Global Transformations: Politics, Economics, Culture*. Cambridge: Polity Press, 1999.

HERAN, François. "L'Institution démotivée. De Fustel de Coulanges à Durkheim et au-delà". *Revue française de sociologie*, 1987, v. 28, n. 1, pp. 67-97.

HESSEL, Stéphane. *Indignez-vous!* Montpellier: Indigène Éditions, 2010.

HOBSBAWM, Eric; RANGER, Terence. *L'Invention de la tradition*. Paris: Éditions Amsterdam, 2006 (1983).

HOLLINGER, David A. *Postethnic America: Beyond Multiculturalism*. New York: Basic Books, 2002.

_____. *Cosmopolitanism and Solidarity: Studies in Ethnoracial, Religious, and Professional Affiliation in the United States*. Madison: University of Wisconsin Press, 2006.

HOLT, Douglas B. "Does Cultural Capital Structure American Consumption?". *Journal of Consumer Research*, 1998, v. 25, n. 1, pp. 1-25.

HOLTON, Robert J. *Cosmopolitanisms: New Thinking and New Directions*. New York: Palgrave Macmillan, 2009.

HOPKINS, Antony G. *Globalization in World History*. New York: Norton, 2002.

HOPPER, Paul. *Understanding Cultural Globalization*. Cambridge: Polity Press, 2007.

HUNT, Lynn. *L'Invention des droits de l'homme: histoire, psychologie et politique*. Genebra: Markus Haler, 2013.

HUNTINGTON, Samuel. *Le Choc des civilisations*. Paris: Odile Jacob, 1997 (1996).

ILBERT, Robert; YANNAKAKIS, Ilios. *Alexandrie, 1860-1960: un modèle éphémère de convivialité: communautés et identité cosmopolite*. Paris: Autrement, 1992.

ILLOUZ, Eva. *Les Sentiments du capitalism*. Paris: Seuil, 2006.

INGLIS, David. "Cosmopolitan Sociology and the Classical Canon: Ferdinand Tönnies and the Emergence of Global Gesellschaft". *The British Journal of Sociology*, 2009, v. 60, n. 4, pp. 813-32.

_____; ROBERTSON, Roland. "The Ecumenical Analytic: 'Globalization', Reflexivity and the Revolution in Greek Historiography". *European Journal of Social Theory*, 2005, v. 8, n. 2, pp. 99-122.

_____; ROBERTSON, Roland. "From Cosmos to Globe: Relating Cosmopolitanism, Globalization and Globality". Em: ROVISCO, Maria; NOWICKA, Magdalena (org.). *The Ashgate Research Companion to Cosmopolitanism*. Farnham: Ashgate, 2011, pp. 295-311.

JAMES, Paul. *Globalization and Politics, 4*. "Political Philosophies of the Global". Londres: Sage, 2014.

JONAS, Hans. *Le Principe responsabilité*. Paris: Flammarion, 1998 (1979).

KENDALL, Gavin; WOODWARD, Ian; SKRBIS, Zlatko. *The Sociology of Cosmopolitanism: Globalization, Identity, Culture and Government*. New York: Palgrave Macmillan, 2009.

KENNEDY, Paul. "Global Transformations but Local, 'Bubble' Lives: Taking a Reality Check on Some Globalization Concepts". *Globalizations*, 2008, v. 4, n. 2, pp. 267-82.

_____. *Local Lives and Global Transformation: Towards World Society*. New York: Palgrave Macmillan, 2010.

KILANI, Mondher. "Islam et changement social: une présentation". Em: KILANI, Mondher (org.). *Islam et changement social*. Paris: Payot, 1998, pp. 5-26.

KLEINGELD, Pauline; BROWN, Eric. "Cosmopolitanism". Em: ZALTA, Edward N. *Stanford Encyclopedia of Philosophy*, 2006. Disponível em: <http://plato.stanford.edu>. Acesso em: 9 jan. 2018.

KÖGLER, Hans-Herbert. "Constructing a Cosmopolitan Public Sphere: Hermeneutic Capabilities and Universal Values". *European Journal of Social Theory*, 2005, v. 8, n. 3, pp. 297-320.

KUHN, Michael; YAZAWA, Shujiro (org.). *Theories About and Strategies against Hegemonic Social Sciences*. Stuttgart: Ibidem Press, 2015.

LACZKO, Leslie S. "National and Local Attachments in a Changing World System: Evidence from an International Survey". *International Review of Sociology: Revue internationale de sociologie*, 2005, v. 15, n. 3, pp. 517-28.

LAGRANGE, Hugues (org.). *L'Épreuve des inégalités*. Paris: PUF, 2006.

LAMONT, Michèle; AKSARTOVA, Sada. "Ordinary Cosmopolitanisms: Strategies for Bridging

Racial Boundaries among Working-Class Men". *Theory Culture & Society*, 2002, v. 19, n. 4, pp. 1-25.

_____; MOLNÁR, Virág. "The Study of Boundaries Across the Social Sciences". *Annual Review of Sociology*, 2002, v. 28, pp. 167-95.

LAPIERRE, Nicole. *Pensons ailleurs*. Paris: Gallimard, 2006.

LATOUR, Bruno. *Un monde pluriel mais commun*. La Tour d'Aigues: Éditions de l'Aube, 2003.

LE BRETON, David. *La Saveur du monde: une anthropologie des sens*. Paris: Éditions Métailié, 2006.

LECHNER, Frank J.; BOLI, John. *World Culture: Origins and Consequences*. Oxford: Blackwell, 2005.

LÉVI-STRAUSS, Claude. *Le Regard éloigné*. Paris: Plon, 1983.

LEVITT, Peggy. *The Transnational Villagers*. Oakland: University of California Press, 2001.

LÉVY, Jacques. "Un événement géographique". Em: _____ (org.). *L'Invention du monde*. Paris: Presses de Sciences Po, 2008, pp. 11-8.

LEWIS, Bernard. *Que s'est-il passé? L'Islam, l'Occident et la modernité*. Paris: Gallimard, 2002.

LORAUX, Nicole. *Les Enfants d'Athéna*. Paris: Seuil, 1990.

_____. *Né de la terre*. Paris: Seuil, 1996.

LOURME, Louis. *Qu'est-ce que le cosmopolitisme?* Paris: Vrin, 2012.

_____. *Le Nouvel âge de la citoyenneté mondiale*. Paris: PUF, 2014.

LU, Catherine. "The One and Many Faces of Cosmopolitanism". *The Journal of Political Philosophy*, 2000, v. 8, n. 2, pp. 244-67.

MAALOUF, Amin. *Les Identités meurtrières*. Paris: Grasset, 1998.

_____. *Le Dérèglement du monde: quand nos civilisations s'épuisent*. Paris: Grasset, 2009.

MAISTRE, Joseph de. *Considérations sur la France*. Londres, 1797.

MANENT, Pierre. *Tocqueville et la nature de la démocratie*. Paris: Gallimard, 1982.

MARGALIT, Avishai. *La Société décente*. Paris: Climats, 1999.

MAROTTA, Vince. "The Cosmopolitan Stranger". Em: VAN HOOFT, Stan; VANDEKERKHOVE, Wim (org.). *Questioning Cosmopolitanism*. Berlim: Springer, 2010, pp. 105-120.

_____. "Georg Simmel, the Stranger and the Sociology of Knowledge". *Journal of Intercultural Studies*, 2012, v. 33, n. 6, pp. 675-89.

MARTELL, Luke. "Cosmopolitanism and Global Politics". *The Political Quarterly*, 2011, v. 82, n. 4, pp. 618-27.

MARTINELLI, Alberto. *Global Modernization: Rethinking the Project of Modernity*. Londres: Sage, 2005.

MARTUCCELLI, Danilo. *Sociologies de la modernité*. Paris: Gallimard, 1999.

_____. *Forgé par l'épreuve*. Paris: Armand Colin, 2006.

MARX, Karl; ENGELS, Friedrich. *Manifeste du Parti communiste*. Paris: Flammarion, 1999 (1848).

MAU, Steffen; MEWES, Jan; ZIMMERMAN, Ann. "Cosmopolitan Attitudes through Transnational Social Practices?". *Global Networks*, 2008, v. 8, n. 1, pp. 1-24.

MAYER, Nonna *et al.* "Un refus croissant de l'autre". Em: Commission nationale consultative des droits de l'homme. *La Lutte contre le racisme, l'antisémitisme et la xénophobie: année 2013*. Paris: La Documentation française, 2014, pp. 157-208.

MCGREW, Anthony. "Globalization and Global Politics". Em: BAYLIS, John; SMITH, Steve (org.). *The Globalization of World Politics: An Introduction to International Relations*. Oxford: Oxford University Press, 2010, pp. 16-33.

MEAD, George Herbert. *L'Esprit, le soi et la société*. Paris: PUF, 1963 (1934).

MERTON, Robert King. Éléments de théorie et de méthode sociologique. Paris: Armand Colin, 1965 (1949).

MESURE, Sylvie; RENAUT, Alain. *Alter ego: les paradoxes de l'identité démocratique*. Paris: Aubier, 1999.

MEYER, John W. et al. "World Society and the Nation-State". *American Journal of Sociology*, 1997, v. 103, n. 1, pp. 144-81.

MICHAELS, Walter Benn. *The Trouble With Diversity: How We Learned to Love Identity and Ignore Inequality*. Londres: Picador, 2006.

_____. *La Diversité contre l'égalité*. Paris: Les Editions Raisons d'Agir, 2009.

MICHALET, Charles-Albert. Mondialisation, la grande rupture. Paris: La Découverte, 2007.

MILLOZ, Pierre. *Le Cosmopolitisme ou la France: l'idéologie cosmopolite: voilà l'ennemi*. Paris: Éditions Godefroy de Bouillon, 2011.

_____. "Préface". Em: BRIENNE, Arnaud Raffar de. *La Désinformation autour de l'immigration*. La Chaussée-d'Ivry: Éditions Atelier Fol'fer, 2012.

MOMIGLIANO, Arnaldo. *Sagesses barbares*. Paris: Gallimard, 1991 (1976).

MONNIER, Christine. "Globalization and Values". Em: RITZER, George (org.). *Blackwell Encyclopedia of Sociology*. Oxford: Blackwell Publishing, 2007.

MOSBAH-NATANSON, Sébastien; GINGRAS, Yves. "The Globalization of Social Sciences? Evidence from a Quantitative Analysis of 30 Years of Production, Collaborations and Citations in the Social Sciences (1980-2009)". *Current Sociology*, 2014, v. 62, n. 5, pp. 626-46.

NAVA, Mica. *Visceral Cosmopolitanism: Gender, Culture and the Normalisation of Difference*. Oxford: Berg, 2007.

NAZ, Arab et al. "The Crises of Identity: Globalization and its Impacts on Socio-Cultural and Psychological Identity among Pakhtuns of Khyber Pakhtunkhwa Pakistan". *International Journal of Academic Research in Business and Social Sciences*, 2011, v. 1, n. 1, pp. 1-11.

NELSON, Joel I.; TALLMAN, Irving. "Local-Cosmopolitan Perceptions of Political Conformity: A Specification of Parental Influence". *The American Journal of Sociology*, 1969, v. 75, n. 2, pp. 193-207.

NEWMAN, David. "Borders and Bordering: Towards an Interdisciplinary Dialogue". *European Journal of Social Theory*, 2006, v. 9, n. 2, pp. 171-86.

NISBET, Robert. *La Tradition sociologique*. Paris: PUF, 1984 (1966).

NOIRIEL, Gérard. *Le Massacre des Italiens: Aigues-Mortes, 17 août 1893*. Paris: Fayard, 2010.

NORRIS, Pippa; INGLEHART, Ronald F. *Cosmopolitan Communications: Cultural Diversity in a Globalized World*. Cambridge: Cambridge University Press, 2009.

_____. "The Persistance of Cultural Diversity Despite Cosmopolitanism". Em: DELANTY, Gerard (org.). *Routledge Handbook of Cosmopolitanism Studies*. Londres: Routledge, 2012, pp. 166-77.

NOWICKA, Magdalena; ROVISCO, Maria. "Introduction: Making sense of Cosmopolitanism". Em: _____ (org.). *Cosmopolitanism in Practice*. Farhnam: Ashgate, 2009, pp. 1-18.

NUSSBAUM, Martha. "Patriotism and Cosmopolitanism", *Boston Review*, 1994, v. 19, n. 5, pp. 3-6. Reeditado em: COHEN, Joshua (org.). *For Love of Country: Debating the Limits of Patriotism*. Boston: Beacon, 1996.

OCTOBRE, Sylvie. *Deux pouces et des neurones*. Paris: La Documentation française, 2014.

OLOFSSON, Anna; ÖHMAN, Susanna. "Cosmopolitans and Locals: An Empirical Investigation of Transnationalism". *Current Sociology*, 2007, v. 55, n. 6, pp. 877-95.

O'ROURKE, Kevin H.; WILLIAMS, Jeffrey G. *Globalization and History: The Evolution of a Nineteenth-Century Atlantic Economy*. Cambridge: MIT Press, 1999.

ORWELL, George. *1984*. Londres: Secker and Warburg, 1949.

OSSEWAARDE, Marinus. "Cosmopolitanism and the Society of Strangers". *Current Sociology*, 2007, v. 55, n. 3, pp. 367-88.

PAPASTERGIADIS, Nikos. *Cosmopolitanism and Culture*. Cambridge: Polity Press, 2012.

PARSANOGLOU, Dimitris. "Multiculturalisme(s): les avatars d'un discours". *Socio-anthropologie*, 2004, n. 15. Disponível em: <https://journals.openedition.org/socio-anthropologie/416>. Acesso em: 9 jan. 2018.

PARSONS, Talcott. *The Structure of Social Action*. New York: The Free Press, 1937.

PENDENZA, Massimo (org.). *Classical Sociology Beyond Methodological Nationalism*. Leyde: Brill, 2014.

PERROT, Michelle. "La Cause du peuple". *Vingtième siècle*, 1998, n. 60, pp. 4-13.

PETERSON, Richard A. "Understanding Audience Segmentation: From Elite and Mass to Omnivore and Univore". *Poetics*, 1992, v. 21, n. 4, pp. 243-58.

_____. "Le Passage à des goûts omnivores: notions, faits et perspectives". *Sociologie et sociétés*, 2004, v. 36, n. 1, pp. 145-64.

_____; KERN, Robert M. "Changing Highbrow Taste: From Snob to Omnivore". *American Sociological Review*, 1996, v. 61, n. 5, pp. 900-7.

PHILLIPS, Tim. "Imagined Communities and Self-identity: An Exploratory Quantitative Analysis". *Sociology*, 2002, v. 36, n. 3, pp. 597-617.

PICHLER, Florian. "How Real is Cosmopolitanism in Europe?", *Sociology*, 2008, v. 42, n. 6, pp. 1107-26.

_____. "Cosmopolitan Europe: Views and Identity". *European societies*, 2009a, v. 11, n. 1, pp. 3-24.

_____. "'Down-to-Earth' Cosmopolitanism: Subjective and Objective Measurements of Cosmopolitanism in Survey Research". *Current Sociology*, 2009b, v. 57, n. 5, pp. 704-32.

_____. "Cosmopolitanism in a Global Perspective: An International Comparison of Open--minded Orientation and Identity in Relation to Globalization". *International Sociology*, 2012, v. 27, n. 1, pp. 21-50.

PIETERSE, Jan Nederveen. *Empire and Emancipation: Power and Liberation on a World Scale*. New York: Praeger, 1989.

_____. "Emancipatory Cosmopolitanism: Towards an Agenda". *Development and Change*, 2006, v. 37, n. 6, pp. 1247-57.

_____. *Globalization and Culture: Global Mélange*. New York: Rowan & Littlefield Publisher, 2009.

PLEYERS, Geoffrey. "Présentation". *Réseaux*, 2013, v. 181, n. 5, pp. 9-21.

_____; GLASIUS, Marlies. "La résonance des 'mouvements des places': connexions, émotions, valeurs". *Socio*, 2013, n. 2, pp. 59-79.

POMERANZ, Kenneth. *The Great Divergence: China, Europe, and the Making of the Modern World Economy*. Princeton: Princeton University Press, 2000.

POSNOCK, Ross. "The Dream of Deracination: The Uses of Cosmopolitanism". *American Literary History*, 2000, v. 12, n. 4, pp. 802-18.

PROPP, Vladimir. *Morphologie du conte*. Paris: Seuil, 1965 (1928).

RADHAKRISHNAN, Smitha. "Limiting Theory: Rethinking Approaches to Cultures of Globalization". Em: TURNER Bryan S. (org.). *The Routledge International Handbook of Globalization Studies*. Londres: Routledge, 2010, pp. 23-41.

RAMEL, Frédéric. *L'Attraction mondiale*. Paris: Presses de Sciences Po, 2012.

RECCHI, Ettore. *Senza frontiere: la libera circolazione delle persone in Europa*. Bologne: Il Mulino, 2013.

REGEV, Motti. "Cultural Uniqueness and Aesthetic Cosmopolitanism". *European Journal of Social Theory*, 2007, v. 10, n. 1, pp. 123-38.

_____. "International Festivals in a Small Country: Rites of Recognition and Cosmopolitanism". Em: GIORGI, Liana; SASSATELLI, Monica; DELANTY, Gerard (org.). *Festivals and the Cultural Public Sphere*. Londres: Routledge, 2011, pp. 108-23.

_____. *Pop-Rock Music: Aesthetic Cosmopolitanism in Late Modernity*. Cambridge: Polity Press, 2013.

RETAILLÉ, Denis. "La Vérité des cartes". *Le Débat*, 1996, v. 92, n. 5, pp. 87-98.

RICŒUR, Paul. "Autonomie et vulnérabilité". Em: *Le Juste 2*. Paris: Éditions Esprit, 2001a, pp. 85-106.

_____. "Introduction". Em: *Le Juste 2*. Paris: Éditions Esprit, 2001b, pp. 7-51.

RITZER, George. *The McDonaldization of Society*. Londres: Sage, 2004.

_____; STILLMAN, Todd. "Assessing McDonaldization, Americanization and Globalization". Em: BECK, Ulrich; SZNAIDER, Natan; WINTER, Rainer (org.). *Global America? The Cultural Consequences of Globalization*. Liverpool: Liverpool University Press, 2003, pp. 30-48.

ROBERTS, Gregory David. *Shantaram*. New York: St Martin's Press, 2007.

ROBERTSON, Roland. *Globalization: Social Theory and Global Culture*. Londres: Sage, 1992.

_____. "Global Connectivity and Global Consciousness". *American Behavioral Scientist*, 2011, v. 55, n. 10, pp. 1336-45.

_____; WHITE, Kathleen E. "What Is Globalization?". Em: RITZER, George (org.). *The Blackwell Companion to Globalization*. Oxford: Wiley-Blackwell, 2007.

ROCHE, Daniel. "Voyages, mobilités, lumières". *Revue de synthèse*, 2002, v. 123, n. 1, pp. 17-35.

_____. *Humeurs vagabondes: de la circulation des hommes et de l'utilité des voyages*. Paris: Fayard, 2003.

ROGERS, Everett M. *Diffusion of Innovations*. New York: Free Press, 2003 (1962).

ROSSI, Guido. *Il ratto delle sabine*. Milan: Adelphi, 2000.

ROUDOMETOF, Victor. "Transnationalism, Cosmopolitanism and Glocalization". *Current Sociology*, 2005, v. 53, n. 1, pp. 113-35.

_____; HALLER, William. "Social Indicators of Cosmopolitanism and Localism in Eastern and Western Europe: An Exploratory Analysis". Em: RUMFORD, Chris (org.). *Cosmopolitanism and Europe*. Liverpool: Liverpool University Press, 2007, pp. 181-201.

ROULLEAU-BERGER, Laurence. *Désoccidentaliser la sociologie: l'Europe au miroir de la Chine*. La Tour d'Aigues: Éditions de l'Aube, 2011.

ROVISCO, Maria; NOWICKA, Magdalena (org.). *The Ashgate Research Companion to Cosmopolitanism*. Farhnam: Ashgate, 2011.

ROWE, William; SCHELLING, Vivian. *Memory and Modernity: Popular Culture in Latin America*. Londres: Verso, 1991.

RUMFORD, Chris. *The European Union: A Political Sociology*. Oxford: Blackwell, 2002.

_____. "Introduction. Theorizing Borders". *European Journal of Social Theory*, 2006, v. 9, n. 2, pp. 155-69.

_____. "Bordering and Connectivity: Cosmopolitan Opportunities". Em: DELANTY, Gerard (org.). *Routledge Handbook of Cosmopolitanism Studies*. Londres: Routledge, 2012, pp. 245-53.

_____. *The Globalization of Strangeness*. Londres: Palgrave, 2013.

SAÏD, Edward Wadie. *L'Orientalisme: l'Orient créé par l'Occident*. Paris: Seuil, 1997 (1978). [Ed. bras.: *Orientalismo: o Oriente como invenção do Ocidente*. São Paulo: Cia. de Bolso, 2007.]

SASSATELLI, Monica. "Festivals, Museums, Exhibitions. Aesthetic Cosmopolitanism in the Cultural Public Sphere". Em: DELANTY, Gerard (org.). *Routledge Handbook of Cosmopolitan Studies*. Londres: Routledge, 2012, pp. 232-44.

SASSEN, Saskia. *La Ville globale: New York-Londres-Tokyo*. Paris: Descartes & Cie, 1996 (1991).

_____. *La Globalisation: une sociologie*. Paris: Gallimard, 2009 (2007).

SCHEFFLER, Samuel. *Boundaries and Allegiances: Problems of Justice and Responsibility in Liberal Thought*. Oxford: Oxford University Press, 2001.

SCHNAPPER, Dominique. *La Relation à l'autre: au cœur de la pensée sociologique*. Paris: Gallimard, 1998.

SCHOLTE, Jan Aart. "Beyond the Buzzword: Towards a Critical Theory of Globalization". Em: KOFMAN, Eleonore; YOUNGS, Gillian (org.). *Globalization: Theory and Practice*. Londres: Pinter, 1996.

_____. *Globalization: A Critical Introduction*. New York: Palgrave Macmillan, 1999.

_____. *Building Global Democracy? Civil Society and Accountable Global Governance*. Cambridge: Cambridge University Press, 2011.

SCHORSKE, Carl. *Vienne fin de siècle: politique et culture*. Paris: Seuil, 1983 (1980).

SCHUTZ, Alfred. *L'Étranger: un essai de psychologie sociale (suivi de L'Homme qui rentre au pays)*. Paris: Éditions Allia, 2003 (1944).

SCRUTON, Roger. *The Palgrave Macmillan Dictionary of Political Thought*. Londres: Macmillan, 1982.

SEN, Amartya. *Identité et violence*. Paris: Odile Jacob, 2010 (2006).

SENNETT, Richard. *Le Travail sans qualités: les conséquences humaines de la flexibilité*. Paris: Albin Michel, 2000 (1998).

SIMMEL, Georg. *Sociologie: études sur les formes de la socialization*. Paris: PUF, 1999 (1908).

SINGH, Nikhil Pal. *Black Is a Country: Race and the Unfinished Struggle for Democracy*. Cambridge: Harvard University Press, 2005.

SINGLY, François de. *Le Soi, le couple et la famille*. Paris: Armand Colin, 1996.

SINNOTT, Richard. "An Evaluation of the Measurement of National, Subnational and Supranational Identity in Crossnational Surveys". *International Journal of Public Opinion Research*, 2006, v. 18, n. 2, pp. 211-23.

SKRBIS, Zlatko; WOODWARD, Ian. "The Ambivalence of Ordinary Cosmopolitanism: Investigating the Limits of Cosmopolitan Openness". *The Sociological Review*, 2007, v. 55, n. 4, pp. 730-47.

_____. "Cosmopolitan Openness". Em: ROVISCO, Maria; NOWICKA, Magdalena (org.). *The Ashgate Research Companion to Cosmopolitanism*, Farhnam: Ashgate, 2011.

_____. *Cosmopolitanism: Uses of the Idea*. Londres: Sage, 2013.

SMITH, Andy; MAILLARD, Jacques de; COSTA, Olivier. *Vin et politique: Bordeaux, la France, la mondialisation*. Paris: Presses de Sciences Po, 2007.

SMITH, William. "Cosmopolitan Citizenship: Virtue, Irony and Worldliness". *European Journal of Social Theory*, 2007, v. 10, n. 1, pp. 37-52.

SOMMER, Michael. "OIKOYMENH: Longue Durée Perspectives on Ancient Mediterranean 'Globality' (800 BC-AD 200)". Disponível em: https:<//www.academia.edu/1097469>. Acesso em: 28 mar. 2018.

STEINER, Philippe. *La Sociologie de Durkheim*. Paris: La Découverte, 2005.

STIGLITZ, Joseph E. *La Grande disillusion*. Paris: Fayard, 2002.

STOCK, Mathis. "Il mondo è mobile". Em: LÉVY, Jacques (org.). *L'Invention du monde: une géographie de la mondialisation*. Paris: Presses de Sciences Po, 2008, pp. 133-59.

STRANGE, Susan. "The Declining Authority of States". Em: HELD, David; MCGREW, Anthony (org.). *The Global Transformations Reader: An Introduction to the Globalization Debate*. Cambridge: Polity Press, 2000, pp. 148-55.

SULLIVAN, Oriel; KATZ-GERRO, Tally. "The Omnivore Thesis Revisited: Voracious Cultural Consumers". *European Sociological Review*, 2007, v. 23, n. 2, pp. 123-37.

SZERSZYNSKI, Bronislaw; URRY, John. "Cultures of Cosmopolitanism". *The Sociological Review*, 2002, v. 50, n. 4, pp. 461-81.

_____; URRY, John. "Visuality, Mobility, and the Cosmopolitan: Inhabiting the World from Afar". *British Journal of Sociology*, 2006, v. 57, n. 1, pp. 133-51.

TASSIN, Étienne. *Un monde commun: pour une cosmopolitique des conflits*. Paris: Seuil, 2003.
TAYLOR, Charles. *Multiculturalisme: différence et démocratie*. Paris: Flammarion, 1992.
_____. *Le Malaise de la modernité*. Paris: Éditions du Cerf, 1994 (1991).
_____. "De l'anthropologie philosophique à la politique de la reconnaissance". *Le Débat*, 1996, v. 89, n. 2, pp. 208-16.
TEO, Stephen. "Film and Globalization: from Hollywood to Bollywood". Em: TURNER, Bryan S. (org.). *Routledge International Handbook of Globalization Studies*. Londres: Routledge, 2010, pp. 412-28.
THELEN, David. "Rethinking History and the Nation-State: Mexico and the United States". *Journal of American History*, 1999, v. 86, n. 2, pp. 438-52. Disponível em: <http://archive.oah.org/special-issues/mexico/dthelen.html>. Acesso em: 21 ago. 2018.
THOMSON, Rachel; TAYLOR, Rebecca. "Between Cosmopolitanism and the Locals. Mobility as a Resource in the Transition to Adulthood". *Young*, 2005, v. 13, n. 4, pp. 327-42.
TINGYANG, Zhao. "A Political World Philosophy in Terms of All-under-heaven (Tian-xia)". *Diogenes*, 2009, v. 56, n. 5, pp. 5-18.
TOCQUEVILLE, Alexis de. *De la démocratie en Amérique*. Paris: Flammarion, 1981 (1835 e 1840).
TODOROV, Tzvetan. *La Conquête de l'Amérique: la question de l'Autre*. Paris: Seuil, 1982. [Ed. bras.: *A conquista da América: a questão do outro*. São Paulo: Martins Fontes, 2010.]
_____. *Nous et les autres*. Paris: Seuil, 1989. [Ed. bras.: *Nós e os outros: a reflexão francesa sobre a diversidade humana*. Rio de Janeiro: Zahar, 1993.]
TOMLINSON, John. *Globalization and Culture*. Chicago: University of Chicago Press, 1999.
_____. "Globalization and Cultural Identity". Em: HELD, David; MCGREW, Anthony (org.). *The Global Transformations Reader*. Cambridge: Polity Press, 2003, pp. 269-78.
_____. *The Culture of Speed: The Coming of Immediacy*. Londres: Sage, 2007a.
_____. "Globalization and Cultural Analysis". Em: HELD, David; MCGREW, Anthony (org.). *Globalization Theory: Approaches and Controversies*. Cambridge: Polity Press, 2007b, pp. 148-68.
TÖNNIES, Ferdinand. *Communauté et société*. Paris: PUF, 2010 (1887).
TRAVERSO, Enzo. "Cosmopolitisme et transferts culturels: le cas des Juifs allemands". *Revue de synthèse*, 2002, v. 123, n. 1, pp. 65-84.
TROJANOW, Ilija. *Le Collectionneur de mondes*. Paris: Libretto, 2011.
TRUC, Gérôme. "Simmel, sociologue du cosmopolitisme". *Tumultes*, 2005, v. 24, pp. 49-77.
_____. "Le Cosmopolitisme sous le coup de l'émotion: une lecture sociologique des messages de solidarité en réaction aux attentats du 11 mars 2004 à Madrid". *Hermès*, 2006, v. 46, n. 3, pp. 189-99.
TURGEON, Laurier. "Manger le monde: rencontres postcoloniales dans les restaurants étrangers de la ville de Québec". Em: TURGEON, Laurier (org.). *Regards croisés sur le métissage*. Québec: Presses de l'Université Laval, 2002, pp. 207-33.
_____; PASTINELLI, Madeleine. "'Eat the World': Postcolonial Encounters in Québec City's Ethnic Restaurants". *Journal of American Folklore*, 2002, v. 115, n. 456, pp. 247-68.

TURNER, Bryan S. "Cosmopolitan Virtue: On Religion in a Global Age". *European Journal of Social Theory*, 2001, v. 4, n. 2, pp. 131-52.
_____. "Cosmopolitan Virtue, Globalization and Patriotism". *Theory, Culture & Society*, 2002, v. 19, n. 1-2, pp. 45-63.
_____. "Classical Sociology and Cosmopolitanism: a Critical Defence of the Social". *British Journal of Sociology*, 2006, v. 57, n. 1, pp. 133-51.
_____. "The Enclave Society: Towards a Sociology of Immobility". *European Journal of Social Theory*, 2007, v. 10, n. 2, p. 287-304.
URRY, John. *Consuming Places*. Londres: Routledge, 1995.
_____. *Sociologie des mobilités: une nouvelle frontière pour la sociologie?* Paris: Armand Colin, 2006 (2000).
VAN DER BLY, Martha C. E. "Globalization: A Triumph of Ambiguity". *Current Sociology*, 2005, v. 53, n. 6, pp. 875-93.
_____. "Pananthropoi: Towards a Society of All Humanity". *Global Studies Journal*, 2013, n. 37. Disponível em: <https://gsj.stonybrook.edu/article/pananthropoi-towards-a-society-of-all-humanity/>. Acesso em: 10 jan. 2018.
VERNANT, Jean-Pierre. *L'Univers, les dieux, les hommes: récits grecs des origines*. Paris: Seuil, 1999.
VERTOVEC, Steven; COHEN, Robin. "Introduction". Em: _____ (org.). *Conceiving Cosmopolitanism: Theory, Context and Practice*. Oxford: Oxford University Press, 2002, pp. 1-22.
VOGLER, Christopher. *Le Guide du scénariste: la force d'inspiration des mythes pour l'écriture cinématographique et Romanesque*. Paris: Dixit, 2013. [Ed. bras.: *A jornada do escritor: estrutura mítica para escritores*. São Paulo: Aleph, 2015.]
VOYER, Andrea M. *Strangers and NeigHBOrs: Multiculturalism, Conflict, and Community in America*. Cambridge: Cambridge University Press, 2013.
WAGNER, Anne-Catherine. *Les Classes sociales dans la mondialisation*. Paris: La Découverte, 2007.
WALDRON, Jeremy. "What is Cosmopolitan?". *The Journal of Political Philosophy*, 2000, v. 8, n. 2, pp. 227-43.
WALLERSTEIN, Immanuel. *Comprendre le monde: introduction à l'analyse des systèmes-monde*. Paris: La Découverte, 2006 (2004).
WATERS, Malcolm. *Globalization*. Londres: Routledge, 2001 (1995).
WEBER, Max. Économie et société, tomos 1 e 2. Paris: UGE, Agora Pocket, 1995 (1921).
WITZEL, Michael. *The Origins of the World's Mythologies*. Oxford: Oxford University Press, 2013.
WOODWARD, Ian; SKRBIS, Zlatko. "Performing Cosmopolitanism". Em: DELANTY, Gerard (org.). *Routledge Handbook of Cosmopolitanism Studies*. Londres: Routledge,2012, pp. 127-37.
_____; SKRBIS, Zlatko; BEAN, Clive. "Attitudes Toward Globalization and Cosmopolitanism: Cultural Diversity, Personal Consumption and the National Economy". *The British Journal of Sociology*, 2008, v. 59, n. 1, pp. 207-26.

SOBRE O AUTOR

VINCENZO CICCHELLI é doutor em sociologia, com pesquisas relacionadas a globalização e cosmopolitismo, sociologia da Europa e sociologia da juventude. É mestre de conferências na Universidade Paris-Descartes (Paris-v), diretor do programa interdisciplinar Sociétés plurielles [Sociedades Plurais], na Universidade Sorbonne Paris Cité, pesquisador do Grupo de Estudos de Métodos da Análise Sociológica da Sorbonne (Gemass) e secretário-geral da Associação Europeia de Sociologia. Na editora Brill, coordena as coleções *Youth in a Globalising World* [Juventude num mundo globalizado] e *Doing Global Studies* [Realizando estudos globais], além de integrar o comitê editorial da coleção *International Studies in Sociology and Social Anthropology* [Estudos internacionais em sociologia e antropologia social]. Já publicou *Adolescences méditerranéennes* (2007), com Marc Breviglieri, *Deux pays, deux jeunesses* (2008), com Olivier Galland e Alessandro Cavalli, e *De la mondialisation au cosmopolitisme* (2011), com Gérôme Truc, entre outros livros.

Fontes Utopia e PF Venue
Papel Polen Soft 80 g/m²
Impressão Eskenazi Indústria Gráfica
Data dezembro de 2018